TOSKANA

VISTA POINT VERLAG

Eine Übersichtskarte der Toskana mit den eingezeichneten Routen finden Sie im vorderen Innenumschlag.

Gottfried Aigner

TOSKANA

VISTA POINT VERLAG

Inhalt

DIE KÜSTE

DER SÜDEN

SIENA UND UMGEBUNG

DER OSTEN

Kloster San Francesco in Fiesole nahe Florenz ▷

11

Sehnsuchtsland Toskana
Viel mehr als nur Zypressenhügel

Nicht Gott, sondern Menschen haben die Landschaft der Toskana geschaffen. Jedenfalls jene Landstriche, die in der Erinnerung projiziert und tausendfach auf Titeln von Büchern und in Filmberichten präsentiert werden: abgerundete Hügel mit spitzen Zypressen und breitflächigen Schirmpinien, Felder mit glühend rotem Klatschmohn und violetten Schwertlilien. Diese Harmonie konnte Goethe während seiner Italienreise (September 1786 bis Mitte 1788) nicht dazu verführen, sich von Tischbein lieber auf einem toskanischen Weinberg statt in der Campagna malen zu lassen. Dass der reisende Dichter sogar Florenz mied, um sich nicht von Rom als Ziel der Sehnsucht ablenken zu lassen, bedauern fanatische Goethe-Zitierer bis heute.

Die stolzen Toskaner kümmert das weniger, denn wenn es um große Dichter geht, präsentieren sie voller Stolz ihre eigenen: Dante Alighieri, Giovanni Boccaccio und Francesco Petrarca. Durch die Werke dieses Trios bildete sich bereits im 14. Jahrhundert aus der Volkssprache der Toskaner die Hochsprache Italiens. Für aufmerksame Besucher der Region ein Witz, klingt das Toskanische doch etwas eigenartig, weil die Einheimischen kein K (ca, co, cu) sprechen, dafür ein »H« flüstern, wenn sie z.B. einen *hantico* (Loblied) auf die beliebte *haccia* (Jagd) singen, bei der sie mit dem *hanohiale* (Fernrohr) nach dem *honiglio* (Kaninchen) Ausschau halten *(cantare, cantico, caccia, cannochiale, coniglio)*.

Apropos Jagd: Toskaner sind leidenschaftliche Jäger, vor allem Wildschweine visieren sie gerne mit Kimme und Korn an. Doch für ihre Jagdgier müssen sie die mit Wein und Oliven bepflanzten Haine verlassen. Die mit Zypressen markierten Hügel mit Gutshöfen und Villen eignen sich allenfalls für die Pirsch auf Fasane, die ihren Schrei, an dem sie fast zu ersticken scheinen, auch in besiedelten Gebieten erschallen lassen. Grunzende Wildschweine aber gibt es außerhalb der klassischen Zypressen-Toskana, der Maremma und den Chianti-Wäldern beispielsweise auch in der dunkelgrünen **Garfagnana**.

Die nordwestliche Ecke der Region erreicht zuerst, wer über Piemont oder die westliche Emilia Romagna anreist. Mit der Klischee-Toskana hat das Waldgebiet zwischen Fivizzano und Bagno di Lucca nichts zu tun. Hier beherrschen Kastanien- und Akazienwälder die Natur, und seit dem Ende der Eiszeit haben sich rauschende Bergbäche tief in die Bergwelt gegraben. Die Straßen, die nicht immer Platz für die Begegnung von zwei Fahrzeugen bieten, winden sich in engen Kehren auf und ab. Eine abenteuerliche Landschaft für Urlauber, die das Urige mögen. So etwa sah die ganze Toskana aus, bevor die Bauern mit der landwirtschaftlichen Nutzung begannen.

Im Südwesten der Garfagnana bildet der Höhenzug der **Alpi Apuane** die Grenze zur wilden Schönheit. In dieser Bergwelt haben sich vor Jahrmillionen durch den Druck von Vulkanen, Meeren und Erdfaltung feinste Kalzitkristalle zu hartem, weißen Marmor verfestigt. Vor allem in **Carrara** und **Massa** wird seit der Antike der edle Stein aus

Klatschmohn im Olivenhain

den Bergen gebrochen und durch immer raffiniertere Methoden heute in erschreckender Schnelligkeit geplündert. Die Beobachtung der Abbautechnik im hohen Fels reizt zum Besuch der Apuanischen Alpen. Die karge Landschaft mit Bergkämmen, die an gigantische Totenschädel erinnern, lassen den Besucher schaudern. Jedoch: Italien ist der wichtigste Marmorproduzent, viele tausend Arbeitsplätze bietet diese Industrie. Für Kunstinteressierte sind die Marmorberge unbedingt eine Wallfahrt wert, denn hier suchte sich Michelangelo für seine berühmten Kunstwerke, z. B. den Jüngling David mit der Schleuder, den geeigneten Marmor persönlich aus.

Südlich der Marmorstädte beginnt die **toskanische Küste**, für viele eine atemberaubende Überraschung: 330 Kilometer Wasserlinie, vorwiegend tiefe Sandstrände, manche zig Kilometer lang, die meisten flach ins Wasser gleitend – ein Paradies für Familien mit Kindern. Von der Versilia bis zur Riviera degli Etruschi haben sich kommerzielle und auch städtische Badeanstalten breit gemacht, viele mit allem Komfort von der Badekabine bis zur Warmwasserdusche. Dazwischen, im Süden immer häufiger, wurden lange Sandstrände naturbelassen. Jeder kann sie kostenlos benutzen und in versteckten Buchten unorganisiertes Badeleben genießen. Man muss sich im Schatten der Pinien allerdings damit abfinden, dass die Natur Seegras anlandet – in einem unbestimmten Rhythmus auch wieder abholt – und dass die Hinterlassenschaften unverbesserlicher Umweltverschmutzer an der begrenzenden Macchia, an den Wurzeln der Pinien oder an den angelandeten, zu Gerippen ausgebleichten Baumstämmen hängen bleiben.

Das nördliche Zentralgebiet der Toskana wird vor kalten Winden durch den **Tosco-Emilianischen Appenin** geschützt. Von seinen im Winter schneebedeckten Hängen und Vorgebirgen fließen zahlreiche Flüsse und Bäche südwärts, um den vom Osten, vom Monte Falterona (1 654 m) bei Arezzo heranströmenden Arno aufzufüllen. Dazu gehört der Bisenzio mit dem hübschen Prato an seinen Ufern und der Ombrone, in dessen Arm **Pistoia** heranwuchs. Der dritte wichtige Appenin-Fluss ist der Serchio, der an den Mauern von **Lucca** vorbeifließt, dann aber auf dem Weg zum Arno abknickt und nördlich des toskanischen Hauptflusses ins Meer mündet. Der Arno ist für sein Umland Segen und Fluch zugleich. In seinem Einzugsbereich liegen zwei der kulturhistorisch wichtigsten Städte: **Florenz** und **Pisa**. Einerseits lieben es die Einheimischen, an seinen Ufern zu picknicken und zu angeln, sich auf ihm mit Paddelboot und Kanu schaukeln zu lassen. Andererseits haben seine von allen Seiten zugeführten Schlamm-Massen früher und heute manche Probleme bereitet.

Zuerst war Pisa das Opfer. Die alte Seehandelsstadt lag einst am Meer, seit dem 13. Jahrhundert verlandete der Hafen Zug um Zug, der Schlick schob das Meer immer mehr zurück. Die Pisaner müssen heute bis zu 15 Kilometer fahren (acht Kilometer Luftlinie), um das große Wasser zu erreichen. In unserer Zeit hat sich der Arno mit seinem Moder Florenz ausgesucht: Heftiger Novemberregen ließ 1966 den Strom so stark anschwellen, dass seine morastige Brühe in die Stadt schwappte und neben Wohnungen und Geschäften wertvolle Kunstschätze vernichtete (vgl. Florenz, S. 31). Die Gelassenheit der Toskaner, der Florentiner insbesondere, verhinderte große Anstrengungen, einer ähnlichen Katastrophe Dämme vorzubauen: Nach der Statistik wiederhole sich ein ähnliches Drama nur alle 700 Jahre. Und man leitet dem Wasser des Arno lässig auch noch den eigenen Schlamm zu: 50 Prozent des städtischen Abwassers sollen ungeklärt in den Fluss rauschen.

Wo der Arno noch sauberer ist, südöstlich von Florenz, breitet sich die **Valdarno** aus, ein fruchtbares Tal, das aber auch von größeren Industrieansiedlungen durchsetzt ist. Östlich dieser landwirtschaftlich stark genutzten Gegend schiebt sich die bis auf 1 600 Meter ansteigende Bergzone des **Pratomagno** dazwischen. Dahinter liegt die erlebnisreiche, fast gleich hohe Waldlandschaft des **Casentino** mit einer Vielzahl von Schlössern, Kirchen und Klöstern. Weiter südlich bieten sich wundervolle Städtchen an: **Poppi, Bibbiena** und **Arezzo**, für Verehrer des großen Künstlers Piero della Francesca ein Wallfahrtsort der besonderen Klasse.

Wer sich von Arezzo dann wieder nach Südwesten orientiert, hat auf jeden Fall **Siena** im Visier, Italiens schönste und bestens erhaltene Mittelalter-Metropole, reich an Geschichte und Gassen, Plätzen und Brunnen. Zwei Landschaften besonderer Art stellen sich vorher in den Weg: das Chianti und die Crete. Diese beiden Landstriche bilden die klassische Toskana – nur ein kleiner Teil der Region, der sich aber mit seinen Hügeln, Gutshäusern, Zypressen und Schirmpinien in den Köpfen seiner Verehrer festgesetzt hat.

Weinliebhaber kennen ihre Richtung und sie erkennen das **Chianti** mit einem Blick: voller Reben, dazwischen nette Städtchen und Dörfer, auf den Höhen ein paar Burgen und Klöster. Wenn das Laub gefallen ist, gleich nach der Weinlese und ehe die Reben wieder grünen, verliert das Chianti an Charme, denn man sieht seine künstliche Gestalt in aller Deutlichkeit. Nicht so, wenn die **Monti del Chianti** angesteuert werden. Das Gebiet zwischen den Weinorten **Greve, Radda** und **Gaiole** sowie dem **Tal des Arno** (Valdarno) ist relativ urig geblieben, hier genießt man die blumen- und kräuterreiche Macchia. Es duftet nach Verführung und Wildheit, Naturliebhaber lassen sich einfach in einen Busch Rosmarin fallen oder erfreuen sich an den seidigen Blättern der Zistrosen. Schatten liefern in diesem Gelände weder Rebstöcke noch Zypressen, sondern Kastanien, Stein- und Flaumeichen.

Wer Schatten absolut meiden will, sollte »die andere Landschaft« wählen, die **Crete**. Die Hügel aus Lehm und Tuff machen es den Bauern schwer, eine reiche Getreideernte einzufahren. Aber bis zum Hochsommer sprießen leckere Kräuter aus dem kargen Boden, sie locken bimmelnde Schafherden an, die sich damit ihre Milch würzen. Das Ergebnis ist ein unübertroffener Pecorino, ein würziger Schafskäse für verwöhnte Zungen.

Von Siena westwärts gibt es schon wieder die Wahl zwischen Kultur und Landschaft. Im Nordwesten bietet sich ein Städtereigen an, der Mauern, Türme und Paläste offeriert: **Colle di Val d'Elsa, San Gimignano** und **Volterra**. Südlich dieses Kulturtrips kommen einsame Berge mit versteckten Dörfchen auf den Plan, Landschaften mit Kräuter-Macchia und Eichen verschiedener Arten: die **Colline Metallifere**. Auf den einsamen Wegen der metallhaltigen Hügel, die seit der Etruskerzeit ein begehrtes Erzgebiet sind, kann man sich noch verirren. Unheimlich mittendrin der Atem der Hölle: Rund um **Larderello** dampft der Boden, heiße Schwaden zischen durch die Ritzen der Erde. Ein Gewirr von Rohren und Leitungen zeigt an, dass der Mensch den feuerspuckenden Teufel gebändigt hat: Von der Magma des Erdinneren aufgeheiztes Wasser treibt oben Turbinen an und erzeugt Strom.

Schätze aus dem Bauch der Erde charakterisieren auch die Gegend südlich der Colline Metallifere. An der Küste sind **Populonia** und **Piombino** alte Schürfstätten der

Die Versilia ist ein Teil der 330 Kilometer langen toskanischen Küste

Etrusker. Hier und drüben auf der toskanischen Insel Elba gewannen sie Erze, verhütteten sie auf dem Festland, beispielsweise rund um Populonia, wo Nekropolen ihre Existenz beweisen (vgl. S. 94). Erzgewinnung findet man auch zwischen **Massa Marittima** und **Campiglia Marittima**, wo bei der Rocca di San Silvestro in einem einmaligen Bergwerksmuseum 3 000 Jahre Geschichte des Untertagebaus nachvollzogen werden können.

Auf holprigen Wegen und selten direkt von West nach Ost, geht es dann über das berühmte Weinstädtchen **Montalcino** und die Papstgründung **Pienza** hinüber nach **Montepulciano**, wo sich Renaissancepaläste und edle Weinsorten gegenseitig die Schau stehlen. Nordöstlich dieser wundervollen Hügellandschaft schließt sich das **Valdichiana** an. Auf den saftigen Weiden des Chiana-Tals grasen die berühmten weißen Chiana-Rinder, Lieferanten der besten *bistecca fiorentina*, die man in guten Restaurants zentimeterdick und nicht unter einem Kilo bestellt. In dieser Gegend, südlich des Terrassenstädtchens **Cortona**, schlug der karthagische Feldherr Hannibal – der mit den Elefanten – sein Lager auf und trieb im Jahr 217 v. Chr. das römische Heer in das Wasser des Trasimeno-Sees an der toskanisch-umbrischen Grenze (vgl. Hannibals Zug durch die Toskana, S. 210 f.).

Im Süden von Montepulciano, westlich begrenzt von der waldreichen Landschaft des **Monte Amiata** (1 738 Meter) und von neuen Naturparks beginnt tief beeindruckendes Etruskerland. Hier haben sich die wahrscheinlich aus Kleinasien stammenden Siedler vor allem Gebiete mit Tuffstein ausgesucht, weichem Gestein, in das sich leicht Grotten für die Lagerung von Lebensmitteln und für Gräber schlagen ließen. Beispielsweise in **Chiusi** an der umbrischen Grenze und weiter südlich, dort wo die Region Latium die Toskana berührt, die Städtchen **Sovana, Sorano, San Quirico** und das auf einem markanten Tuffberg in den Himmel gewachsene **Pitigliano**.

Von hier nach Westen, quer durch die große Provinz **Grosseto**, wird es einsam und ruhig. Kleine Bauerndörfer und mittelalterliche Orte wie etwa das selten besuchte, reizende **Manciano** liegen am Weg. Die Straßen sind recht kurvenreich, die maremmanischen Wälder beginnen, Reitergruppen kreuzen den Weg, gelegentlich ein paar Wanderer. Wo die Bewaldung lichter wird, ist bereits das Meer zu riechen. An saftig grünen Hängen, reich an würzigen Kräutern, fressen sich Schafherden durch die Wiesen – auch der Maremma-Pecorino gehört zur qualitativen Spitze.

Mit den Flüssen Ombrone und Albegna erreicht man die Küste. Zwischen beiden Gewässern liegt der **Parco Naturale della Maremma**, das naturgeschützte Wandergebiet mit Bergen, Wäldern, Macchia, Türmen und naturbelassenem Sandstrand. Südlich davon reizt die durch drei Dämme mit dem Festland verbundene Ex-Insel **Monte Argentario**. Von hier aus gibt es eine Schiffsverbindung zum Inselchen **Giglio**, das mindestens einen Tagesausflug wert ist.

Die größte toskanische Insel, das legendäre **Elba**, ist mit dem Schiff am schnellsten von Piombino aus zu erreichen. Hier hielt sich Napoleon 300 Tage unfreiwillig auf, traf heimlich seine Geliebte und den gemeinsamen Sohn. Doch außer solchen historischen Erinnerungen hat die Insel – eine kleine Welt für sich – alles zu bieten, was Urlauber suchen: sandige Strände und tiefe Felsbuchten, romantische Häfen, einsame Berge, malerische Burgruinen, im Frühjahr eine reich blühende Flora und im Herbst für das leibliche Wohl süffigen Wein, schmackhafte Wildgerichte, Pilze aus den Wäldern der Insel und das ganze Jahr über frische Fische vom Meer ringsum.

Wildschwein-Ragout mit Polenta, Bohnen, Trauben und Pinienkernen

Spezialität nicht nur auf Elba: frischer Fisch

Routenplanung
Von der Garfagnana bis zum Tuff des Südens

Die Toskana ist kein Ferienziel für nur einen Urlaub allein. Zu prall ist das Angebot an Städten, Baudenkmälern und Landschaften, als dass man alles in zwei oder drei Wochen verarbeiten könnte. Die Toskana will mehr oder weniger systematisch peu à peu erobert werden. Obwohl manche Gegenden aus praktischen Gründen in eine Drei- oder Viertagestour gepackt wurden, kann es sein, dass die Wucht an Sehenswertem die Reisenden übersättigt. In diesem Fall, vor allem wenn man mit Kindern unterwegs ist, sollte ein Ruhetag eingeplant werden, sei es am Meer oder auf dem Land.

In allen Fällen – ob von einem Stützpunkt aus oder bei Touren mit täglich neuem Ziel – benötigt man ein Fahrzeug. Wenn das Urlaubsquartier günstig liegt, ist es jedoch viel bequemer, Städte wie Florenz, Siena und Pisa mit der Bahn oder dem Bus zu besuchen. Vor allem in den Urlaubsmonaten im Sommer sind der Verkehr zu und in den Städten und die Parkplatzsuche nervenaufreibend.

DIE SECHS REGIONEN

Um die Toskana mit System kennen zu lernen, wird eine Aufteilung in sechs Kernrouten vorgeschlagen. Wenn weitere interessante Zielpunkte etwas abseits der Strecke liegen, machen wir Vorschläge für Umwege.

FLORENZ UND DER MUGELLO (türkisfarbene Route)

Das Herz von **Florenz** ist nicht einfach zu gewinnen. Wer es ernst meint, braucht drei Tage für diese mannigfaltige Kulturstadt und etwas Organisationstalent. Um nicht stundenlang an den **Uffizien** oder der **Galleria dell'Accademia** anstehen zu müssen, kann beispielsweise das Ticket vorbestellt werden. Außerdem sollte man nicht einfach losmarschieren, um eine Sehenswürdigkeit nach der anderen abzuhaken – die Öffnungszeiten, besonders die Mittagspausen einzelner Stätten müssen beachtet werden. Unsere Vorschläge richten sich nach diesen Vorgaben, weshalb manchmal kurze Strecken zweimal begangen werden müssen. Zeitlich bequem einzuplanen – weil tagsüber durchgehend geöffnet – sind **Dom**, **Campanile**, **Domkuppel** und **Baptisterium**, der **Palazzo Vecchio** und die **Boboligärten**.

Die Begegnung mit dem Jahrhunderte lang über Florenz herrschenden Geschlecht der Medici macht neugierig auf ihre Villen, die sie nördlich von Florenz, im ländlichen **Mugello** bauen ließen. In der frischen Luft der Hügellandschaft kann man tief durchatmen, durch kleine Burgenorte bummeln, Kunstschmiede, Messermacher und Korbflechter besuchen, dann nach Osten ins **Sieve-Tal** hinüber wechseln und auf der **Weinstraße Chianti Rufina** einen köstlichen Tropfen probieren. Dauer: vier Tage.

DER NORDWESTEN (rote Route)

Prato – Pistoia – Lucca – Garfagnana – Marmorberge – Pisa

Der Nordwesten der Toskana bietet ein reichhaltiges Kontrastprogramm. Die erste Etappe führt in von Mauern umgebene, übersichtliche Städte wie **Prato** und **Pistoia**, von der Gärtnerstadt **Pescia** ist es nicht weit zum Pinocchio-Park in **Collodi**, und **Luc-**

ca bietet sich für einen Abend- oder Morgenbummel an. Im Norden von Lucca beginnt mit dem Serchio-Fluss die sattgrüne **Garfagnana**, schon allein landschaftlich ein Höhepunkt. Hinzu kommen einmalige Sehenswürdigkeiten wie die **Ponte della Maddalena** in **Borgo a Mozzano**, der Hügelort **Barga** und **Pontremoli** an der ligurischen Grenze. Die Marmorberge von **Carrara** und **Massa** reizen zu einer Tour, **Viareggio** verbreitet Badestimmung und **Pisa** ist nicht weit. Diese Stadt, deren Schiefer Turm endlich wieder etwas standfest wurde, bietet mit Dom, Baptisterium und ihrem kompakten historischen Kern Abwechslung für einen ganzen Tag.

Abstecher gibt es auf der Nordwest-Route bei Pistoia in den **Giardino Zoologico**, in der Garfagnana zum Felskloster **Eremo di Calómini** und in die Tropfsteinhöhle **Grotta del Vento**. Dauer: vier Tage.

DIE KÜSTE (blaue Route)

Versilia – Livorno – Castagneto Carducci – Campiglia Marittima – Populonia – Elba – Grosseto – Orbetello – Monte Argentario – Ansedonia

Die Küstenroute von der **Versilia** bis zur **Riviera degli Etruschi** ist eine Badestrecke mit zahlreichen kommerziellen *bagni*, aber auch mit frei zugänglichen, romantischen Naturstränden. Im Hinterland gibt es hübsche Orte zu besuchen, etwa **Castagneto Carducci** und, ganz neu, die Bergwerke des **Parco Archeologico Minerario di San Silvestro** bei Campiglia Marittima. Wieder an der Küste, ist die etruskische Nekropole bei **Populonia** einen längeren Besuch wert.

Die Tour über die Insel **Elba** steht unter dem Motto »Auf Napoleons Spuren«, denn der französische Kaiser hat in der Hafenstadt Portoferraio, in San Martino und bei der Madonna del Monte bleibende Eindrücke hinterlassen. Über den wilden Westen der Insel und entlang der Südküste sind schließlich Porto Azzurro, der frühere Bergarbeiterort Capoliveri und Rio Marina lohnende Stopps.

Im Bereich der **Maremma** geht es landein nach **Massa Marittima**, eventuell zu den Etruskern in **Vetulonia**, nach **Grosseto** und an die Küste zu einer Wanderung durch den **Parco Naturale della Maremma**. Orbetello und die frühere Insel **Monte Argentario** bilden den Abschluss. Alternativ kann man weiter südlich nach **Ansedonia** fahren mit dem Museo Archeologico Rovine di Cosa und einem rätselhaften Etrusker-Kanal, der die Versandung des Hafens bis heute verhindert.

Wenn Zeit bleibt oder ein Tag zusätzlich zur Verfügung steht, lohnt sich eine Fahrt zum Inselchen **Giglio**. Von Ansedonia aus kann man bei **Capalbio** den Giardino dei Tarocchi mit den berühmten Nanas der Niki de Saint-Phalle besuchen. Dauer: drei Tage.

DER SÜDEN (grüne Route)

Maremma-Hügel – Pitigliano – Sovana – Monte Amiata – Chiusi – Chianciano Terme – Montepulciano – Pienza – Montalcino – Monte Oliveto Maggiore – Crete – Asciano – Siena

Die Südtour führt durch die schwach besiedelte Hügellandschaft der **Maremma**, zu den natürlichen Badewannen von **Saturnia** und in die Tuffstein-Gegend, wo sich Nekropolen der Etrusker befinden und sehenswerte Städte, die Italiens frühe Siedler gegründet haben: **Sovana**, **Pitigliano**, **San Quirico** mit dem Parco Archeologico Città del Tufo und **Sorano**.

In der Nähe des Monte Amiata bei **Arcidosso** bietet der Parco Faunistico del Monte Amiata manche Erlebnisse. Weiter geht es zur Krypta des Klosters **San Salvatore** und zur Kurstadt **Chianciano Terme**. Östlich davon lockt in **Chiusi** wieder die Geschichte der Etrusker, und in weitem Bogen ist die mit Palästen gespickte Weinstadt **Montepulciano** erreicht. Ein kleiner Umweg führt nach **Monticchiello** und von dort in das architektonisch raffiniert konstruierte **Pienza**.

Über das historisch reiche **San Quirico d' Orcia** geht es zum Kloster **Sant' Antimo** und zur **Abbazia di Monte Oliveto Maggiore** mit einem beeindruckenden Kreuzgang. Nach der Fahrt durch die eigenartige Landschaft der **Crete** und einem Stopp in **Asciano** endet die Tour in **Siena**.

Ein Abstecher bietet sich ab Montepulciano nach **Montefollonico** an, wo das Restaurant La Chiusa unter Feinschmeckern als gute Adresse gilt. Dauer: vier Tage.

SIENA UND UMGEBUNG (pinke Route)

Siena – Torri – Volterra – San Gimignano – Wein- und Burgenstraße des Chianti

Das verkehrsfreie historische Zentrum von **Siena** bietet ein Stadterlebnis der besonderen Art, das bequem an einem Tag realisiert werden kann: Kunsthistorische Höhepunkte liegen im geistlichen Viertel mit **Dom** und **Baptisterium** ebenso wie im weltlichen Teil mit dem **Campo** und dem **Palazzo Pubblico**, von dessen Turm aus man sich einen Überblick verschaffen kann. Siena ist auch ein guter Ausgangspunkt – nach einem Abstecher zu weniger bekannten Sehenswürdigkeiten in **Orgia** und **Torri** – zum Besuch der Etruskergründung **Volterra** und des durch seine Geschlechtertürme berühmten **San Gimignano**. Ein anderer Tagesausflug führt quer durch das **Chianti-Land** mit den Burgen Brolio und Meleto, einem Stopp im Städtchen Gaiole, dem Besuch der Badia a Coltibuono, von Radda aus zum abwechslungsreichen Parco di Cavriglia und von dort über den Weinort Greve nach Castellina, mitten im Weingebiet des Chianti.

Ein landschaftlich schöner Abstecher zwischen Siena und Volterra führt zum reizvollen Städtchen **Sovicille** und zum mittelalterlichen Wehrdorf **Borgo Pretale**. Dauer: drei Tage.

DER OSTEN (orange Route)

Cortona – Arezzo – Monterchi – Anghiari – Sansepolcro – Casentino – La Verna – Bibbiena – Poppi – Florenz

Nach ein paar Abstechern auf Nebenstraßen im **Tal der Chiana** fordert das steile **Cortona** mit seinen Gassen, Treppen und Palästen weit mehr Anstrengung als das nördlich gelegene, ummauerte **Castiglion Fiorentino** kurz vor Arezzo. **Arezzo** steht ganz im Zeichen des Künstlers Piero della Francesca, dessen Freskenzyklus in der Kirche San Francesco wieder besichtigt werden kann. Auf Pieros Spuren wandelt man auch in **Monterchi** zur Madonna del Parto und in **Sansepolcro**, dem Geburtsort des großen Meisters, der seinen berühmten Sohn im sehenswerten Museo Civico ehrt. Weiter führt die Route durch das wald- und hügelreiche **Casentino** mit dem Wallfahrtsort **La Verna**, einer wichtigen Station des Franz von Assisi, und nach **Bibbiena** und **Poppi**, beide mit schön restaurierten historischen Zentren. Vor den Toren von Florenz liegt das **Sieve-Tal** mit den Weinorten **Pontassieve** und **Rufina**, wo sich vor allem für Weinkenner ein Halt lohnt.

Mitten im Casentino (nördlich von Sansepolcro kurz vor Pieve Santo Stefano nach Westen abzweigen) liegt Michelangelos Geburtsort **Caprese Michelangelo** – ein lohnender Umweg. Von Caprese Michelangelo führt eine Landstraße bei Chiusi della Verna auf die SS 208, also wieder auf die vorgeschlagene Hauptstrecke. – Ein anderer Umweg mit viel Abwechslung geht von Poppi nach Norden zur Einsiedelei **Camaldoli** und über **Pratovecchio** mit Castello und wichtiger Kirche wieder zurück nach Poppi. Dauer: zwei Tage.

Wie man die Routen kombinieren kann

Im Prinzip erfassen die sechs Routen die wichtigsten Teile der Toskana; man könnte sie nacheinander abfahren und wäre 20 Tage unterwegs. Das wird wohl kaum jemand tun, denn die Toskana will mit allen Sinnen und in Ruhe erlebt werden. Deshalb sollten Sie sich Ihre eigene Route je nach Belieben und Zeitbudget zusammenstellen. Es gibt unzählige Variationsmöglichkeiten, die nachfolgenden Vorschläge sollen als Beispiele dienen.

Florenz, Nordwesten, Mitte und Osten

Man fährt die Routen für FLORENZ und den NORDWESTEN komplett, von der KÜSTENTOUR einen Teil der 1. Route und dann direkt über Volterra und San Gimignano nach Siena. Weiter die komplette OSTROUTE, die zurück nach Florenz führt. Die Strecke kann abgekürzt werden, wenn man nur einen Tag in Florenz bleibt, die Mugello-Tour der Florenz-Route weglässt, von Lucca aus direkt nach Pisa und von Siena zurück nach Florenz fährt. Dauer: 6–12 Tage.

Florenz, Küste, Süden und Siena

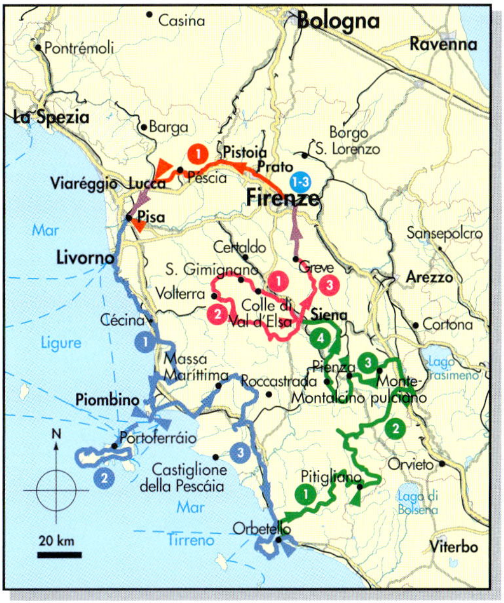

Von FLORENZ die 1. Route des NORDWESTEN und von Lucca nach Pisa, anschließend die kompletten Routen KÜSTE und SÜDEN bis nach SIENA. Dort die Rundreise über Volterra und San Gimignano und über den ersten Teil der Strecke der 3. Route zurück nach Florenz. Der Zeitaufwand kann verringert werden, wenn man den Elba-Tag und die Rundtour Siena–Volterra–San Gimignano ausspart. Dauer: 9–12 Tage.

Siena, Küste und Süden

Von SIENA aus den ersten Teil der 2. Route bis Volterra und zur KÜSTE fahren, wo man vor Cecina Anschluss an die 1. Route der Küstenstrecke hat – mit oder ohne Elba. Danach führt die SÜDROUTE zurück nach Siena. Am Anfang oder Ende kann man die Tour durch das Chianti-Gebiet fahren. Dauer: 7–10 Tage.

Erlesene Weine aus der Toskana

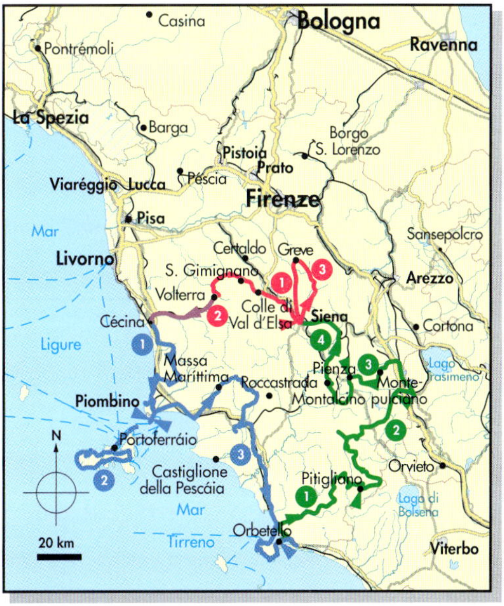

Glanzlichter der Geschichte
Macht und Untergang der Medici-Dynastie

Die Verherrlichung der mächtigen Medici als Quelle des Humanismus und der Renaissance, Förderer der Kunst, als Bauherren prächtiger Städte und Gründer eines toskanischen Staates sollte nicht den Blick auf das Umfeld verstellen. Es war das Geld der Kaufleute, das die Möglichkeiten schuf, Kultur zu fördern. Diese wiederum konnten ihren Profit nur anhäufen, weil die Arbeiter schlecht bezahlt wurden. Die Macht der Bourgeoisie, die den Grund besitzenden Adel auf das Land verwiesen hatte, bedeutete nichts Anderes als die Herrschaft der Bankiers und Kaufherren über das Proletariat. In Florenz hatte die *Signoria*, der städtische Rat der vornehmen Herren, vorwiegend Meister der Zünfte, Vertreter der Industrie und des Kapitals, die Macht. Das gemeine Volk galt als unfähig, politisch zu denken, sich ein gesundes Urteil zu bilden. Seine Freiheit bestand zeitweise darin, »nur« von den eigenen Herren regiert zu werden, frei von den Launen und Begehrlichkeiten des Kaisers, des Papstes oder des Adels.

Geld, die Wurzel der Kultur

Unbeachtet der Abwesenheit von Demokratie beginnt sich das Leben in den Städten Nord- und Mittelitaliens vom finsteren Mittelalter zu befreien. Die Berührung mit anderen Kulturen durch den Handel zwischen dem Orient und den Ländern nördlich der Alpen bringt neue Ideen, Freiheit in Glaubensdingen, Zuwendung zum Schönen, sei es dem Erkennen des Menschen selbst oder der Förderung seiner Werke in Form von Literatur, Malerei, Bildhauerei und Architektur. »Ein großes Wunder ist der Mensch«, schwärmen die Philosophen. Die Antike wird wieder belebt, der Renaissance (*rinascità* = Wiedergeburt) Raum geboten, Geld spielt keine Rolle. Geld ist die Wurzel aller Kultur, folgert Will Durant in seiner »Kulturgeschichte der Menschheit«. Die Belebung der schöpferischen Kräfte findet im Machtbereich der ersten Medici ihren Höhepunkt, ein einzigartiges Jahrhundert erhebt Florenz zum kulturellen Zentrum Europas (1434–1534). Wie auch in anderen Epochen zu beobachten, folgen auf die Befreiung der Stadtbevölkerung von geistigen und sittlichen Fesseln nach ihrem Höhepunkt der Abstieg ins moralische Nirwana, in chaotische Zustände, die Zersetzung der Macht und der Verfall des Wohlstands. Die Medici haben an beiden Ereignissen einen wesentlichen Anteil: sowohl an der Renaissance, der Hinwendung zum Diesseits, zum Schönen, wie auch an ihrem Ende, dem moralischen und nationalen Desaster.

Cosimo, der Millionen-Erbe

Der wirtschaftliche Siegeszug der unternehmungsfreudigen Familie beginnt bereits im Jahr 1201 mit Chiarissimo de'Medici. Dessen Sohn Averardo (geb. 1314) häuft Geld vor allem durch gewagte Spekulationen an, sein Großneffe Salvestro (geb.

1378) und dessen Großneffe Giovanni di Bicci de'Medici (1360–1429) mehren den Reichtum der Sippe weiter. Giovanni gelingt es sogar, die Geldgeschäfte des Papstes verwalten zu dürfen. Als er stirbt, hinterlässt er seinem Sohn Cosimo (1389–1464) ein Millionenvermögen und einen klangvollen Namen.

Vier Jahre lang baut Cosimo das Handelsimperium aus und finanziert beispielsweise den Krieg gegen Lucca. Sein Erfolg erregt Neid, und 1433 gelingt es Rinaldo degli Albizzi, Cosimo des Verrats zu verdächtigen. Um dem Todesurteil zu entgehen, flieht Cosimo mit Familie und Anhängerschaft nach Venedig. Doch zehn Jahre später wird das Urteil aufgehoben und Cosimo kehrt im Triumph zurück. Rinaldo und seine Familie müssen Florenz verlassen. Der gebildete Cosimo übernimmt nur für kurze Zeit politische Ämter, widmet sich bald lieber seinen Geschäften und regiert mit Darlehen und Geldgeschenken. Auch scheut er sich nicht, seinen Einfluss mit Gewalt durchzusetzen, treu seiner Redensart, dass sich »Staaten nicht durch Vaterunser regieren lassen«. Das Volk schätzt seine Wohltätigkeit, die Kurie seine Freigebigkeit, die Künstler sein Kunstverständnis, und führende Köpfe des Humanismus suchen seine Nähe: Coluccio Salutati, Niccolò de'Niccoli, Leonardo Bruni, Carlo Marsuppini, Gianozzo Manetti u.a. Unter Cosimos Gönnerschaft entstehen berühmte Werke von Sandro Botticelli; Donato de'Bardi, genannt Donatello, schafft die wahrscheinlich erste frei stehende Figurengruppe »Judith und Holofernes«, die Frührenaissance-Architektur erhält ihre Impulse durch Filippo Brunelleschi (Domkuppel von Florenz) und Michelozzi (Palazzo der Medici, Kloster San Marco). Cosimo der Ältere kann 30 Jahre lang segensreich wirken, das Florenz von heute ist sein Werk.

Siegeszug von Lorenzo dem Prächtigen

Lorenzo il Magnifico (1449–92)

Dem großen Mäzen folgt Piero der Gichtige (1416–69), der allerdings schon nach fünf Jahren durch angeborene Arthritis stirbt. So kommt sein Sohn Lorenzo der Prächtige (1449–92) mit 20 Jahren an die Macht, von seinem Großvater Cosimo rechtzeitig auf die Laufbahn des Regenten vorbereitet. Zielbewusst baut dieser sein Imperium aus. Er heiratet im selben Jahr aus politischen Gründen Clarice Orsini, Tochter einer römischen Familie. Mit ihr zeugt er zehn Kinder, von denen sieben überleben. Politisch vereinigt er sich mit Mailand und Venedig, um so den Frieden in Nord- und Mittelitalien zu sichern.

Papst Sixtus ist diese Machtanhäufung ein Dorn im Auge, deshalb fördert er das rivalisierende Bankhaus der Familie Pazzi (1478). Unter Anführung von Francesco de'Pazzi sollen Lorenzo und sein Bruder Giuliano während der Heiligen Messe im Dom erdolcht werden. Doch nur der Bruder stirbt, Lorenzo kann fliehen. In der Zwischenzeit versucht eine zweite Gruppe der Verschwörer den Palazzo der Medici zu erobern. Doch das Volk und die Prioren der Regierung stehen auf Lorenzos Seite. Sie werfen die Aufrührer aus den Fenstern und knüpfen Francesco de'Pazzi und den Erzbischof Salviati an den Palastfenstern auf. Das Volk schleift den Leichnam des Oberhaupts der Pazzi nackt durch die Gassen und wirft ihn in den Arno.

Diese frevelhafte Tat führt zum Krieg mit Rom, Papst Sixtus kann König Ferrante von Neapel für einen Straffeldzug gewinnen. Die florentinische Armee wird bei Poggibonsi geschlagen, das Land verwüstet. Als das Volk verzweifelt ist, segelt Lorenzo unbewaffnet mit dem Schiff von Pisa nach Neapel, um den König milde zu stimmen. Dieser bewundert den Mut des jungen Mannes, und nach drei Monaten beschließt man ein Bündnis. Das Volk in Florenz bejubelt Lorenzo il Magnifico, den »Prächtigen«. Auch der Papst verbündet sich mit dem ehemaligen Gegner, vor allem weil die Türken bei Otranto landen (1480) und Rom, die Hauptstadt der Christenheit, einnehmen wollen. Den vereinigten Heeren gelingt es, die Türken zu vertreiben, und Lorenzo kann sich in Frieden seinen kulturellen und anderen Neigungen widmen. Er hält sich mehrere Mätressen, verbrämt seine tyrannische Herrschaft – es gab weder Volksparlamente noch ein allgemeines Wahlrecht – mit Turnieren und Pferderennen, mit Volksfesten und Umzügen für das einfache Volk.

Die Geschäfte der Kaufherren blühen – das Proletariat hat Brot und Spiele, politische Konflikte werden unterdrückt, so lange Il Magnifico alle bei guter Laune hält. Er selbst widmet sich erfolgreich der Dichtkunst und fördert Künstler darunter sind der schon von seinem Großvater begünstigte große Botticelli (»Die Geburt der Venus«) und weiter Domenico Ghirlandaio, unter dessen Fresken in der Santa Trinità Lorenzos Porträt zu finden ist. Auch entdeckt er die Begabung des jungen Michelangelo, der als 14-Jähriger in die Skulpteurschule aufgenommen wird. Weiterhin gehört Andrea del Verrocchio zu den Bevorzugten des Herrschers, in dieser Zeit entsteht die Bronzeplastik »Knabe mit Delphin« (Palazzo Vecchio).

Lorenzos Lust, Feste zu feiern, findet vor allem in den Karnevalsumzügen ihren Höhepunkt. Seine Lieder kommen bei der Jugend gut an: »Bacchus lebe! Amor lebe! Singt und springt in trunknem Schwunge, der uns allem Schmerz enthebe!« Seine Kinder genießen eine gute Erziehung und Lorenzo sorgt zu Lebzeiten für geschickte Heiraten. Er bereitet seinen Erstgeborenen, Piero, auf eine politische Karriere vor, bestimmt seinen zweiten Sohn Giovanni, die geistliche Laufbahn einzuschlagen, und es gelingt dem Mächtigen sogar, Papst Innozenz VIII. dazu zu bewegen, den 14-Jährigen zum Kardinal zu machen. Mit 43 Jahren stirbt Lorenzo il Magnifico am Familienleiden Gicht und Arthritis, erschwert durch ein Magenleiden, das seine Ärzte mit zerstampften Perlen und Edelsteinen in Wein zu heilen versuchen.

In der Zwischenzeit hat der um die Moral besorgte Prediger Savonarola begonnen, gegen das leichtlebige Florenz, gegen den Verderber der Jugend und gegen die seiner Ansicht nach unsittlichen Künste zu wettern. Trotzdem schafft es Lorenzo, Savonarola für Beichte und Absolution an sein Totenbett zu holen.

Die Stunde des Savonarola

Der Nachfolger des »Renaissancemenschen« – inzwischen war die Vererbung der Macht innerhalb der Medici selbstverständlich – ist Lorenzos ältester Sohn Piero der

Einfältige (1472–1503), ein schwacher Charakter. Sein Pech ist außerdem, dass der französische König Karl VIII. 1494 einmarschiert, um Italien zu erobern. Piero will es seinem Vater gleichtun, besucht das Lager des Eroberers, um ihn gnädig zu stimmen. Doch dieser setzt alle Forderungen durch: Piero überlässt Pisa, Livorno und andere Bastionen den Franzosen und verpflichtet sich aus der durch seine Verschwendung schon ziemlich leeren Schatulle eine hohe Summe in die Kriegskasse einzuzahlen. Das nimmt eine Seitenlinie der Medici zum Anlass, Piero von der Signoria absetzen zu lassen. Er darf nicht einmal mehr seinen Palast betreten, wird mit Schimpf und Hohn samt Familie aus der Stadt getrieben. Der Pöbel plündert die in vier Generationen zusammengetragenen Kunstsammlungen, der Rest wird versteigert.

Dies ist die Stunde des Mönchs Savonarola, der 1495 eine neue Verfassung durchsetzt, Steuern abschafft und den Rat der Stadt zu neuen Gesetzen überredet: keine Spiele, keine Pferderennen, keine Kneipen. Die junge, kurzgeschorene Sittengarde des Eiferers streift durch die Straßen, reißt »unzüchtig« gekleideten Frauen die Garderobe vom Leibe. Willig macht das Volk eine Zeit lang mit, geht eifrig zur Kirche und stimmt der Verdammung der neuen Literatur und Kunst zu. Doch bald drängt es die Plebejer wieder nach Kneipen, Gewinnspielen und Bordellen, und die Medici-Anhänger ereifern sich über die Macht der *Piagnoni* (»Heuler«, nach den bei Savonarolas Predigten weinenden Anhängern). Als das französische Heer verjagt wird und Pisa seine Unabhängigkeit ausruft, gerät Florenz, weiterhin mit den Franzosen sympathisierend, politisch in die Enge.

Savonarola wendet sich außerdem gegen die Macht des Papstes Alexander VI., geißelt Rom der Hurerei. Bald stockt der Handel der florentinischen Kaufleute mit den anderen italienischen Städten. Durch einen elfmonatigen Regen verfault das Korn auf den Feldern (1497), Hungernde brechen tot auf der Straße zusammen. Savonarolas Gegner, die *Arrabbiati* (die »tollen Hunde«, Schimpfwort der Savonarola-Anhänger), bekommen Aufwind und wollen das Predigtverbot des Papstes gegen Savonarola durchsetzen. Der Mönch widerspricht und lässt nicht nach, eine moralische Umwälzung durchzupeitschen. Nun regt sich in der Signoria heftiger Widerstand, die Ratsherren wollen endlich für Ruhe sorgen und das Ansehen der Handelsstadt wieder herstellen. Savonarola und seine engsten Anhänger werden gefoltert und gezwungen, sich der Ketzerei zu beschuldigen. Am 23. Mai 1498 lässt die Republik ihren Gründer samt Anhang auf dem Platz vor dem Palazzo Vecchio aufhängen, die Körper verbrennen und die Asche in den Arno streuen.

Wiederkehr der Medici mit Kanonen

Bis zum Jahr 1512 wechselt die Signoria und der ihr vorstehende *Gonfaloniere* alle zwei Monate, was quasi einer Ohnmacht der Regierung gleichkommt. Schließlich wird Piero Soderini als Gonfaloniere auf Lebenszeit gewählt. Unterstützt von seinem politischen Berater Machiavelli zwingt er Pisa, sich wieder unter die Fittiche von Florenz zu begeben (1508). Doch der Allianz von Rom, Venedig, Mailand und Neapel (Heilige Liga) ist die republikanische Regierung, die weiterhin auf dem Bündnis mit den Franzosen beharrt, ein Dorn im Auge. 1512 marschieren sie gegen die Abtrünnigen, schaffen Savonarolas Verfassung ab, führen die Macht der Medici wieder ein. Lorenzos Sohn Giuliano übernimmt die Regierung, sein früh zum Kardinal ernannter

Bruder Giovanni besteigt als Leo X. den Heiligen Stuhl. Doch Giuliano ist ein schwacher Herrscher, wird bald von seinem ehrgeizigen Neffen Lorenzo (1492–1519), dem Sohn Pieros des Einfältigen, abgelöst. Lorenzo stirbt nach sechs Jahren Regierungszeit, ohne Nachkommen zu hinterlassen. Mit dessen Tod endet die legitime Linie von Cosimo dem Älteren. Giovanni als Leo X. und nach ihm (1521) Clemens VII. (vorher Kardinal Giulio de'Medici, Sohn des von den Pazzi erdolchten Giuliano) beherrschen Florenz lange Zeit von Rom aus. Clemens beauftragt seinen unehelichen Sohn Allessandro mit den Regierungsgeschäften in Florenz. Dessen selbstherrliche Art veranlasst republikanisch gesonnene Familien, die päpstlichen Statthalter zu vertreiben (1527). Doch Clemens ruft den deutschen Kaiser und König von Spanien, Karl V., zu Hilfe, um seine Sippe mit Gewalt wieder an die Macht zu bringen.

Pistoia und Prato werden erobert, Florenz belagert. Am Kampf gegen die Medici beteiligt sich auch Michelangelo. Er lässt die Arbeit an den Medici-Gräbern ruhen und baut stattdessen Wälle und Bastionen. Die Florentiner hungern, sie verzehren Katzen und Ratten. Als ihr verräterischer Heerführer Baglioni dann auch noch die Stadt dem Feind öffnet, ergeben sich die Republikaner (12. August 1530). Clemens krönt als Dank Karl zum Kaiser des Heiligen Römischen Reichs. 1531 kehrt Alessandro de' Medici wieder zurück und bringt der Toskana eine Epoche sittlicher Verrohung und gewalttätiger Diktatur. Wer sich gegen ihn wendet, wird erschlagen oder vertrieben, die Signoria entmachtet.

Tyrannen herrschen, das Volk leidet

Als der Tyrann Alessandro von Lorenzino, einem entfernten Verwandten, ermordet wird (1537), stimmt das geschwächte Volk ohne Murren der Herrschaft eines weiteren Medici zu: Aus der Linie Lorenzo des Älteren (1395–1440), eines Bruders des Dynastie-Gründers Cosimo des Älteren, wartet bereits der 28-jährige Cosimo der Jüngere (1519–74) auf seine Chance. Der Sohn von Giovanni dalle Bande Nere (1498–1526), einem Medici, der von Raub und Guerillakrieg lebte, erbt die Härte seines Vaters. Fast drei Jahrzehnte lang herrscht er als Cosimo I. über die Toskana, die fast so groß ist wie heute. Nach Arezzo und Pisa kommt auch Siena in seinen Machtbereich.

Während man in den Palästen der Herrschenden und der Kaufleute in marmornen Sälen mit Pomp und prallen Bäuchen feiert, als kulturelles Feigenblatt die bis dahin in bescheidenem sozialen Status lebenden Künstler hofiert, ist das Volk vergessen. In den Gassen der Städte und auf dem Land herrschen Not und Gewalt. Michelangelo beschreibt 1564 in einem Gedicht, dass ein Berg von Kot sich vor seiner Pforte türme. »Und Amor und die Musen, blühende Lauben, was sind sie als Gekritzel und Gelumpe, in Schenke, Gosse, Abort nun zu finden!«

Doch die Medici regieren ungerührt weiter. 1569 erheischt Cosimo I. von Papst Pius IV. den Titel Großherzog der Toskana. Er herrscht unbarmherzig und schreckt auch vor den Mitteln der Spionage innerhalb der Familien nicht zurück. Aber Handel und Industrie, die lange Zeit litten, blühen wieder auf. Der Medici veranlasst die Trockenlegung der Maremmen, erschließt Silberbergwerke und Marmorbrüche. Sein rücksichtslos angehäuftes Vermögen verwendet er zum Teil für Kunst und Literatur, kauft einen großen Teil der verloren gegangenen mediceischen Kunstwerke zurück. Auch lässt er vom berühmten Baumeister Giorgio Vasari ein mächtiges Verwaltungsgebäude bauen, die Uffizien. Nachdem seine Frau und drei Kinder an der Malaria sterben, leidet sein Verstand. Er überlässt seinem Sohn Francesco die Regierung und stirbt 1574 mit 55 Jahren.

Das Ende von drei Medici-Jahrhunderten

Mit Großherzog Francesco (1541–87) neigt sich die an Auf- und Abstiegen reiche Ära der Medici allmählich ihrem Ende zu. Die Familie ist mit dynastischen Streitigkeiten und Mord innerhalb der Sippe beschäftigt. Auch Francesco soll vergiftet worden sein. Ihm folgt sein Bruder, Kardinal Ferdinand (1549–1609), der noch einmal für Wohlstand sorgt, sich um die Kultur, vor allem um die Musik kümmert. Ferdinando I. sind auch die Entwässerung der Sümpfe im Chiana-Tal und der Ausbau der Stadt Livorno zuzuschreiben. Der bereits eingeleitete Abstieg folgt Zug um Zug: Die Nachfolger Cosimo II., Ferdinando II. und Cosimo III. leben in Saus und Braus und verschwenden das Vermögen: Der letzte Medici, Großherzog Gian Gastone, regiert 1723–37 ohne bemerkenswerte Leistungen, er stirbt kinderlos. Seine Schwester Anna Maria Lodovico überlebt ihn noch sechs Jahre und vermacht die Kunstschätze der Medici der Stadt Florenz. Das Großherzogtum Toskana wird dem Haus Habsburg-Lothringen zugeschlagen.

Florenz auf einem Merian-Stich aus dem 17. Jahrhundert

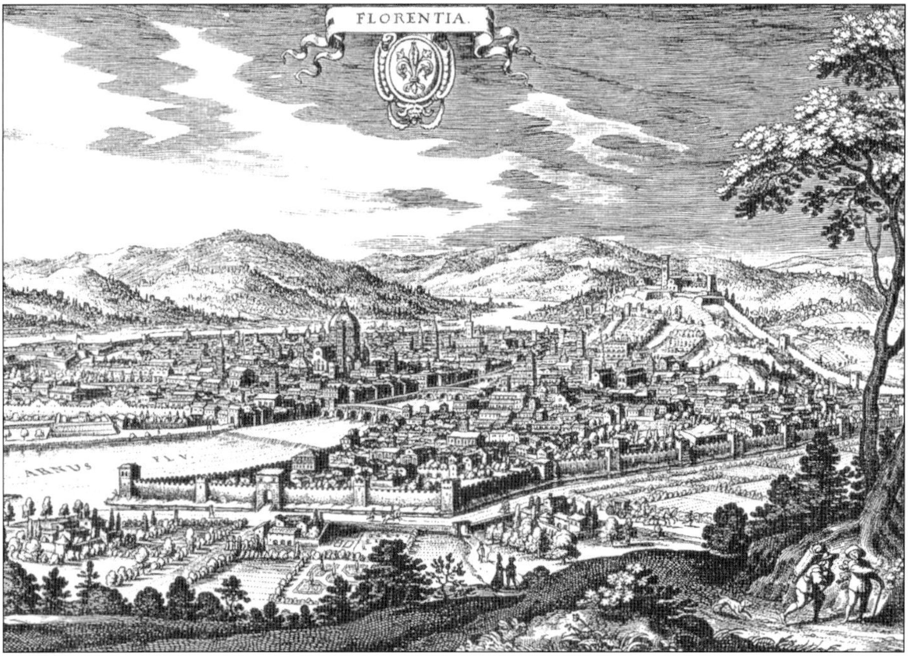

Chronik

Daten zur toskanischen Geschichte

30 000 v. Chr.	Steinwerkzeug-Funde bei Prato und Skelettreste bei Arezzo beweisen die Anwesenheit des Altsteinzeitmenschen.
1500 v. Chr.	Es entstehen erste feste Siedlungen der Villanova-Kultur (nach dem Fundort Villanova bei Bologna), Ackerbau und Viehzucht, Werkzeuge und Waffen aus Bronze.
1000 v. Chr.	Das bis heute nicht vollständig erforschte Volk der Etrusker dringt vom Osten her ein, verdrängt allmählich die Villanova-Kultur.
7. Jh. v. Chr.	Die Etrusker gründen politisch autonome Städte, zum Teil auf den besiedelten Hügeln der Villanova-Kultur. In der heutigen Toskana sind das Vetulonia, Roselle und Populonia in Küstennähe sowie im Landesinneren Chiusi, Volterra, Arezzo, Fiesole und Cortona. Erzabbau in den Colline Metallifere und auf Elba, Trockenlegung der Maremmen, Gründung einer Flotte zum Schutz der Küste.
540 v. Chr.	Seeschlacht bei Alalia (Korsika), Sieg über die Griechen.
5. Jh. v. Chr.	Niederlagen gegen Griechen und Phönizier.
4. Jh. v. Chr.	Die geschwächten etruskischen Städte – ihnen fehlt auch der politische Zusammenhalt – werden allmählich vom aufsteigenden Rom erobert oder durch Bündnisse gebunden.
2. Jh. v. Chr.	Die Römer gründen die Kolonialstädte Florenz und Pistoia, bauen die etruskischen Siedlungen Pisa und Lucca für ihre Veteranen aus.
89 v. Chr.	Die Etrusker erhalten das römische Bürgerrecht, politisch, kulturell und wirtschaftlich haben sie keine Bedeutung mehr.
297	Kaiser Diokletian gründet aus dem alten Etrurien und Umbrien die Tuscia (später Toskana).
476	Untergang des Weströmischen Reiches, Beginn einer Jahrhunderte dauernden Fremdherrschaft, die Städte verfallen, das Land verödet, trocken gelegte Landstriche versumpfen wieder.
493	Kriege zwischen den Ostgoten unter Theoderich und Byzanz.
568	Die Langobarden nehmen die zerstörte Toskana kampflos ein, Tuscien wird Herzogtum.
ab 774	Der Franke Karl der Große erobert das Langobardenreich, Tuscien wird Markgrafschaft, der Handel floriert, in den Städten zieht neuer Wohlstand ein.
10.–13. Jh.	Machtkämpfe zwischen den römisch-deutschen Kaisern und den Päpsten. Die toskanischen Städte nehmen entweder Partei für die »Guelfen« (Papsttreue) oder die »Ghibellinen« (Kaisertreue). Sie finanzieren zum großen Teil die Machtkämpfe, denn Pisa wird nach dem Sieg über die Sarazenen (1062) die reichste Stadt der Toskana, Florenz, Siena,

Lucca und Pistoia wachsen zu starken Handelszentren vor allem mit Tuch heran. Andererseits bekämpfen sich die entstandenen Stadtstaaten Pisa, Florenz, Lucca und Siena untereinander. Sogar in den Städten selbst schlagen Ghibellinen und Guelfen aufeinander ein, bauen uneinnehmbare Geschlechtertürme (Beispiel San Gimignano).

13.–14. Jh. Siena und Pisa sind meistens gegen den gemeinsamen Feind Florenz verbündet. Lucca und San Gimignano kämpfen gegen Siena, werden also »automatisch« zu Partnern von Florenz. 1260 besiegt Siena das feindliche Florenz bei Montaperti, doch schon 1269 ist Florenz wieder obenauf. Bis 1406 hat Florenz die Städte Arezzo, Pistoia, Prato, Cortona und Volterra erobert, auch San Gimignano kommt unter seine Verwaltung und sogar Pisa, dessen Hafen inzwischen verlandet war. Siena und Lucca bleiben noch unabhängig. Florenz fördert die Künste, Dante, Boccaccio und Giotto finden dort ihre Mäzene.

Ende des 14. Jh. kommen große Rückschläge durch Pestepidemien (1348 und 1374) sowie Hungersnöte (1365–74).

1434–1494 Die unteren Volksschichten lehnen sich gegen den Blut saugenden Adel auf, suchen sich für die Stadtherrschaft *(Signoria)* eine starke Persönlichkeit aus. Die Wahl fällt auf den reichen Familien-Clan der Medici: Cosimo der Ältere, Piero (nur fünf Jahre) und Lorenzo il Magnifico. Die Renaissance hält Einzug, Florenz wird zum geistigen Zentrum Europas.

1494 Nach dem Tod von Lorenzo il Magnifico erobern die Franzosen die Toskana, der religiöse Fundamentalist Girolamo Savonarola schwingt sich zur Macht auf, predigt gegen Künste und Literatur, fordert die Verbrennung dieser »eitlen Werke«. Vier Jahre später endet der Eiferer auf dem Scheiterhaufen in Florenz (Metallplatte auf der Piazza della Signoria).

1512–1574 Erst 1512 kommen die Medici nach Florenz zurück. Kardinal Giovanni de'Medici (durch gute Beziehungen bereits mit 13 Jahren zum Kardinal ernannt) wird zum Papst gewählt: Leo X. Cosimo I. (1519–74) erobert fast die ganze Toskana, fördert massiv alle Künste: Bau der Uffizien, Unterstützung von Michelangelo, Bau des Korridors auf dem Ponte Vecchio als Verbindung zur neuen Residenz, dem Palazzo Pitti. 1569 wird Cosimo I. von Papst Pius V. zum Großherzog der Toskana ernannt – ohne dass dieser dazu berechtigt war.

1574–1737 Die Medici-Dynastie regiert rund 160 Jahre weiter. Ferdinando I. entwässert die Sümpfe im Chiana-Tal und in der Ebene von Pistoia, gründet die Hafenstadt Livorno, lässt viele Festungen gegen befürchtete Aufstände bauen. Andererseits verlottert die Politik, Macht wird durch Heiraten gesichert, religiöser Fanatismus verstört die Toskaner (Cosimo III.), eine radikale Steuerpolitik lässt die Bevölkerung verarmen.

1737 Gian Gastone de'Medici stirbt kinderlos. Die europäischen Fürstenhäuser streiten um die Erbfolge. Das Haus Habsburg-Lothringen setzt sich schließlich durch, Franz von Lothringen wird Großherzog der Toskana, 1741 zum Kaiser Franz I. ernannt.

1765–1792 Der Sohn von Kaiser Franz I., Peter Leopold, baut Handel, Handwerk und Landwirtschaft neu auf, reformiert Steuerpolitik und Verwaltung, verbietet Folter und Todesstrafe.

1799–1814 Napoleon besetzt die Toskana, die anschließend unter bourbonische Verwaltung kommt.

1815–1859 Nach dem Wiener Kongress (1815) regieren die Habsburger unter Ferdinand III. weiter. Seine Herrschaft wird 1848 während des ersten Unabhängigkeitskrieges für ein Jahr unterbrochen.

1859 Zweiter Unabhängigkeitskrieg, Leopold muss fliehen. Bei einer Volksabstimmung wird der Anschluss der Toskana und der Emilia Romagna an das savoyische Königreich Piemont beschlossen. Vittorio Emanuele II. übernimmt die Regierung.

1860–1871 1860 erobert Garibaldi von Sizilien aus den Süden Italiens. 1861 wird Vittorio Emanuele II. zum König Italiens ausgerufen. Von 1865 bis 1871 ist Florenz vorläufige Hauptstadt des neuen Königreichs.

1900 Florenz wird wieder das geistige Zentrum Italiens. Im Café Giubbe Rosse treffen sich die Literaten.

1915 Italien tritt auf Seiten der Alliierten in den Ersten Weltkrieg ein.

1918–1945 Ende des Ersten Weltkriegs brechen in Italien soziale Unruhen aus. Nach bürgerkriegsähnlichen Zuständen gründet der frühere Sozialist Benito Mussolini die Bewegung des Faschismus. Er hievt sich 1922 an die Macht. 1940 paktiert Italien mit dem Hitler-Regime Deutschlands und tritt in den Zweiten Weltkrieg ein. 1943 stürzen antifaschistische Kräfte den Diktator, westliche Alliierten landen auf Sizilien. Als Italien mit den Alliierten einen Waffenstillstand schließt, besetzen deutsche Truppen fast ganz Italien und befreien Mussolini. Florenz wird 1944/45 durch alliierte Bombenangriffe und Sprengungen der sich zurückziehenden deutschen Truppen stark zerstört, alle Brücken – außer dem Ponte Vecchio – gesprengt.

1946 Volksentscheid und Ausrufung der Republik, die Monarchie ist abgeschafft.

1966 Sintflutartige Regenfälle lassen am 2. November den Arno über die Ufer treten. Zahlreiche Kunstwerke fallen der Flut zum Opfer.

1986 Florenz wird zur zweiten europäischen Kulturmetropole erklärt (nach Athen).

1993 Bombenanschlag der Mafia auf die Uffizien und den Palazzo Vecchio, bedeutende Kunstwerke werden zerstört.

In der Altstadt von Castiglione della Pescaia

2000 Die Toskana ist im Heiligen Jahr Durchgangsstation von drei Pilgerwegen, die nach Rom führen: dem Frankenweg, dem Santiagoweg und dem Bernsteinweg.

2001 Am 15. Dezember wird der Schiefe Turm von Pisa nach elf Jahren wieder für Besucher freigegeben.

FLORENZ UND DER MUGELLO

1 Florenz

Die große Stadt der Renaissance

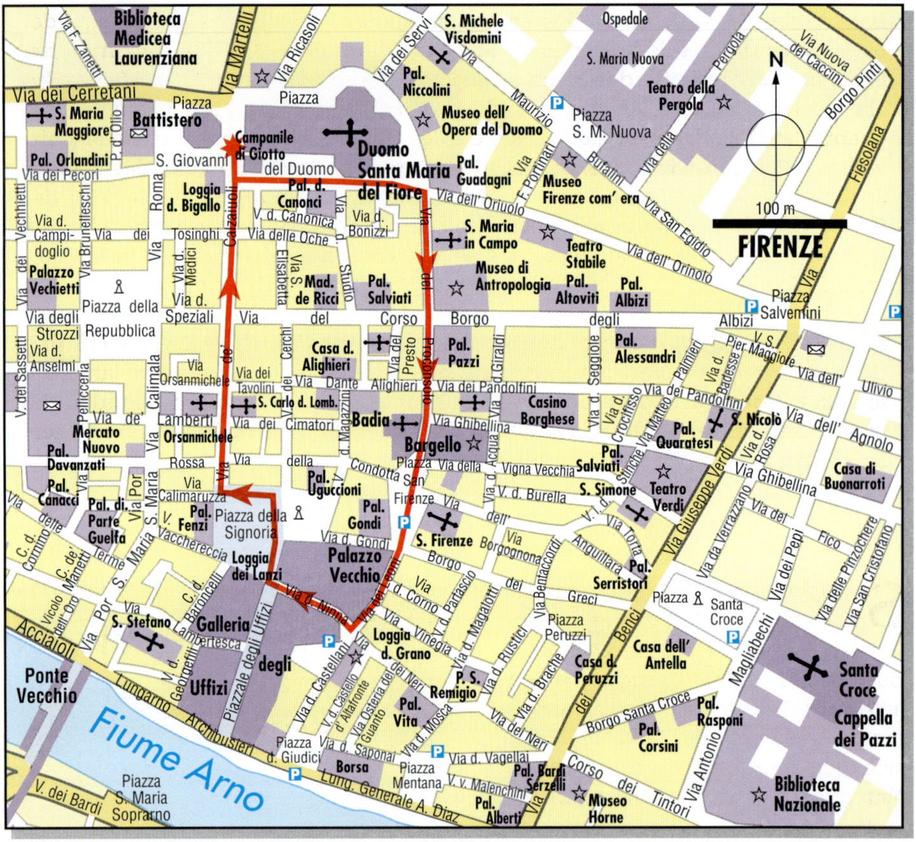

1. Programm: Im Herzen von Florenz

Vormittag Auf der **Piazza del Duomo** zuerst einmal umschauen, dann **Dom** und **Baptisterium** besuchen, Besteigung des **Campanile** und/oder der **Domkuppel**. Über die Via del Proconsolo zum sehenswerten **Museo Nazionale del Bargello**, gegenüber die **Badia Fiorentina**. Mittagspause ist in einer Seitengasse der Piazza della Signoria, wo das Essen preiswerter ist.

Nachmittag Auf der **Piazza della Signoria** Genießen der Skulpturen-Schau, danach Besuch des **Palazzo Vecchio**. Wenn man die Gemälde der **Uffizien** ohne lange Wartezeit anschauen möchte, muss man vorbestellen (vgl. Infos S. 41). Über die Via dei Calzaiuoli und die **Kirche Orsanmichele** zurück zum Dom.

Abstecher: Die sehenswerte gotische **Kirche Santa Croce** (über den Borgo dei Greci mit vielen Ledergeschäften) liegt dem heutigen Rundgang am nächsten. Sie beherrscht die weite Leere des autofreien Platzes. Nach Westen öffnet sich der Blick durch die Via dell' Anguillara und den Borgo dei Greci auf die Türme der Badia und des Bargello, den Palazzo Vecchio und die Kuppel des Doms. In der Kirche beeindruckt die großzügige und helle Raumgestaltung. Hier finden sich die Grabmäler von Michelangelo, Galileo Galilei, Gioacchino Rossini, Niccolò Machiavelli u.a. Für Dante wurde ein Scheingrab errichtet, das echte Grab des von der Stadt vertriebenen Sohnes liegt in Ravenna. (Obgleich ein Teil der Asche 1865 der Grabstätte entnommen und der Nationalbibliothek in Florenz geschenkt wurde. Dort war die Urne verschollen, sie wurde erst 1999 wieder entdeckt.) Ein Meisterwerk Brunelleschis ist die **Pazzi-Kapelle** im Klosterbereich rechts der Kirche, im Zeichen der Frührenaissance auf das menschliche Maß zugeschnitten. Im angeschlossenen **Museum** gehört der Besuch zu allererst Cimabues Kruzifix (13. Jh.), das nach der Arno-Überschwemmung fast verloren schien, jedoch nach jahrzehntelanger Restaurierung gerettet werden konnte. Andacht verdient weiterhin die wahrscheinlich erste Abendmahlszene der Stadt (Taddeo Gaddi, 1340) mit dem Lebensbaum und den vier Wundern.

Seit der Kern von Florenz zur Fußgängerzone erklärt wurde, ist der Genuss der historischen Meile trotz Busverkehr, Lieferfahrzeugen, Anliegerautos und Mofafahrern wieder einigermaßen möglich. Nerven kostet die Besichtigung der Stadt vor allem um die Mittagszeit, wenn Scharen von Bustouristen durch die Gassen ziehen und sich mit den Angestellten und Arbeitern mischen, die zur Pasta nach Hause oder in die nächste Bar für einen schnellen Imbiss eilen.

Für den Bummel sollte man die Vormittagsstunden und den späteren Nachmittag wählen; die Monate Juli und August sind nach Möglichkeit zu meiden, denn dann sind Pflaster und Mau-

Ruhestatt vieler Berühmtheiten: Santa Croce

erwerk aufgeheizt und die Temperaturen betragen bis zu 40 Grad Celsius im Schatten. Optimal ist die Anreise mit Bahn oder Bus, die die nervenaufreibende Parkplatzsuche erspart. Mit Bus und Bahn gelangt man zur Piazza della Stazione und von dort ist die Piazza del Duomo, Startplatz für den ersten Florenz-Tag, schnell zu Fuß oder mit dem Bus erreicht.

Zwischen Domplatz und der Piazza San Giovanni, genauer zwischen dem Duomo Santa Maria del Fiore und dem Baptisterium, der Taufkirche San Giovanni, muss man zuerst einmal Luft holen, stehen bleiben, sich um die eigene Achse drehen, um zu verstehen, von welchen grandiosen Sehenswürdigkeiten man hier umgeben ist. Falls sich vor der golden glänzenden **Paradiespforte** des Baptisteriums gerade keine Besucher drängeln, sollte man die Chance nutzen, ungestört das Bilderbuch des Ostportals zu entziffern. Auf zehn Bronzetafeln hat Lorenzo Ghiberti in 28 Jahren (1424–52) die Geschichte des Alten Testaments dargestellt. Es handelt sich allerdings um die perfekte Kopie, das Original befindet sich im Museo dell' Opera del Duomo.

Im **Baptisterium** selbst, Dantes Tauf- und Lieblingskirche (1059–1150), überrascht der hohe Kuppelraum. Die Kuppel ist geschmückt mit Mosaiken im byzantinischen Stil. Sie werden in der Mitte von Christus als Weltenrichter beherrscht, links und rechts von ihm das Jüngste Gericht mit dem Paradies und der Hölle der Verdammten, im Zentrum ein schreckliches, gehörntes Ungeheuer, das die sündigen Menschen krallt und verschlingt.

Florenz mit Blick auf den Palazzo Vecchio und den Dom

Gegenüber der Paradiespforte nimmt die mit schwarzem, weißem, grünem und rotem Marmor verkleidete Domfassade das Auge des Betrachters gefangen. Rechts davon erhebt sich der nach Plänen von Giotto di Bondone (1266–1337) errichtete, 85 Meter hohe **Campanile**. Sportlichen Besuchern bieten sich 414 Stufen zum Ersteigen an. Wer es schafft, wird mit einem einmaligen Blick über Florenz belohnt.

Hinter und über dem Campanile schwebt die 91 Meter hohe **Domkuppel** des Medici-Baumeisters Brunelleschi (1377–1446). Über das frei tragende Kunstwerk gab es vor Baubeginn viele Diskussionen, es ohne Bodengerüst zu bauen hielt man für Unsinn. Warnende Stimmen erinnerten an den Einsturz der Kuppel der Hagia Sophia in Konstantinopel (1346) und an die statische Verstärkung des Baptisteriums, dessen Kuppel sich zu senken drohte. Doch Filippo Brunelleschi bleibt stur, will die Maurerkunst der Römer wieder beleben und in der Architektur Zeichen für eine Renaissance setzen.

Er hält sich längere Zeit in Rom auf, um zu studieren, wie in der Antike Gewölbe nach der Erkenntnis errichtet wurden, dass zwei einander zugeneigte Körper sich gegenseitig stützen. Im Jahre 1420 erhält der Baumeister endlich den Auftrag. Damit die Maurer und ihre Gehilfen keine Zeit durch beschwerliche Auf- und Abstiege verlieren, gewinnt er einen Weinhändler, einen Bäcker und eine Köchin, die das Team über der wachsenden Kuppel versorgen. Am 25. März 1436 kann das Wunderwerk mit einem freien Innendurchmesser von 41,50 Meter feierlich eingeweiht werden. Diese einzigartige Leistung lässt sich beim Aufstieg nachempfinden. 463 Stufen sind es bis zur Laterne, von der aus sich ein wunderbarer Blick über

Gelati »alla fiorentina«

Florenz bietet. Achtung, Einbahn: Umkehren ist nicht möglich.

Der **Dom** bietet 20 000 Menschen Platz, theoretisch. Praktisch betritt man die Kirche durch ein zählendes Drehkreuz, mehr als 800 Menschen auf einmal dürfen sich jetzt in dem nüchternen, ziemlich düsteren Innenraum nicht aufhalten. Im ersten Joch rechts stehen die Büsten der Dombaumeister Brunelleschi und Giotto, zwischen ihnen der Prophet Daniel. Wer den Kopf in den Nacken legt, entdeckt in der Kuppel restaurierte Fresken von Giorgio Vasari und Federico Zuccari, sie stellen das »Jüngste Gericht« dar.

Vor dem Querschiff links sollte man sich das Gemälde mit dem berühmten Sohn der Stadt betrachten, »Dante« von Domenico di Michelino. Dante Alighieri

◁ Florenz: Blick durch die Via dei Servi auf den Dom

(1265–1321), Italiens größter Dichter, steht vor dem Turm zu Babel und neben dem Fegefeuer (»Göttliche Komödie«), rechts ist Florenz mit seinen bekanntesten Bauwerken zu sehen: Domkuppel und Campanile, Arnolfo- und Badia-Turm. Allerdings kann Dante Domkuppel und Campanile nicht mehr gesehen haben. Wer sich für die originalen Kunstgegenstände aus Dom, Campanile und Baptisterium interessiert, sollte einen Besuch des Dombaumuseums, des **Museo dell'Opera del Duomo** einplanen. Zu bestaunen sind hier wertvolle Skulpturen – vier Platten der alten Paradiespforte, Kanzeln und Altäre –, die aus Gründen des Denkmalschutzes von ihren Originalstandorten entfernt wurden.

Um das Bargello-Museum nicht zu verpassen (nachmittags geschlossen), muss das Programm im Uhrzeigersinn ablaufen. An der Südostecke des Domplatzes strebt die belebte Via del Proconsolo südwärts. Mindestens zwei Mal ist auf dieser Strecke ein Stopp überlegenswert: Zunächst beim **Museo Nazionale del Bargello** (1255 als Rathaus), auf der linken Seite gegenüber die Badia Fiorentina (978). Liebhaber von Renaissanceskulpturen werden am ersten Nationalmuseum Italiens nicht vorbeigehen können. Im Palazzo Bargello sind Werke u.a. von Michelangelo, Donatello, Giambologna, Verrocchio und Cellini versammelt. Höhepunkte sind Michelangelos marmorner »Trunkener Bacchus« (1497), einmalig in seiner Pose, die dem römischen Weingott einen kleinen Schwips bescheinigt; Giambolognas Bronzestatue zeigt einen athletischen, leichtfüßigen »Merkur« (1564), der fast in den Himmel zu entschweben scheint; Donatellos anmutiger, nackter »David« (1430), ein wundervoller Bronzeguss, hat in der europäischen Kunstgeschichte einen besonderen Stellenwert, da es sich um die erste frei stehende Aktfigur seit der Antike handelt; von besonderem Reiz sind auch die recht unterschiedlichen Bronzereliefs von Lorenzo Ghiberti und Filippo Brunelleschi, die vom Wettbewerb um die zweite Tür des Baptisteriums stammen (1401), den Auftrag erhielt Ghiberti.

Neben anderen unübersehbaren Wahrzeichen der Stadt am Arno ist von überall der Campanile der Badia mit seiner markanten Helmspitze zu entdecken. Die **Badia Fiorentina** (auch Santa Maria Assunta) ist eine der ältesten Kirchen von Florenz. Der Besuch passt leider nicht in dieses Programm, weil die Kirche erst um 16.30 Uhr geöffnet wird (vgl. Infos S. 42). Im Inneren fällt der Blick gleich links auf ein Schmuckstück der Klosterkirche: Auf dem Altarbild von Filippino Lippi (1486) erscheint dem heiligen Bernhard die von Engeln umringte Muttergottes vor einer sich weit nach hinten erstreckenden Landschaft. Durch eine Tür rechts vom Altar kommt man zum Kreuzgang der Badia, einer Oase der Ruhe. Dort wird in einem Freskenzyklus das Leben eines anderen Heiligen dargestellt: des heiligen Benedikt, seit 1964 der Schutzheilige Europas.

Auf der Via del Proconsolo geht es weiter entlang der Rückseite des Palazzo Vecchio, dann scharf rechts in die Via Ninna und noch einmal rechts, wo man auf die erste Skulpturengruppe stößt. Die **Piazza della Signoria** lässt sich mit all ihrer Pracht am besten von der Westseite betrachten, das »Rivoire«, das schönste Café von Florenz, im Rücken. Der mit Skulpturen geschmückte Platz ist seit dem 14. Jahrhundert der politische Mittelpunkt der Stadt und der Toskana. Mit der Schaffung dieses Areals zeigten die Medici ihre Machtfülle, viele

Figuren, Symbole der Stärke und Führerschaft, wurden allerdings in Auftrag gegeben, als der Stern der 300 Jahre lang wirkenden Familie bereits im Sinken begriffen war.

Gewaltig, wie eine Festung wirkt der **Palazzo Vecchio**, der ehemalige **Palazzo della Signoria** (1298–1314), mit seinem 94 Meter hohen Torre d' Arnolfo. Hier tagte die *Signoria*, die neunköpfige Stadtregierung, und hier residierten die Medici bis zu ihrem Umzug in den Palazzo Pitti. Der Innenhof wurde ganz im Stil der Renaissance gebaut. Fast jeder Besucher betritt ihn, um die Kopie des liebenswürdigen, graziösen Putto zu sehen, der einen Wasser spuckenden Delphin in seinen Armen hält (Kopie, Original 1475 von Verrocchio). Über Vasaris breite Treppe kommt man in den 1. Stock zum Saal der Fünfhundert. Die Gemälde an Decke und Wänden verherrlichen die Schlachten und Siege der Medici, vor allem Cosimos I. (von Vasari).

Beim Rundgang sind nicht immer alle Räume zu sehen, wichtig sind die von Papst Leo X., deren Deckengemälde die irdischen Medici-Götter verherrlichen. Die Verbindung zu den Göttern des Himmels schaffen die über den Papstzimmern liegenden Quartiere *degli Elementi*. Die Gemächer der Eleonora di Toledo, Gemahlin von Cosimo I., zeigen Szenen aus dem Leben berühmter Frauen. Ihre Kapelle wurde von Bronzino mit meisterhaften Fresken ausgemalt (1540–45), darunter äußerst be-

Piazza della Signoria, im Hintergrund der Palazzo Vecchio

eindruckend die Verfolgung von Moses und seinem Volk durch ägyptische Soldaten, die im Roten Meer ertrinken.

Einen architektonischen Gegensatz zum Palazzo Vecchio bildet die im rechten Winkel zum Herrscherpalast stehende **Loggia dei Lanzi** (1382) mit klaren gotisch-florentinischen Rundbögen. Sie wurde nach der Leibwache Cosimos I. benannt, den deutschen Landsknechten. Mit dem Gesicht zum Palazzo Vecchio betrachten wir den Aufmarsch der Skulpturen von links nach rechts. Das bronzene Reiterstandbild stellt Großherzog Cosimo I. dar, der mit militärischer Macht die Toskana einigte. Giambologna schuf es 1595, als Cosimos Nachfolger bereits den Niedergang der Medici einleiteten. An der linken Ecke des Palazzo Vecchio dokumentiert der protzige Neptun über dem Nymphenbrunnen die mediceischen Siege zur See (1576 von Ammannati). Rechts davon symbolisiert der Marzocco, Donatellos Löwe (1460), Kraft und Freiheit. Davor erinnert eine Platte im Boden an den fundamentalistischen Pater Savonarola, der an dieser Stelle aufgehängt und verbrannt wurde.

Auf der rechten Seite des Palazzo steht die Kopie von Michelangelos »David« (Original von 1501 in der Galleria dell' Accademia), Sinnbild des kurzen Triumphes der Republikaner über die Tyrannei der Medici. An der rechten Seite des Goliath-Bezwingers erschlägt Herkules den Feuergott Cacus mit einer Keule, wiederum ein Zeichen der sich stark fühlenden Medici-Herzöge (1533/34 von Baccio Bandinelli). Unter den Arkaden der Loggia geht der Skulpturenreigen weiter. Links hält der bronzene Perseus das Haupt der männermordenden Medusa in der Hand, eine Warnung Cosimos I. an alle Feinde, von Aufständen gegen ihn abzusehen (1554 von Cellini). Erwähnenswert im rechten Bogen der Loggia ist wegen seiner Leichtigkeit, seiner Eleganz in den Bewegungen Giambolognas aus einem Marmorblock gehauener »Raub der Sabinerinnen« (1583).

Um die Verwaltung in seiner Nähe zu haben, ließ Cosimo I. ganze Häuserzeilen niederreißen. So konnte sein Hofarchitekt Vasari ab 1559 die **Uffizien** (*ufficio* = Büro, Amt) bauen, durch einen Gang mit dem Palazzo della Signoria verbunden. In den Gängen (*gallerie*, daher »Galerie« für Kunstausstellung) wurden später die Kunstsammlungen der Medici untergebracht. Heute muss man gut vorplanen, um in den Genuss der einzigartigen Kunstwerke zu kommen. Entweder man reiht sich stundenlang in die Warteschlange ein – was den Tagesplan völlig umwerfen kann – oder man bestellt die Tickets vorher und wird dann bevorzugt (vgl. Infos, S. 41). Man kann nur Ausschnitte der sensationellen Ausstellung wählen, um vom Angebot nicht erschlagen zu werden. Eine persönliche Empfehlung ist, sich beim ersten Besuch auf die Säle 10 bis 14 zu konzentrieren und dann über den Saal 15 die Tribuna zu erreichen.

In den Sälen 10 bis 14 sind die Vertreter der italienischen Renaissance Botticelli, Ghirlandaio und Filippino Lippi zu bewundern. Höhepunkte sind Botticellis »Geburt der Venus« (die römische Liebesgöttin, auf einer Muschel von starken Winden ans Ufer geblasen), seine »Primavera« – ein Rausch an sinnlicher Farbenpracht, an Leichtigkeit in Bewegung und Verhüllung der lebensbejahenden Körper, und »Die Anbetung der Könige« mit Cosimo il Vecchio als grauhaarigem König vor der Muttergottes kniend, rechts kniet Cosimos Enkel Giuliano, ganz in Weiß gekleidet, links steht Cosimos zweiter Enkel, Lorenzo il

Magnifico mit einem Schwert. Im Saal 15 sind frühe Arbeiten von Leonardo da Vinci zu besichtigen: »Die Taufe Christi«, die »Verkündigung« und die unvollendete »Anbetung der Könige«.

Über den Saal der Hermaphroditen (Nr. 17) kommt man in die Tribuna (Nr. 18), wo die Kunstschätze der Medici nach deren persönlichem Geschmack präsentiert werden. Anziehungspunkte ersten Ranges sind die »Mediceische Venus«, der »Musizierende Engel« und mehrere Porträts der Medici.

Die lebhafte Via dei Calzaiuoli, die Straße der Schuhmacher, liegt an der Nordwestecke des Platzes. Sie führt direkt zurück zum Domplatz. Wegen der vielen Fastfood-Läden nennt man die Strecke heute kritisch die Pizza-Meile, aber es gibt hier auch zahlreiche Geschäfte und modische Boutiquen, die zu einem Shopping-Bummel einladen.

In der ersten Hälfte lohnt auf der linken Seite die reich verzierte gotische **Kirche Orsanmichele** (1337–1404) einen Stopp. Auffallend sind die mit reichem Maßwerk verzierten Fenster, ursprünglich die Bögen einer Loggia. Denn anfangs war das Gebäude ein Getreidemarkt und -speicher. Dank eines wunderschönen Madonnenbildes wurde das Handelshaus bald eine Pilger- und Gebetsstätte (Oratorium) und zur Kirche der Zünfte umgebaut. Ihr Anziehungspunkt ist weiterhin das Gnadenbild Mariae in einem gewaltigen Marmortabernakel. (Meist ist nur der Eingang auf der Rückseite an der Via dell' Arte della Lana geöffnet.)

Nach wenigen Schritten nordwärts mündet die Schustergasse in den Domplatz, der sich mit einem Paukenschlag öffnet.

Piazza della Signoria, dominiert vom Palazzo Vecchio ▷

1 **Infos:** Florenz

APT (Azienda di Promozione Turistica)
Via Manzoni 16
50121 Firenze
✆ 055-2 33 20, Fax 055-2 34 62 86
www.firenze.turismo.toscana.it
apt@firenze.turismo.toscana.it oder
info@firenze.turismo.toscana.it
Nur schriftliche Anfragen.

Aeroporto Amerigo Vespucci
Via del Termine, Vorort Peretola, 6 km von der Stadtmitte entfernt
✆ 055-37 34 98
www.safnet.it

Autostazione
Piazza della Stazione
Nähe Bahnhof Santa Maria Novella
✆ 055-58 05 28 (Gesellschaft ATAF)
✆ 055-28 38 78 (Gesellschaft LAZZI)

Stazione
Stazione Santa Maria Novella
Informationsbüro FS (Ferrovie dello Stato), Ufficio am Hauptbahnhof, tägl. 7–21 Uhr, ✆ 14 78-880 88
Buchungen über ✆ 055-235 61 36
www.fs-on-line.com
Gute Bahnverbindungen zu allen wichtigen Städten der Toskana.

Brunelleschi
Piazza Santa Elisabetta 3
50122 Firenze
✆ 055-273 70, Fax 055-21 96 53
www.hotelbrunelleschi.it
Komfortables Haus aus mehreren Palästen, stimmungsvoll, zentrale Lage. Mit Restaurant. €€€€

Die Auflösung der €-Zeichen finden Sie S. 222, 223 bzw. auf der hinteren inneren Umschlagklappe.

Rivoli
Via della Scala 33
50123 Firenze
✆ 055-28 28 53, Fax 055-29 40 41
www.hotelrivoli.it
Gutes Mittelklassehotel ohne Restaurant. €€€

Il Guelfo Bianco
Via Cavour 29
50123 Firenze
✆ 055-28 83 30, Fax 055-29 52 03
www.guelfobianco.it
Gepflegtes Stadthotel, ohne Restaurant. €€

Le Due Fontane
Piazza della SS. Annunziata 14
50123 Firenze
✆ 055-21 01 85, Fax 055-29 44 61
www.leduefontane.it
Einfach und sauber, direkt am schönen Annunziata-Platz. Kein Restaurant. €€

Porta Rossa
Via Porta di Rossa 19, 50123 Firenze
✆ 055-28 75 51, Fax 055-28 21 79
Kleines Hotel, einfach und sauber, zentrale Lage. Kein Restaurant. €€

David
Viale Michelangelo 1
50123 Firenze
055-681 16 95, Fax 055-68 06 62
david@italxhotel.com
Einfaches, sauberes Stadthotel, ohne Restaurant. €€

Residenza Hannah e Johanna
Via Bonifacio Lupi 14
50123 Firenze
✆ 055-48 18 96, Fax 055-48 27 21
lupi@johanna.it
Einfache, gepflegte Pension, ohne Restaurant. €

Gran Hotel Villa La Massa
Bagno a Ripoli, Ortsteil Candeli
50012 Firenze
✆ 055-626 11, Fax 055-63 31 02
www.villalamassa.com
Villamassa@Galactica.it
Luxus und Ambiente am Rande der Stadt, 7 km von Florenz entfernt direkt

am Ufer des Arno. Eine gute Adresse (Relais & Chateau) für einen Urlaub zu zweit. Einrichtung und Service sind unübertroffen. Regelmäßiger Bus-Shuttle für bequeme Florenz-Besuche. Gutes Restaurant. Parkplätze. €€€€

Villa di Camerata
Viale Righi 2, nordöstlich an der Straße nach Fiesole
✆ 055-60 14 51, Fax 055-61 03 00
Einfache Ausstattung, aber günstig gelegen für Besuche in Florenz.

Girasole Club
Via Norcenni 7, südöstlich Florenz, vom Ort aus Richtung Siena
50063 Figline Valdarno
✆ 055-95 96 66
Fax 055-95 93 37
www.ecvacanze.it/girasole/ted.htm
ADAC-Lob wegen hervorragender sanitärer Ausstattung. Bäume und Mattendächer, Kinderanimation, Spielplatz, 2 Pools, einer beheizbar und überdachbar, Planschbecken, Sportmöglichkeiten, Fahrradverleih, Fitnesscenter mit Sauna und Massage, schalldichte Disco, Hunde erlaubt. Eurocamp-Mitarbeiter und Spielleiter, Zirkuszelt, Babysitten, Spieleverleih.

Keine Wartezeit bei den Museen
✆ 0039-055-29 48 83
Fax 0039-055-26 44 06
Mo–Fr 8.30–18.30, Sa 8.30–12.30 Uhr
Reservierungsgebühr 1 € pro Person, unter 6 Jahren frei
Vor den berühmtesten Museen der Stadt bilden sich fast jeden Tag Schlangen. Um lange Wartezeiten zu vermeiden, können Tickets telefonisch vorbestellt werden. Man kommt dann zur festgelegten Zeit an die Kasse und wird nach Bezahlung bevorzugt eingelassen. Vorbestellungen sind für alle staatlichen Museen in Florenz möglich: Galleria degli Uffizi, Galleria dell' Accademia, Palazzo Pitti, Cappelle Medicee, Museo di San Marco, Museo Nazionale del Bargello, Museo Archeologico.

Die »Paradiestür« von Lorenzo Ghiberti

Duomo Santa Maria del Fiore
Piazza del Duomo s/n
✆ 055-230 28 85
Mo–Sa 10–17, So 13.30–17 Uhr
Hauptkirche der Stadt, gotisch-toskanischer Stil (1296); Fresken von Vasari und ein Gemälde von di Michelino (berühmtes Dante-Bild).
Campanile: Sommer tägl. 9–18.50, Winter 9–16.20 Uhr, lange Wartezeiten
Domkuppel: Mo–Sa 8.30–18.20 Uhr, lange Wartezeiten, So/Fei geschl.

Baptisterium
Piazza di San Giovanni s/n
✆ 055-230 28 85
Mo–Sa 12–18.30, So 8.30–13.30 Uhr

Älteste Kirche der Stadt (1059–1150), sehenswerte Paradiespforte, Kuppel mit Mosaiken im byzantinischen Stil.

Museo dell'Opera del Duomo
Piazza del Duomo 9, im Palazzo Vescivile
✆ 055-230 28 85
Mo–Sa 9.30–18.30, So 8–14 Uhr
Original der Paradiespforte des Baptisteriums; Werke u.a. von Michelangelo (Pietà) und Donatello (Maddalena, Cantoria).

Museo Nazionale del Bargello
Via del Proconsolo 4
✆ 055-238 86 06
Tägl. 8.15–13.15 Uhr, Eintritt 4 €
Ursprünglich Sitz des Bürgermeisters, später des Polizeipräfekten (*bargello* = Häscher), eines der bedeutendsten Museen der Stadt.

Galleria degli Uffizi (Uffizien)
Piazzale degli Uffizi s/n
www.uffizi.firenze.it
Kartenvorbestellung vgl. S. 41
Di–So 8.30–18.50 Uhr, Eintritt 8 €
Beherbergt eine der bedeutendsten Gemäldesammlungen der Welt.

Museo dell'Opera di Santa Croce
Piazza Santa Croce s/n
✆ 055-24 46 19
April–Okt. tägl. 10–12.30 und 14.30–18.30, Nov.–März tägl. außer Mi 15–17 Uhr, Eintritt 2,60 €
Bedeutende Franziskanerkirche aus dem Jahr 1226 mit den Grabstätten wichtiger Persönlichkeiten.

Badia Fiorentina (Santa Maria Assunta)
Via del Proconsolo s/n
Mo–Sa 16.30–18.30, So 10.30–11.30 Uhr
Altarbild von Filippino Lippi, Kreuzgang mit Freskenzyklus: das Leben des heiligen Benedikt.

Palazzo Vecchio
Piazza della Signoria
✆ 055-276 84 65
Werktags außer Do 9–19, Do 9–14, So/Feiertage 8–13 Uhr
1298–1314 von Arnolfo da Cambio als Versammlungshaus der Zunftältesten, als **Palazzo della Signoria**, gebaut. Residenz der Medici bis zu deren Umzug in den Palazzo Pitti, heute Sitz des Stadtrates.

Orsanmichele
Via dei Calzaiuoli s/n
Tägl. 9–12 und 16–18 Uhr
Gotische Kirche, gotisches Marmortabernakel mit dem Gnadenbild Mariae (1347, Bernardo Daddi).

Snack Self Service Marchetti
Via Calzaiuoli 102, ✆ 055-21 08 05
Zwischen Dom und Piazza Signoria. Preiswerte Schnellküche, Selbstbedienung, Pasta ab 5 €, Durchgehend geöffnet. €

Enoteca Pinchiorri
Via Ghibellina 87
✆ 055-24 27 77
www.enotecapinchiorri.com
So/Mo und Di mittags geschl.
Zwei-Sterne-Restaurant in einem Renaissancepalast. Französisch-toskanische Küche, sehr guter Service, große Weinauswahl. Gilt unter Kennern als eines der besten Italiens. Die Preise für ein Menü liegen zwischen 100 und 150 € pro Person.

Trattoria de Nerbone
Mercato Centrale, So geschl.
Typische Marktkneipe mit original florentinischen Spezialitäten. €

Cantinetta dei Verrazzano
Via dei Tavolini 18/20
✆ 055-26 85 90
Mitten im Zentrum, preisgünstige Pizza, auch andere kleine Gerichte, gute Adresse für Weineinkauf. Durchgehend geöffnet. €

1 Infos: Florenz

Paoli
Via dei Tavolini 12 r
✆ 055-21 62 15, Di geschl.
Zwischen Dom und Piazza della Signoria. Eines der ältesten Restaurants der Stadt mit entsprechendem Ambiente, toskanisch-italienische Spezialitäten. €€

Toto
Via Borgo Sant' Apostoli 6
✆ 055-21 20 96
Zwischen Uffizien und Ponte Vecchio. Urig und stimmungsvoll, toskanische Spezialitäten, beste *bistecca fiorentina.* €€€

Trattoria da Sergio
Piazza San Lorenzo 8
Urige, enge Marktkneipe, Treff der Marktleute, florentinische Spezialitäten. €

Mercato delle Pulci/Antiquitätenmarkt
Piazza dei Ciompi
Letzter So im Monat 9–13 und 15–18 Uhr

Mercato di Santo Spirito/Antiquitätenmarkt
Piazza Santo Spirito
2. So im Monat 9–19 Uhr

Wichtige Feste in Florenz:
Ostersonntag: *Scoppio del Carro* zwischen Dom und Baptisterium, Umzug, Messe, Feuerwerkskarren
Sonntag nach Himmelfahrt: *Festa del Grillo* im Cascine-Park, Jahrmarkt
24. Juni: *Calcio Storico* auf der Piazza Santa Croce, historisches Raufballspiel

Kartenvorbestellung unter
✆ 0039-055-21 08 04
www.boxoffice.it

Weitere Infos zu Florenz finden Sie S. 49 und 57.

Eines der berühmtesten Gemälde in den Uffizien: Sandro Botticellis »Primavera« (Der Frühling, 1485–87)

② Sinnliche und sakrale Freuden

Das Altstadtviertel

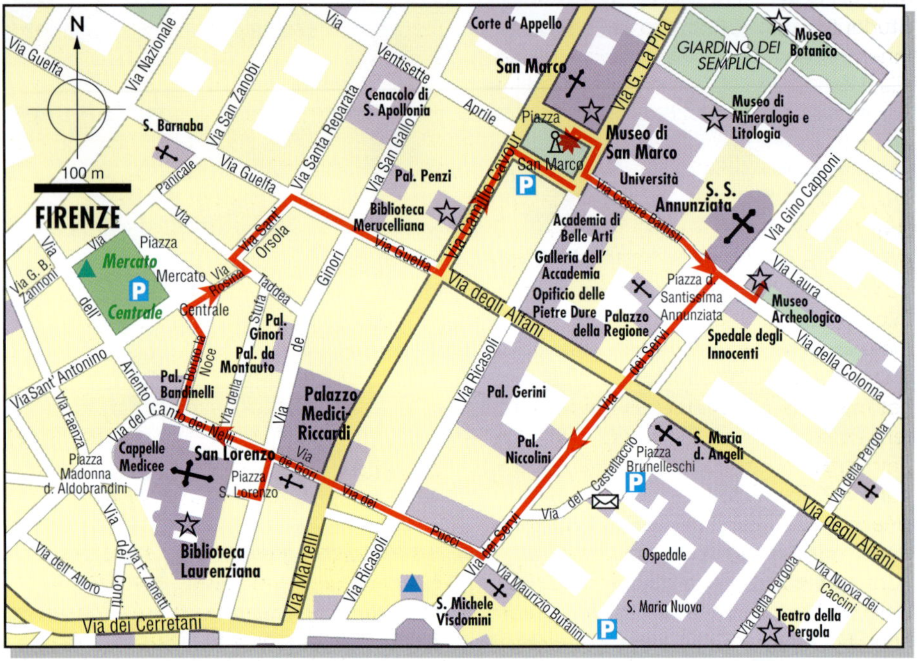

2. Programm: Florenz

Vormittag — Von der **Piazza San Marco** ins **Kloster San Marco** mit Fra Angelicos Gemälden, danach zur **Piazza Santissima Annunziata**, dahinter liegt das **Archäologische Museum** das nur bis 14 Uhr geöffnet hat. Über die Via dei Pucci zum **Palazzo Medici-Riccardi** und zur **Kirche San Lorenzo** mit der Fürstenkapelle der Medici.

Mittag — Mittagspause im **Mercato Centrale**.

Nachmittag — Bei kurzer Warteschlange oder vorbestellten Karten in die **Galleria dell' Accademia** mit dem originalen »David«, danach Besichtigung des **Spedale degli Innocenti** an der Piazza Santissima Annunziata.

Das Altstadtviertel im Nordosten von Florenz bietet eine ganze Reihe von Sehenswürdigkeiten, die meistens aber nur vormittags geöffnet haben. Deshalb sollte man dieses Programm früh auf der begrünten **Piazza San Marco** beginnen. Im Universitätsviertel geben die Studenten den Rhythmus an, nach ihnen richten sich die Bars, Bistros und Eisdielen in den Seitenstraßen. Studiker der Kunst und der Architektur haben es einfach, gleich nach einem Cappuccino, beispielsweise im »Gran Caffè San Marco«, Anschauungsunterricht im **Kloster San Marco** (13. Jahrhundert) zu nehmen. Cosimo il Vecchio ließ das Kloster 1437 vergrößern. Sein Stararchitekt Michelozzo schuf die Biblioteca (1441), die erste öffentliche Bibliothek Europas.

Der Dominikanermönch Fra Angelico hat mehr als 40 Klosterzellen mit sanftem Pinselstrich freskiert (1438–45). Bei dem großen Angebot sollte man sich auf die Zellen 2 mit der »Grablegung« (Maria und Apostel beweinen Christus) und 7 mit der »Verspottung Christi« (Christus mit Augenbinde wird gegeißelt) und auf die »Verkündigung« (Gabriel und die Jungfrau in einer Michelozzo-Loggia) am Treppenaufgang zum Dormitorium konzentrieren. Beim Betrachten der beeindruckenden »Kreuzigung« im Kapitelsaal ist der Schmerz der unter dem Kreuz Versammelten förmlich zu spüren. Vom Kreuzgang aus kommt man ins Museum in der früheren Pilgerherberge. Unter den Tafelbildern Fra Angelicos ist besonders die »Kreuzabnahme« eine längere Betrachtung wert.

Vom San-Marco-Platz geht es über die Via Cesare Battisti zur harmonischen **Piazza Santissima Annunziata**, einer architektonischen Schönheit. Die Kirche, die dem Platz ihren Namen gab, wurde wirkungsvoll mit einer siebenbogigen Vorhalle verschönert (Michelozzo,

Gespräch über Gott und die Welt im Vorhof von Santissima Annunziata in Florenz

1444). Schräg gegenüber steht das Spedale degli Innocenti (*innocenti* = Unschuldige), Europas erstes Waisenhaus. Weil das **Museo Nazionale Archeologico** am Nachmittag geschlossen ist, beginnt der Spaziergang hinter dem Findelhaus in der Via della Colonna, wo das Archäologische Museum mit einer ägyptischen Ausstellung und der umfangreichsten Sammlung etruskischer Zeugnisse wartet. Zum Kummer der Kunstfreunde aus Arezzo steht auch das Original ihrer bronzenen Chimäre, des Fabeltiers aus Löwe, Ziege und Schlange in den Räumen dieses Museums.

Wieder zurück an der Piazza Santissima Annunziata geht von ihrer südlichen Flanke die Via dei Servi ab. Eine gute Gelegenheit, sich mit Proviant einzudecken, denn die Bäckereien und Lebensmittelläden hier sind besonders

preiswert. Wo die Straße auf die Via dei Pucci stößt, geht es nach rechts weiter zur lebhaften Einkaufsstraße Via Cavour, an deren Anfang der **Palazzo Medici-Riccardi** steht. Hier sitzt heute die Präfektur der Stadt. Bis zum Umzug in den Palazzo Vecchio wohnten die Medici in diesem mächtigen, durch die Buckelquader zumindest in Augenhöhe wie eine Festung wirkenden Bau. In der Capella dei Magi sind die Fresken »Zug der Heiligen Drei Könige« (1459–60, Benozzo Gozzoli) der Anziehungspunkt des Palastes. Eine märchenhafte Landschaft zieht sich in die Tiefe, der Zug mit edel gekleideten Menschen, prächtigen Pferden und manchen exotischen Tieren, beispielsweise angeleinten Geparden und lustig dargestellten Kamelen, bewegt sich über eine Kalkklippe nach oben und verschwindet rechts hinter den Hügeln. Seit ihrer Restaurierung (1993) leuchten die Fresken wieder frisch – man braucht viel Zeit, um die wundervollen Einzelheiten dieses Bilderbuches aufzunehmen. Neben einigen Medici wird in Gestalt des ältesten Königs der Patriarch Josephus von Konstantinopel geehrt, der am Florentiner Konzil teilgenommen hatte (1439).

Hinter dem von außen abweisenden Palast öffnet sich die Piazza **San Lorenzo** mit der gleichnamigen Grabeskirche der Medici. Ihre triste Backsteinfassade wirkt wenig anziehend. Michelangelos Pläne für die Vorderansicht konnten wegen Geldmangels nicht realisiert werden. Im Inneren der Kirche der Medici (Neubau ab 1419) überzeugt Brunelleschis klare, harmonische Architektur, monolithe Säulen, von Blattkapitellen gekrönt, tragen die Bögen der Arkaden. Unter der Kuppel weist eine schlichte Steinplatte auf den Begründer der Medici-Herrschaft, Cosimo il Vecchio, hin. Wer Marktatmosphäre mag, wird durch

◁ *Der Mercato Centrale ist ein Dorado für Schlemmer und Genießer* das bunte Treiben auf dem Platz gefangen genommen. Alles was das Touristenherz begehrt, von Lederwaren über Kitsch-Souvenirs bis zu bunten T-Shirts wartet auf Kunden.

In die zum Kirchenkomplex gehörende Fürstenkapelle (Cappella dei Principi) gelangt man durch den Eingang an der Piazza Madonna degli Aldobrandini. Sechs der Medici-Großherzöge wurden hier beigesetzt. Die Marmorausstattung wirkt, je nach Geschmack, auf die einen märchenhaft reich, auf andere Besucher nüchtern kalt. Keine Zweifel gibt es an der kunstvollen Ausführung dieser Pietra-dura-Dekoration, deren Kostbarkeit am Sockel mit den 16 toskanischen Stadtwappen aus Perlmutt, Korallen und Lapislazuli eindeutig zur Geltung kommt.

In Michelangelos Neuer Sakristei, wegen des Niedergangs der Medici-Herrschaft nie vollendet, sind die Medici-Grabmäler für zwei unbedeutende Herrscher zu sehen: Giuliano und seinen Neffe Lorenzo. Michelangelos gesegnete Hand ist an den Allegorien, die sich über die Grabmäler schmiegen, klar zu erkennen: Tag und Nacht bei Giuliano, Morgen und Abend bei Lorenzo. Vom ruhigen Kreuzgang (Eingang rechts von der Kirche) kommt man in die **Biblioteca Laurenziana** (1524), wiederum ein meisterliches Werk von Michelangelo, das mit dem von ihm entworfenen Treppenaufgang aus Sandstein ein würdevolles Entree erhält. Bereits seit 1571 ist die Bücherei für die Öffentlichkeit zugänglich, aber die wertvollen Folianten mussten aus Angst vor Dieben an die Pulte gekettet werden, was heute noch zu sehen ist.

Leichtere Kost findet man nur wenige Schritte von der San-Lorenzo-Kirche nordwärts über den Borgo la Noce im **Mercato Centrale** mit seinem unübersehbaren Angebot. In der zweistöckigen Markthalle von 1874 teilen sich im Erdgeschoss Hunderte von Ständen, auf deren Theken sich Brot, Wurst, Fleisch, Geflügel, Fisch und Käse türmen, den Platz. Wer nicht für den Abend einkaufen, sondern gleich den Hunger stillen will, findet hier auch fertige toskanische Spezialitäten wie die typische *porchetta*, mit Kräutern gefülltes Spanferkel. Im Obergeschoss gibt es Obst, Gemüse und Blumen.

Nach der Mittagspause geht man von der Piazza Mercato Centrale über die Via Taddea in die Via Sant' Orsola, die in die Via Guelfa mündet. Von dieser Straße erreicht man über die Via San Gallo oder ein paar Schritte weiter östlich über die Via Cavour wieder die Piazza San Marco. Weil sie auch nachmittags geöffnet ist, wurde die **Galleria dell' Accademia** (1563) für den Schluss aufgespart. Das berühmte Museum liegt in der Via Ricasoli, südlich der Piazza San Marco. Oft stehen lange Schlangen vor dem Eingang, deshalb sollte man die Eintrittskarten vorbestellen (vgl. S. 41). Ein Anziehungspunkt ist die florentinische Malerei des 13. bis 16. Jahrhunderts. Die Besucher sollten die anmutige »Madonna del Mare« von Sandro Botticelli (1470), »Venus und Amor« von Jacopo da Pontormo (1494–1556) und im selben Raum eine Studie der Mode und der Architektur der Medici-Zeit auf einer bemalten Truhe (15. Jahrhundert, Teil einer Mitgift) nicht verpassen.

Michelangelo ist hauptsächlich mit seinem »David« (1504) vertreten, den er mit 29 Jahren aus einem verhauenen Marmorblock geschlagen hat. Bereits 1873 wurde die Statue vom Platz vor dem Palazzo Vecchio hierher gebracht, um sie vor Umwelteinflüssen zu schützen. Wirkungsvoll ist der schöne, frei stehende Jüngling in der *Tribuna*, einer

Das Original aus Marmor – der »David« (1501–04) von Michelangelo in der Galleria dell'Accademia

extra für das Kunstwerk angebauten Apsis, aufgestellt. Seit 1992 wird der Held des Volkes Israel allerdings durch dickes Panzerglas geschützt, ein Jahr zuvor hatte ein geistesgestörter Besucher dem Bildnis die linke große Zehe abgeschlagen. Weitere beachtenswerte Werke Michelangelos sind die unvollendeten »Sklaven«, Symbol für das irdische Gefängnis der Seele und die »Vier Gefangenen«, dynamische, muskulöse Gestalten, ursprünglich für das Grab von Papst Julius II. gedacht.

Nach so viel Kunst empfiehlt sich die Rückkehr zur Piazza Santissima Annunziata, die am Vormittag zu schnell verlassen werden musste. Nun bleibt auch etwas Zeit, das **Spedale degli Innocenti** näher zu betrachten. Es ist an den Medaillons zwischen den Rundbögen der Loggia leicht zu erkennen: Andrea della Robbia schuf die glasierten Terrakotten mit den Wickelkindern (1463). Links am Waisenhaus ist ein Drehfenster *(rota)* zu sehen. Durch den drehbaren Steinzylinder konnten unerwünschte Kinder ungesehen abgegeben werden. Ein Vorläufer der 2000 in Hamburg eingerichteten, heftig diskutierten Babyklappe.

2 Infos: Florenz

Kloster San Marco
Piazza San Marco 1, ✆ 055-238 86 08
Tägl. 8.30–13.50 Uhr
Kloster aus dem 13. Jh., 1437–42 von Michelozzo vergrößert. Besonders sehenswert sind die Fresken von Fra Angelico in mehr als 40 Klosterzellen.

Museo Archeologico
Via della Colonna 36
✆ 055-234 24 27
Mo–Sa 9–14, So 9–13 Uhr
Untergebracht in einem Palast von 1620, beherbergt es eine der umfangreichsten etruskischen Sammlungen.

Palazzo Medici-Riccardi
Via Cavour 1
✆ 055-276 03 40
Tägl. außer Mi 9–13 und 15–18, Feiertage 9–13 Uhr, Eintritt 4 €
Ehemaliger Wohnsitz der Familie Medici mit wunderschönen Fresken in der Dreikönigskapelle.

Basilica di San Lorenzo
Piazza San Lorenzo s/n
Fürstenkapelle: tägl. 8.30–13.50 Uhr, Mo geschl.
Alte Sakristei: Mo, Mi, Fr 10–11.45, Di, Do, Sa 16–17.45 Uhr
Grabeskirche der Medici nach Plänen von Brunelleschi; schöne Kassettendecke, viele Kunstwerke, sehenswert auch die »Alte Sakristei«, Renaissance.

Mercato Centrale
Piazza del Mercato Centrale/Via dell' Ariento s/n
Mo–Sa 7.30–14, Sa auch 16–20 Uhr
Zweistöckige Markthalle mit reichem Angebot.

Galleria dell' Accademia
Via Ricasoli 58–60
✆ 055-238 86 09/12
Di–So 8.30–22, Feiertage 8.30–14 Uhr
In der Accademia, einem Bau aus dem 14. Jh., steht das Original von Michelangelos berühmtem David. Eintritt 6,50 €

Spedale degli Innocenti
Piazza Santissima Annunziata 12
Tägl. 8.30–14 Uhr, Mi geschl.
Europas erstes Waisenhaus.

Weitere Infos zum Florenz finden Sie S. 40 ff. und 57.

Der doppelgeschossige Kreuzgang von San Lorenzo in Florenz ist ein Werk der Frührenaissance

3 Diesseits und jenseits des Arno

Palazzo Pitti, Ponte Vecchio und durch die Boboli-Gärten

3. Programm: Florenz

Vormittag — Besuch des **Palazzo Pitti** mit seiner einmaligen Kunstsammlung. Danach über den **Ponte Vecchio** mit den Auslagen der Goldschmiede. Über den Lungarno Acciaioli und die Piazza Santa Trinità, vorbei am Palazzo Strozzi zur **Kirche Santa Maria Novella** mit hübscher Fassade.

Nachmittag — Nach der Mittagspause Besichtigung der Fresken in der **Capella Brancacci**. Zum Abschluss des Tagesprogramms ein Spaziergang durch die Boboli-Gärten.

Abstecher: – Man kann von der Piazza del Carmine auch über den Ponte Vespucci über den Arno zur Piazza Ognissanti gehen. Die **Barockkirche Ognissanti** (Allerheiligen) ist ein Muss für Liebhaber der Kunst des Domenico Ghirlandaio (1449–94): In der Kirche, zweiter Altar rechts, eine Schutzmantelmadonna (1472), die der Familie Vespucci Schutz bietet; hinter dem Kreuzgang, im Refektorium, das berühmte »Abendmahl« (1480), das den Augenblick zeigt, in dem Jesus voraussagt, dass ihn jemand unter den Aposteln verraten wird. Bei der oben genannten Schutzmantelmadonna soll es sich bei dem jungen Mann rechts um Amerigo Vespucci handeln. Dieser Mann ist in der Ognissanti-Kirche begraben (zweiter Altar rechts). Interessant für Freunde der Seefahrt: Der junge Vespucci folgte den Spuren des Amerika-Entdeckers Kolumbus, doch nicht dessen Name, sondern der Vorname Vespuccis, Amerigo, gab der Neuen Welt ihren Namen, weil er sie in seinen Briefen beschrieb.

– Vom Ponte Vecchio führt die Via Por S. Maria in Richtung Piazza della Repubblica, des größten Platzes der Stadt mit zahlreichen Bars und Cafés, wo vorwiegend gut betuchtes, fein gekleidetes Publikum verkehrt. Davor liegt auf der linken Seite der **Mercato Nuovo**. Er heißt auch Strohmarkt, weil hier vom Ende des 19. Jahrhundert bis in die 1960er Jahre Waren aus Stroh gehandelt wurden. Dieser Touristenmarkt von Florenz, 1547–51 als Handelsplatz für Seide und Gold gegründet, ist eine Loggia, deren 20 Säulen das Gewölbe tragen. Hier kann man Geschenke, Schuhe, Ledertaschen oder -jacken, Körbe, Souvenirs aus Stroh, Figuren wie Michelangelos David aus allen erdenklichen Materialien u.v.a. kaufen.

An der Südseite des Marktes steht der Brunnen mit dem grunzenden **Porcellino** (1612). Das Schweinchen *(porcellino)* ist aber ein ausgewachsener Keiler, dessen Schnauze von seinen vielen Verehrern glänzend gerieben wurde. Wer reibt, kommt wieder nach Florenz zurück und wird viel Glück haben. Glück bringt es auch, auf die Unterlippe des Ebers eine Münze zu legen. Wenn sie abwärts gleitet und durch den Rost am Sockel rutscht, fällt mindestens für die Armen der Stadt etwas davon ab.

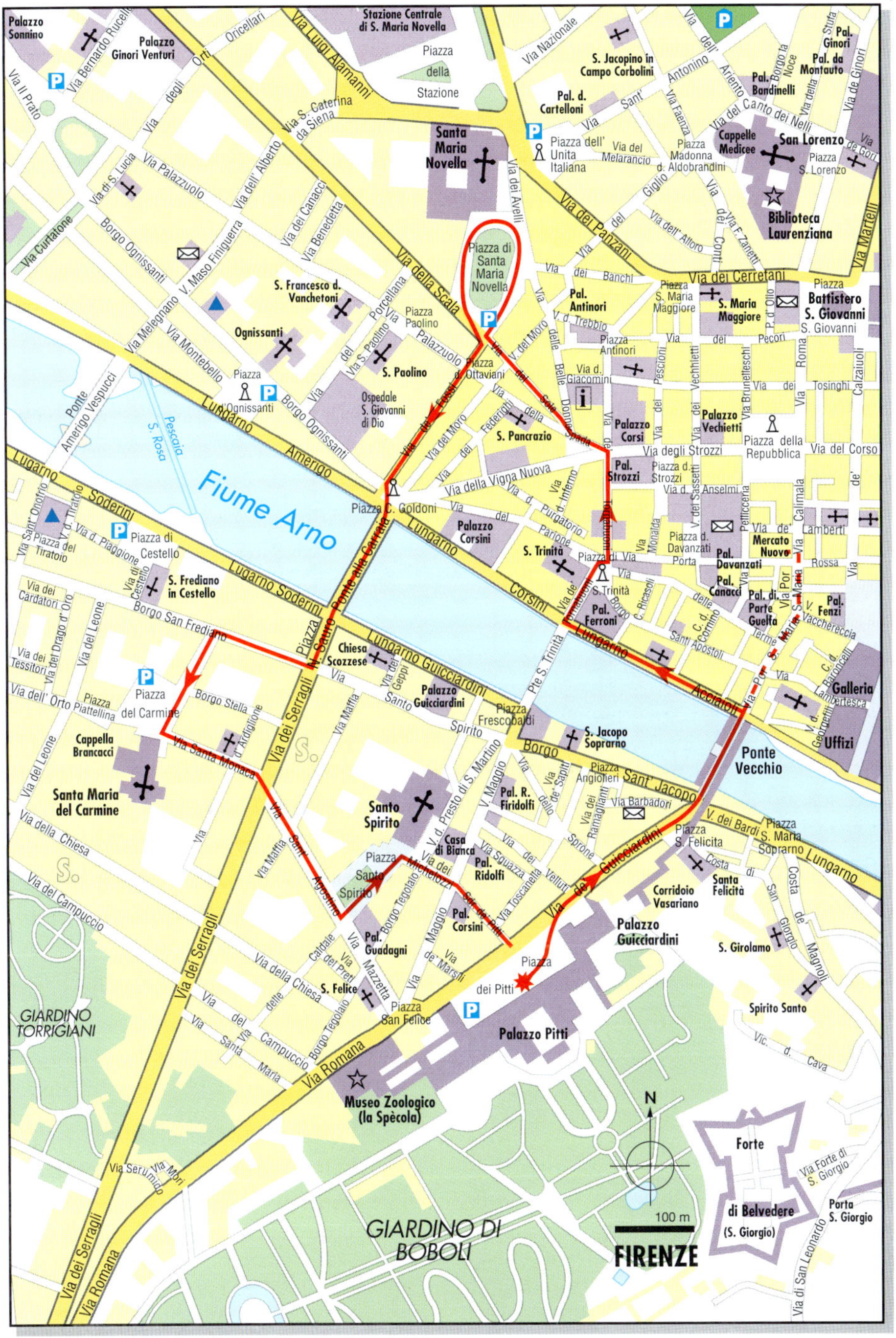

Fiume Arno
Ponte Vecchio
Palazzo Pitti
Santa Maria Novella
Piazza di Santa Maria Novella
Stazione Centrale di S. Maria Novella
Santo Spirito
Santa Maria del Carmine
Cappella Brancacci
Galleria Uffizi
Battistero S. Giovanni
San Lorenzo
Biblioteca Laurenziana
Cappelle Medicee
Museo Zoologico (la Spècola)
Forte di Belvedere (S. Giorgio)
GIARDINO DI BOBOLI
GIARDINO TORRIGIANI
Palazzo Guicciardini
Corridoio Vasariano
Santa Felicità
S. Trinità
Palazzo Corsini
Palazzo Strozzi
Piazza della Repubblica
Ognissanti
S. Paolino
S. Pancrazio
100 m
FIRENZE

Weil auch beim Bummel links und rechts des Arno die meisten kulturellen Höhepunkte schon mittags schließen, muss der Vormittag früh beginnen und zwar am **Palazzo Pitti.** Der 205 Meter breite Palast (ab 1457) hat seinen Namen von den früheren Besitzern, einer mit den Medici rivalisierenden, verarmten Familie. Sie mussten die feudale Behausung an die Gattin Cosimos I., Eleonora von Toledo, verkaufen. Das Angebot an Museen im Palast ist zu groß, um in eine Tagestour einbezogen zu werden. Da heißt es, je nach Interesse auszuwählen oder die Galleria Palatina zu besuchen. Folgende Museen und Galerien beherbergt der Palazzo: die Appartamenti – die Prunkgemächer, das Museo degli Argenti – die Schatzkammer, die Galleria d' Arte Moderna – eine Sammlung von Werken bis zum 20. Jahrhundert, das Museo delle Carrozze – das Museum mit historischen Kutschen, und die Galleria del Costume mit historischen Gewändern des 18. und 19. Jahrhunderts.

Fürstliches Schlafgemach im Palazzo Pitti

Die **Galleria Palatina**, als verkürzter Besuch des Pitti-Palastes, zeigt einen großen Teil der Medici-Sammlung berühmter Meisterwerke. Schon allein die Nennung der Namen lässt die Herzen höher schlagen: Botticelli, Caravaggio, Perugino, Raffael, Rubens, Tizian, Tintoretto, Van Dyck, Velázquez, Veronese. Die Werke sind dem Geschmack der Medici folgend auf die rote Seidentapete gehängt worden, also nicht nach Themen, Künstlern oder Chronologie geordnet. Da kann es schnell passieren, dass man an einem Meisterwerk vorbeigeht. Wer Tizian bevorzugt, sollte auf folgende Werke achten: »Bildnis eines Edelmanns« (»Ritratto di Gentiluomo«), dessen Identität bis heute ein Geheimnis geblieben ist; unbekannt blieb auch, welche Dame dem Künstler bei »La Bella« (Die Schöne) Modell saß; ebenso meisterhaft die geheimnisvoll sinnliche »Maddalena« (Maria Magdalena). Auf den Spuren von Rubens sollten Kunstinteressenten »Die Folgen des Krieges« suchen: Venus versucht, den Kriegsgott Mars daran zu hindern, sich an der schwarz verhüllten Europa zu rächen. Raffael ist mit einem seiner schönsten Gemälde vertreten, mit dem Rundbild *(tondo)* »Madonna della Sedia«.

Draußen führt die Via Guicciardini direkt zum **Ponte Vecchio** (1345). Die Buckelbögen der alten Brücke über den Arno mussten und müssen schon mächtig viel aushalten: fast 700 Jahre und jeden Tag zigtausend Menschen.

Weltberühmte Arno-Brücke: der Ponte Vecchio in Florenz

Alle Besucher der toskanischen Hauptstadt drängeln sich auf dem schmalen Steg, hinüber und herüber. Die Belagerung durch fliegende Händler ist inzwischen per Dekret aufgehoben worden. Wie Schwalbennester kleben die kleinen Geschäfte auf der Brücke, verführerisch glitzert der Schmuck aus Gold und Silber, mit Diamanten und Rubinen besetzt, aus den Vitrinen der Gold- und Silberschmiede. Das ist aber erst seit 1593 so. Vorher hatten hier Metzger, Gerber und Schmiede ihre Werkstätten. Lärm und Gestank waren kaum auszuhalten, Gerber und Metzger warfen ihre Abfälle einfach in den Fluss. Herzog Ferdinando I., der seit 1587, dem Beginn seiner Herrschaft, täglich vom Pitti-Palast in den Palazzo Vecchio zum Regieren gehen musste, hatte nach sechs

Santa Maria del Carmine: Für die Brancacci-Kapelle malte Masaccio 1428 das Fresko »Der Zinsgroschen«.

Jahren endlich die Nase voll, warf Metzger und Gerber raus und holte die Kunsthandwerker.

Allerdings nahm der Medici-Fürst die Belastung des Flusses nur begrenzt wahr, denn zwischen beiden Palästen benutzte er den vom Hausarchitekten Giorgio Vasari gebauten **Vasari-Korridor** quer über den Arno. Der überdachte Gang verbindet zunächst den Palazzo Vecchio mit den Uffizien. Danach führt er kurz vor dem Arno etwas kompliziert um die Torre Manelli herum, denn die Manellis weigerten sich, den Turm abreißen zu lassen. Vom Turm führt der Korridor dann oberhalb der Brückengeschäfte über den Fluss, erkennbar an den kleinen Fensterchen. Dann verliert sich der Vasari-Gang im Häusergewirr des Stadtteils jenseits des Arno, und endet im Palazzo Pitti in den Boboli-Gärten.

Bis zum nächsten Ziel müssen die Kulturfans ordentlich ausschreiten: am Arno quasi westwärts entlang dem Lungarno Acciaiuoli mit seinen wunderschönen Fassaden bis zur Via de' Tornabuoni, die die Piazza San Trinità kreuzt. An der Kreuzung mit der Via degli Strozzi lohnt sich ein kurzer Stopp am gleichnamigen Palazzo, der als der schönste und ausgewogenste Palast der Florentiner Renaissance gilt. An der Kreuzung links ab leitet die Via del Sole zur **Piazza Santa Maria Novella** mit dem gleichnamigen Gotteshaus. Von den Bänken vor der Kirche kann man in Ruhe die Renaissancefassade aus weißem und grünem Marmor auf sich wirken zu lassen.

Das erste schmale Fries über dem Portal besteht aus lauter aufgeblähten Segeln. Der Grund: Im Jahre 1350 ging den Florentinern das Geld aus, die Fassade konnte nicht vollendet werden. 1456 finanzierte der reiche Florentiner Kaufmann Giovanni Rucellai die Fertigstellung der prachtvollen Fassade, und die Segel waren das Wahrzeichen des Geschäftsmanns. Er verdiente sein Geld mit der Färberflechte (Orseille oder Rocella – daher der Name des Gönners), dem damals wichtigen Purpurfarbstoff zum Färben von Wolle und Seide, der auf den Kanarischen Inseln gesammelt wurde.

Im Zentrum der Kirche **Santa Maria Novella**, deren Raumeindruck überrascht – 100 Meter lang und etwa 29 Meter breit –, hängt Giottos bemaltes Kreuz *(croce dipinta)*, das nach zwölfjähriger Restaurierung am 11. April 2001 wieder zurückgekehrt ist. Nicht nur die gewaltigen Maße des Kruzifixes von 5,40 Meter Höhe und vier Meter Breite beeindrucken, sondern auch Giottos realistischer, auf die Renaissance vorausweisender Stil. Am gleichen Tag wurde im westlichen Seitenschiff Masaccios nicht weniger bedeutendes Trinitätsfresko von 1427, ebenfalls frisch restauriert, enthüllt.

Im Übrigen war wieder Ghirlandaio am Werk: In der Apsis hinter dem Hochalter (Tornabuoni-Kapelle) links mit einem Freskenzyklus aus dem Marienleben, rechts Szenen aus dem Leben Johannes des Täufers, Fresken mit Patriziern in zeitgenössischen Gewändern. In diesem Teil kam auch ein anderer Meister zum Zuge: Ghirlandaios Schüler Michelangelo.

Die Rundtour nähert sich wieder dem Arno, den man über die Via de' Fossi erreicht und auf dem **Ponte alla Carraia** überquert. Ein schöner Blick bietet sich in Richtung Ponte Vecchio, die Palastfassaden des Lungarno Corsini spiegeln sich im trägen Wasser. Am anderen Ufer geht es geradeaus in die Via dei Serragli und gleich rechts ab über den Borgo San Frediano und dann links zur Piazza del Carmine. Ein weiteres wichtiges Ziel der Tour ist erreicht, die Kirche **Santa Maria del Carmine** mit der weltberühmten **Cappella Brancacci**. Um die wertvollen Fresken des 15. Jahrhunderts zu schützen, die nach jahrelanger Restaurierung seit 1990 wieder zu sehen sind, dürfen sich nur 20 Personen gleichzeitig im Raum aufhalten – Geduld ist also erforderlich.

Der mächtige Freskenzyklus zeigt zehn Szenen aus dem Leben des Petrus. Daran arbeiteten drei große Künstler: der ältere Masolino und sein Schüler

Bacchus-Brunnen im Giardino di Boboli in Florenz

Masaccio (1424–28), 50 Jahre später vollendete Filippino Lippi das Werk (1480). Petrus ist an seinem orangeroten Umhang zu erkennen. Vor allem der junge Masaccio gilt als richtungsweisend für die Malerei der Renaissance. Er wendet sich ab von der verhaltenen, mehr dekorativen Darstellung seines von der Gotik beeinflussten Meisters. Masaccio beherrscht die Perspektive, seine Menschen sind voller Leben, zeigen Gefühle, wirken realistisch wie beispielsweise in der Szene »Petrus heilt den Kranken« (linker Teil, untere Reihe ganz rechts).

Noch deutlicher wird der Vergleich des neuen Stils der Frührenaissance mit der Gotik in den beiden seitlichen Fresken (oben links und rechts, ganz außen) »Vertreibung aus dem Paradies« und »Der Sündenfall«.

Seit der Restaurierung sind Adam und Eva übrigens wieder zu sehen, wie Gott und der Künstler sie schufen: nackt und bloß. Nach dem 15. Jahrhundert wurden den Bewohnern des Paradieses Feigenblätter verpasst. Rechts sieht man Adam und Eva von Masolino beim Sündenfall: graziös, zurückhaltend, zart. Links werden Masaccios Adam und Eva des Paradieses verwiesen: Qualvoll sind ihre Gesichter, ihre Gestik zeigt Scham, dramatisch die Bewegungen, der Schritt in ein ungewisses Leben außerhalb des Garten Eden.

Nach diesem gewaltigen Eindruck tut eine »Kunstpause« gut. Ein Gewirr von Gassen führt von der Piazza del Carmine nach Südosten zur **Piazza Santo Spirito** mit der Kirche Santo Spirito, einem beispielhaftem Werk von Brunelleschi. Der Platz wirkt recht gemütlich und wird von vielen jungen Leuten bevölkert, darunter aber auch Drogensüchtige. Bei Dunkelheit sollte man die Gegend besser meiden.

Zum Palazzo Pitti ist es nur noch ein Katzensprung, dahinter liegt der **Giardino di Boboli**, einer der schönsten Gärten Italiens. Gleich am Eingang hinter dem Palazzo trifft man auf den Bacchus-Brunnen mit einer Schildkröte, auf der ein wonniges Dickerchen reitet, angeblich der Hofzwerg Cosimos I. Ein Vexierspiel bietet die Grotte von Buontalenti (um 1556), deren Stalaktiten sich bei näherem Hinsehen in Hirten und ihre Schafe verwandeln.

Weitere Brunnen, ein Amphitheater, ein Rokokokaffeehaus und eine Zypressenallee hinunter zum See Isolotto gestalten den Bummel durch den Park recht abwechslungsreich. Mitten im See auf einer Insel regiert Ozeanus und zu seinen Füßen breiten sich die Flüsse Nil, Ganges und Euphrat aus.

3 **Infos:** Florenz

Palazzo Pitti
Piazza dei Pitti s/n
✆ 055-238 86 15
Galleria Palatina: Di–So 9–13.30 Uhr
Palast mit zahlreichen Museen, besonders sehenswert die **Galleria Palatina** mit Meisterwerken von Botticelli, Raffael, Rubens bis Tizian und Velázquez.

Santa Maria Novella
Piazza Santa Maria Novella s/n
Mo–Do und Sa 9–14, So 8–13 Uhr
Schöne Fassade aus weißem und grünem Marmor. In der dreischiffigen, schmalen Klosterkirche Werke von Ghirlandaio und seinem Schüler Michelangelo.

Capella Brancacci
(Santa Maria del Carmine)
Piazza del Carmine 14
✆ 055-238 21 95
Mi–Mo 10–17, Fei 13–17 Uhr
Sehenswerter Freskenzyklus mit Szenen aus dem Leben des Petrus; ebenfalls begeistern die Fresken »Vertreibung aus dem Paradies« und »Der Sündenfall«.

Santo Spirito
Piazza Santo Spirito 29
Di–So 8–12 und 16–18 Uhr
Dreischiffige Basilika, nach Plänen von Brunelleschi 1444–87 erbaut, schöner Campanile, 40 Kapellen, teils reich ausgestattet; »Cenacolo di Santo Spirito« mit Fresko »Kreuzigung« (1360, Orcagna) und wertvoller Kunstsammlung (14.–16. Jh., u.a. Donatello und Jacopo della Quercia).

Giardino di Boboli (Boboli-Gärten)
Hinter dem Palazzo Pitti
April/Mai und Sept./Okt. 9–18.30, Juni–Aug. 9–19.30, Nov.–Feb. 9–16.30, März 9–17.30 Uhr
Garten- und Parkanlage mit Grotten, Brunnen und See.

Ognissanti
Borgo Ognissanti 42
Mo–Sa 8–12 und 16–19, So/Fei 16–18 Uhr
1252–56 erbaute Klosterkirche mit Werken von Domenico Ghirlandaio und dem Grab des Amerigo Vespucci; »Abendmahl« im Refektorium nur Mo, Di, Sa 9–12 Uhr.

Weitere Informationen zu Florenz finden Sie S. 40 ff. und 49.

Panoramablick auf Florenz: Terrassencafé im Giardino di Boboli

4 Mugello und Sieve-Tal

Die Medici-Villen und der Mugello

4. Route: Florenz – Medici-Villen – San Piero a Sieve – Borgo San Lorenzo – Weinstraße Chianti Rufina – Pontassieve – Florenz (85 km)

Vormittag	Von **Florenz** über die SS 65 zu den **Medici-Villen** Careggi, della Petraia, Castello und Demidoff, bei Pratolino zum **Kloster Montesenario**. Danach bei San Piero a Sieve zum **Castello del Trebbio** und zur **Villa di Cafaggiolo**. Mittagspause zwischen San Piero und Borgo San Lorenzo.

Nachmittag Jetzt oder direkt nach dem Besuch der Villa di Cafaggiolo weiter zum **Kloster Bosco ai Frati**, in den Messerschmiede-Ort **Scarperia** und zur Wassermühlen bei **Grezzano**. Anschließend Richtung Süden zur SS 551, im Sieve-Tal auf der ältesten Weinstraße Italiens ostwärts, bei Dicomano auf SS 67 Richtung Süden bis **Pontassieve**.

Abstecher:
– Florenz gab es noch nicht, als die Etrusker bereits *Faesulae* gründeten. Viele kommen hierher, um vor allem den Blick auf die toskanische Metropole zu genießen. Doch auch **Fiesole** hat seine Sehenswürdigkeiten: das Rathaus (14. Jh.) mit vielen typischen Wappen, die Kathedrale San Romolo (ab 11. Jh.), das Museo Bandini mit Werken des 13.–15. Jh. sowie Terrakotten der Familie Della Robbia, schließlich das Römische Theater (1. Jh.) mit etruskischem Museum und das Kloster San Francesco mit einer Sammlung toskanischer Malerei aus dem 15. und 16. Jh.
– Von Dicomano 10 km in Richtung Nordosten erreicht man **San Godenzo** mit seiner romanischen Benediktinerabtei (1208). Bedeutend sind die Kanzel (15. Jh.), eine farbige Statue des heiligen Sebastian (Baccio da Montelupo) und am Altar der Krypta das Polyptychon »Madonna mit dem Kinde und vier Heiligen« aus der Schule Giottos.

Villa Castello, eine der Medici-Villen, in der Cosimo I. in seinen Jugend- und Altersjahren lebte

In das ländliche Mugello flüchteten sich schon die Medici nach harten Regierungsgeschäften in Florenz, sie bauten hier ihre Villen in einer Landschaft, aus der die Familie ursprünglich stammte. Auch heute noch genießen die Florentiner die abwechslungsreiche, wellige Hügellandschaft: das Sieve-Tal mit seinen zahlreichen Nebenbächen, in den Wirtshäusern die Mugello-Spezialität *tortelli di patate*, die bissfesten Kartoffelmaultaschen, und dazu trinken sie den köstlichen »Chianti Rufina«. Die romantische Sommerfrische, deren Name vom Ligurer-Stamm der Mucelli herrührt, liegt zwischen 190 und 300 Metern hoch, hinter den Silhouetten der sanften Hügel erhebt sich der Apennin, der das fruchtbare »Arkadien der Florentiner« vor kalten Winden schützt. In dieser Landschaft konnte sich altes Handwerk bis heute erhalten.

Im nahen **Careggi** finden sich gleich drei Villen des Medici-Geschlechts. Die **Villa Careggi** wurde 1417 von Lorenzo erworben, ab 1457 von seinem Bruder Cosimo d. Ä. und von ihm erweitert; die **Villa della Petraia** gelangte 1575 in den Besitz von Kardinal Ferdinando de'Medici, der sie umgestaltete. Ein Verteidigungsturm flankiert den quadratischen Innenhof, dort sind die Fresken mit Szenen aus dem Hause Medici interessant.

In der **Villa Castello**, Richtung Sesto Fiorentino, lebte Cosimo I. in seiner Jugend und hier verbrachte er auch seinen Lebensabend. 1538 wurde der berühmte Garten mit seinen Grotten und Labyrinthen, Statuen aus Bronze und Marmor, Fontänen und Wasserspielen gestaltet. Der Brunnen in der Mitte zeigt Herkules im Kampf mit dem Riesen Antaios. Er war unbesiegbar, solange er seine Mutter, die kraftspendende Erde, berührte, doch Herkules hob den Giganten hoch und erdrückte ihn.

Die Hauptstraße SS 65 führt vor Pratolino durch den Demidoff-Park. Die **Villa Demidoff** wurde 1569 von Francesco de'Medici erworben, von den Lothringern zerstört und vom russischen Prinzen Demidoff 1872 wieder aufgebaut. In der Mitte des Parks mit Grotten und Brunnen steht die gut erhaltene Brunnenstatue des bärtigen Apennin des Bildhauers Giambologna.

Richtung Osten gelangt man nach **Bivigliano** mit dem **Kloster Monte Senario**. Die Kirche des 1233 gegründeten Klosters wurde von Cosimo I. verschönert (1539), später barockisiert. Wertvolle Gemälde aus dem 17. Jahrhundert und der holzgeschnitzte Altar sind die wichtigsten Sehenswürdigkeiten, in der Klosterapotheke gibt es den leckeren Likör *Gemma d'Abeto.*

Die Route führt dann wieder zurück zur SS 65, die man in Vaglia erreicht. Nach etwa sechs Kilometer geht es an einer Gabelung rechts ab nach San Piero a Sieve. Wir verbleiben zunächst aber noch auf der SS 65, kurz darauf biegt ein Sträßchen nach Westen zum **Medici-Castello del Trebbio** (1461) ab.

Auf der SS 65 wird bald die **Villa di Cafaggiolo** (1451) sichtbar, ein festungsartiger Bau, von Michelozzo für Cosimo il Vecchio errichtet. Seine Söhne Lorenzo und Giuliano verbrachten hier einen glücklichen Teil ihrer Jugendzeit. Beide Villen können nur von außen oder in Gruppen nach Voranmeldung (✆ 055-845 87 93) besichtigt werden.

Terrassenartig schmiegt sich **San Piero a Sieve** an den Hang des Sieve-Tals. Überragt wird der Ort von der Fortezza di San Martino (15. Jahrhundert) mit einer fast zwei Kilometer langen Außenmauer, die man umrunden kann. Im unteren Teil von San Piero lohnt sich ein Besuch der Pfarrkirche. Sie birgt ein wunderschönes, sechseckiges Taufbecken aus bunter Terrakotta, ein Werk aus der Familie Della Robbia. Dargestellt sind Szenen aus dem Leben Johannes des Täufers. Von der Umgebung kommt man kaum los. Drei Kilometer nordwestlich des Ortes liegt das **Kloster Bosco ai Frati**, wieder ein Medici-Bau. In der Kirche sind neben einem hölzernen Kruzifix von Donatello Gemälde aus dem 16. und 17. Jahrhundert zu bewundern.

Vier Kilometer nördlich von San Piero a Sieve reizt der durch Stadtmauer und restaurierten Wehrturm geschmückte Ort **Scarperia** zu einem Besuch. Stolz erhebt sich im Zentrum der Palazzo Pretorio mit zahlreichen Fresken sowie Stadtvogtwappen aus Stein und glasierter Terrakotta an der Fassade. In der Gemeinde wird seit fünf Jahrhunderten die Tradition der Messerschmiede gepflegt, das entsprechende Museum wurde in einer alten Werkstatt untergebracht. Man kann noch vier Kilometer nach Nordwesten in den Ortsteil **Santa Agata** mit einer sehenswerten Pfarrkirche (allerdings nur sonntags 9–12 Uhr zu besichtigen) und der alten Wassermühle der Familie Parrini fahren. Auch ein Kunstschmied hat im Ort seine Werkstatt.

Von Scarperia aus führt ein Sträßchen etwa drei Kilometer nach Südosten und dann Richtung Norden zum Nest **Grezano** mit einer mittelalterlichen Wassermühle. Weiter über eine schmale Straße ostwärts gelangt man zur SS 302 und zur Ortschaft Ronta. Im Ortsteil Madonna dei Tre Fiumi, ist der **Antico Mulino Margheri** noch in Betrieb. Die Familie Margheri verkauft steingemahlene Erzeugnisse aus Weizen, Mais und Kastanien.

Südlich der Wassermühlen-Landschaft liegt **Borgo San Lorenzo**, der Hauptort des Mugello, bekannt durch seine Kunstkeramik. In der romanischen Pieve San Lorenzo (10. Jahrhundert) im historischen Kern lächelt eine wunderschöne Madonna, die Giotto di Bondone (ca. 1266–1337) zugeschrieben wird. Der Künstler wurde ganz in der Nähe, im zu **Vicchio** gehörenden Ortsteil Vespignano (Geburtshaus vgl. Infos S. 64), geboren. Hier hütete der spätere Künstler seine Schafe und malte mit dem Stock naturgetreue Szenen in den Staub. Der große Maler Cimabue (ca. 1240–1302) soll das Talent entdeckt und gefördert haben. Das Gebiet des oberen Sieve-Tals hat noch andere Begabungen wie zum Beispiel Fra Angelico (ca. 1387–1455) hervorgebracht: Er erblickte bei Vicchio als Giovanni das Licht der Welt und arbeitete später zuerst in Fiesole, was ihm den Beinamen »da Fiesole« einbrachte.

Wo der Sieve-Fluss einen Bogen nach Süden macht, endet der Mugello und beginnt die **Valdisieve** mit der ersten **Weinstraße** Italiens, die über Dicomano, Londa, Pelago und Rufina nach Pontassieve führt. 15 Kellereien in kleinen Festungen, Villen und Gutshöfen reihen sich hintereinander, deren Weinkeller und Ölmühlen in einigen Fällen zu besichtigen sind (vgl. Infos S. 64 f.). An den Hängen über dem Sieve wachsen der bekannte Chianti Rufina und der Pomino. Der Chianti Rufina von der kleinsten der sieben Chiantilagen zeichnet sich durch seine lange Lagerfähigkeit aus. Von hier stammt übrigens die bekannte langhalsige Flasche mit dem gelben Strohkleid.

Wenn auch in dieser Landschaft eher der Besuch von nach Wein und Öl riechenden Fattorien im Vordergrund steht, macht es Spaß, durch die ländlichen Orte zu bummeln. In **Dicomano**, das von den Römern gegründet wurde, wird das Oratorio di San Onofrio gerne besucht, ein Beispiel des italienischen

Neoklassizismus mit beachtenswerten Halbreliefs an den Seitenwänden. Wer die Fahrt durch die reiche Weingegend mit einer weiteren Sehenswürdigkeit bereichern will, findet südöstlich von **Pelago** die von Wäldern umgebene, tausend Jahre alte **Abtei di Vallombrosa**. In **Rufina** streben Anhänger von Luca della Robbia zur Pfarrkirche San Bartolomeo in Pomino, um dessen Altartafel aus Terrakotta mit der gekrönten Muttergottes mit Kind zu bewundern.

Pontassieve schließlich ist umrahmt von Hügeln und Hängen mit Weinbergen, Olivenhainen und immer wieder mit malerischen Villen und Landgütern. Im älteren Teil des Ortes sind von den mittelalterlichen Mauern die Torre dell' Orologio (Uhrenturm) und die Porta Fiorentina erhalten. Unterhalb des Ortes, dort wo sich der Sieve in den Arno ergießt, spannt sich die Medici-Brücke über den Fluss, die Großherzog Cosimo I. 1555 erbauen ließ.

Dem Arno nach Westen folgend, ist nach knapp 20 Kilometern wieder **Florenz** in Sicht. Diesen Weg nehmen jedes Jahr Ende September die Winzer der »Weinstraße Chianti Rufina und Pomino«. Zwei mächtige weiße Ochsen mit reich verziertem Geschirr ziehen einen langen Wagen, auf dem eine hohe Flaschenpyramide klirrt, zur Kirche Orsanmichele. Nach dem Segen wird der feine Tropfen dem Bürgermeister der Signoria überreicht.

An der Valdisieve, der ersten Weinstraße Italiens, wächst der süffige Chianti Rufina

4 **Infos:** Mugello und Sieve-Tal

Consorzio Chianti Rufina
Lungarno Corsini 4
50123 Firenze
✆ 055-21 23 33, Fax 055-21 02 71
Informationen zur Weinstraße.

Villa Medici di Careggi
Viale Pieraccini 17, Careggi
✆ 055-45 12 08
Eine der ältesten Medici-Villen, hier starben Cosimo d. Ältere (1464) und Lorenzo il Magnifico (1492); nur nach Absprache zu besichtigen.

Villa Medicea la Petraia
Località Castello
Careggi Richtung Siesto Fiorentino
Garten: März 9–17.30, April/Mai, Sept./Okt. 9–18.30, Juni–Aug. 9–19.30, Nov.–Feb. 9–16.30 Uhr, Villa schließt 1 Std. früher; 1. und 3. Mo des Monats geschl.
Quadratischer Innenhof mit Fresken zur Familiengeschichte der Medici.
Gemeinsames Ticket mit Castello.

Villa Medici di Castello
Via di Castello, Località Castello
Careggi Richtung Siesto Fiorentino
✆ 055-45 47 91
Garten: März 9–17.30, April/Mai, Sept./Okt. 9–18.30, Juni–Aug. 9–19.30, Nov.–Febr. 9–16.30 Uhr, Villa schließt 1 Std. früher; 1. und 3. Mo des Monats geschl.
Sehr beliebter Garten mit Grotten, Labyrinthen, Wasserspielen und bemerkenswerten Statuen.

Villa und Park Demidoff
SS 65 kurz vor Pratolino
März So/Fei 10–18, Mai–Sept. Do–Sa und So 10–20, Okt. So/Fei 10–18 Uhr
✆ 055-40 94 27
Nach Zerstörung des Medici-Guts durch die Lothringer 1820 baute der russische Prinz Demidoff das Personalgebäude *(paggeria)* zur Villa um; Park mit Brunnen und künstlichen Grotten, die z.T. noch aus der Zeit Francesco de' Medicis erhalten sind.

Kloster Monte Senario
Bei Bivigliano
Tägl. tagsüber geöffnet
Klosterkirche mit kostbaren Gemälden (17. Jh.) und bemerkenswertem holzgeschnitzten Altar.

Osteria del Girodibacco
Via Nazionale 8, Località Cafaggiolo
100 m vom Castello Cafaggiolo
50031 Barberino di Mugello
✆ 055-841 81 73
Uriges, freundliches Restaurant mit Weinausschank, Florentiner Küche. Nur Fr–Mi geöffnet. €€

Kloster Bosco ai Frati
3 km nordwestlich von San Piero a Sieve
Tägl. tagsüber geöffnet
Eines der ältesten Klöster der Toskana (über 1 000 Jahre); Klosterkirche mit einem Holzkruzifix von Donatello und Gemälden des 16. und 17. Jh.

Museo Ferri Taglienti
(Museum für Schneidewerkzeuge)
Via Solferino s/n
50032 Scarperia
So/Fei 15–18.30 Uhr, Info über weitere Öffnungszeiten bei der Gemeindebibliothek ✆ 055-843 06 71
Museum im Palazzo dei Vicari, alte Werkstatt mit Messern und zu deren Herstellung notwendigen Werkzeugen.

Messerschmiede *(coltollerie)*
– Berti Andrea, Via della Resistenza 12
– Conaz dei F.lli Consigli
Via G. Giordani 20
Scarperia

Kunstschmied
Modi Fernando e Piero
Via Campagana 35/6
Località Santa Agata Scarperia

Ufficio Promozione Turistica
Via P. Togliatti 45
50032 Borgo San Lorenzo

✆ 055-849 53 46, Fax 055-845 62 88
www.cm-mugello.fi.it
Infos zu Mugello und Val de Sieve.

Assoziazione Turismo Ambiente
Via O. Bandini 6
50032 Borgo di San Lorenzo
✆ und Fax 055-845 87 93
Mo, Mi, Fr 9.30–12.30 Uhr
Auskünfte zu Wanderungen und Führungen.

Azienda Agricola Collefertile
Via Arliano 37
Località La Sughera-Montegiovi
50032 Borgo San Lorenzo
✆ 055-849 52 02, Fax 055-57 60 65
www.terraditoscana.it/collefertile
Collefertile@iol.it
Gemütliches Landhotel mit 15 Zimmern, mitten im Wald. Gutes Restaurant mit lokaler Küche. €€

Pfarrkirche San Lorenzo
Borgo San Lorenzo
Mo–Sa 9–12 und 15.30–17, So 15–17 Uhr
Pfarrkirche mit dem Grundriss einer Basilika, 1263 wieder aufgebaut; sehenswerte Madonna, vermutlich von Giotto.

Il Feriolo
Via Faentina 32, Località Polcanto
50032 Borgo San Lorenzo
✆ 055-840 99 28, Di geschl.
Restaurant auf einer kleinen Festung, traditionelle Küche. €

Korbflechter
Magnani Sabrina
Via Gualtioretti Morelli 8
Borgo San Lorenzo
Korbgeflochtene Stühle.

Casa di Giotto
Località Vespignano
Vicchio
✆ 055-844 82 51
Di und Do nachmittags, Sa/So vormittags und nachmittags, telefonisch ggf. andere Öffnungszeiten erfragen
Geburtshaus von Giotto mit einer Führung durch das Leben und Wirken des bedeutenden Künstlers.

Abbazia Benedettina di San Godenzo
Benediktinerabtei
San Godenzo
Tägl. 8.30–12 und 15–17 Uhr
Romanische Abtei (1208), Kanzel aus dem 15. Jh., geschnitzte, farbige Statue des heiligen Sebastian (Baccio da Montelupo) sowie Gemälde von Bernardo Daddi und Franciabigio.

Oratorio di San Onofrio
Dicomano
Sa 9.30–12 und 17.30–19, So 17.30–19 Uhr
Gutes Beispiel des italienischen Neoklassizismus (1795); im Inneren tragen 16 korinthische Säulen die abgesenkte Kuppel, an den Seitenwänden bemerkenswerte Halbreliefs.

Kupferschmied
Merlini Costante, Piazza Buonamici 34
Dicomano

Pfarrkirche San Bartolomeo
Pomino
Heilige Messe werktags im Sommer 16.30–17.30, im Winter 15.30–16.30, So 8–9 und 11–12 Uhr, weitere Öffnungen nach Voranmeldung ✆ 055-831 89 96
Äußerlich schmucklose Pfarrkirche (12.–13. Jh.) mit wertvoller Terrakotta-Altartafel von Luca della Robbia: Muttergottes mit Kind und Heiligen.

Weinproben mit Besichtigungen
Casa Vinicola Dreolino
Via Fiorentina 5/6
50068 Rufina
✆ 055-839 70 21, www.dreolino.it
April–Sept. Mo–Fr 14–18, 4. So im Monat 15–18, Okt.–März Mo–Fr 15–17, Sa 9–13 Uhr
Führung durch die Weinkeller des 1939 gegründeten Weinguts.

Castello di Pomino
Pomino bei Rufina, ✆ 055-271 41
Mo–Do 10–12 und 14–17, Fr 10–12 und 14–16, 1., 2. und 4. So im Monat 9–13 Uhr
Weingut aus dem 15. Jh. mit berühmten Weinkellern.

Abbazia di Vallombrosa
Vallombrosa, südöstlich von Pelago
Sommer 6–12 und 15–19, Winter 9–12 und 15–18 Uhr
Abtei in einem dunklen Waldgebiet, Gründung um 1000, im 15. Jh. fertig gestellt; großes Becken (Ende 18. Jh.) vor der Abtei, schöne Fassade (17. Jh.), im Inneren bemerkenswerte Kapellen und Tabernakel (16.–17. Jh.).

Korbflechter
Rasponi Renzo
Viale della Rimembranza 54
Pelago
Traditionelle Korbflaschen.

Fattoria di Travignoli
Pelago, Straße nach Vallombrosa
April–Sept. Mo 10–18, Di–Fr 14–18, Sa 8–12, Okt.–März Mo und Mi 13.30–17.30, Sa 8–12 Uhr
Hier kann man Olivenöl, Wein und vieles mehr direkt vom Erzeuger kaufen.

Castello del Trebbio
Santa Brigida bei Pontassieve
Mo–Fr 8–12 und 14–18, Sa 9–18, 1. So im Monat 10–12 und 14–18 Uhr
Medici-Schloss mit schönem Laubengang (17. Jh.) und italienischem Garten, das Michelozzo um 1430 auf den Ruinen einer Festung errichtete.

La Casellina
Località Montebello (von Pontassieve nach Norden Richtung Rufina, dann nach Vorort Montebello fragen)
✆ 055-839 75 80
Stimmungsvolles Restaurant mit Terrasse, sehr freundlicher Service, phantasievolle toskanische Küche. Mo geschl. €€

Cantina VI.C.A.S.
Via Lisbona 39
Pontassieve
Di–Fr 9–12 und 14–18, Sa 8.30–12.30 und 14.30–18 Uhr

Fattoria di Lavacchio
Montefiesole bei Pontassieve
April–Sept. Mo–Fr 14–18, Sa 8–13 und 15–18, Okt.–März Mi 14–18, Sa 8–12 und 14–18 Uhr

Römisches Theater mit Archäologischem Museum und Museo Bandini
Via Portigiani 1, Fiesole
Sommer 9–19, Winter 9–17 Uhr, 1. Di im Monat geschl.
Archäologische Zone mit Römischem Theater (1. Jh.), Reste eines Tempels und der Thermen, Archäologisches Museum mit Funden vorwiegend aus der etruskischen Periode. Daneben Museo Bandini mit florentinischen Bildern (13.–15. Jh.), Holzschnitzarbeiten und Terrakotten der Künstlerfamilie Della Robbia.

Kloster San Francesco
Via San Francesco 13, Fiesole
✆ 055-591 75
Sommer 10–12 und 15–18, Winter 10–12 und 15–17 Uhr
Kloster auf einem Gipfel, am Hang abwärts die Klostergebäude mit Museum: toskanische Malerei des 15. und 16. Jh.; Sammlungen der Missionare aus China und Ägypten, außerdem archäologische Funde der Umgebung.

La Panacea
Via Bosconi 58 a
50014 Olmo bei Fiesole
✆ 055-54 89 72, Fax 055-54 89 73
Freundliches Restaurant, vorwiegend Fisch und Meeresfrüchte. So/Fei Mittagstisch, sonst nur abends, Mo geschl. €€

Informationen zu Florenz finden Sie S. 40 ff., 49 und 57.

D E R   N O R D W E S T E N

1 Straße der mittelalterlichen Städtchen

Prato, Pistoia, Pescia, Collodi und Lucca

1. Route: Florenz – Prato – Pistoia – Montecatini Terme – Pescia – Collodi – Lucca (ca. 90 km)

Vormittag
Ab **Florenz** Richtung Nordwesten, vorbei an einigen Medici-Villen (vgl. Florenz, 4. Route S. 60), über Sesto Fiorentino nach **Prato**. Dort Besuch des Doms, des Dombaumuseums im Palazzo Vescovile, der Kirche Santa Maria delle Carceri und des Castello dell' Imperatore. Auf der Landstraße weiter nach **Pistoia** mit Besichtigung von Dom, Museo di San Zeno im Palazzo Vescovile, evtl. des Museo Civico im Palazzo Comunale und des Oratorio Sant' Antonio Abate (Cappella del Tau).

Nachmittag
Über **Montecatini Terme** und/oder Alto nach **Pescia**, Abstecher (5 km) nach **Collodi** zu Pinocchio und schließlich über die SS 435 nach **Lucca**. Dort Spaziergang oder Radtour auf der Stadtmauer, Besuch des Doms San Martino, Besteigung der Torre Guinigi, Besichtigung der Piazza dell' Anfiteatro (Piazza del Mercato) und der Kirche San Michele.

Abstecher: 4 km nordwestlich von Pistoia an der Straße nach Montagnana (Via di Pieve a Celle 160/a) liegt der **Giardino Zoologico di Pistoia**, ein zoologischer Garten mit vielen Exoten wie Löwen, Affen, Kamelen, Elefanten, Krokodilen und Giraffen, die überwiegend artgerecht gehalten werden. Es gibt auch einen Streichelzoo mit Ziegen, Schafen und Eseln. Spiel- und Picknickplätze sind vorhanden, auch Restaurant und Schnellimbiss. Der Zoo ist tägl. im Sommer von 9–19, im Winter von 9–17 Uhr geöffnet; www.zoodipistoia.it, Eintritt 8,30 €.

Von **Lucca** aus kann man auch direkt nach **Pisa** fahren, und zwar über die landschaftlich schöne SS 12 r (22 km), vorbei an Hügeln mit Ruinen, links und rechts der Straße Olivenhaine, Kastanien und Pinien. Ein Stopp bietet sich in **San Giuliano Terme** an, einem etwas vernachlässigten Kurort, der aber trotzdem romantisch anmutet, vielleicht schon deshalb, weil der unglückliche britische Romancier Percy Shelley (1792–1822) hier weilte. Schatten spendende Alleen führen zum prachtvollen Park, in dem die historische **Villa di Corliano** steht, inzwischen ein Hotel (Località Rigoli, Via Statale Abetone 50, ✆ 05 08-181 93, Fax 05 08-188 97. €€).

Prato, Dom Santo Stefano

Nur 20 Kilometer Richtung Nordwesten sind es von Florenz nach Prato, das sich 1992 vom Geld schluckenden Florenz getrennt und eine eigene Provinz gegründet hat. Auch der nächste Sprung nach Pistoia beträgt nur 20 Kilometer, und über den Kurort Montecatini Terme sowie die Gärtnerstadt Pescia

Filippo Lippi: »Das Gastmahl des Herodes«, Mittelteil des Freskos im Chor des Doms von Prato (1464)

sind es gute 42 Kilometer bis zum komplett ummauerten Lucca. Die Städtchen sind relativ klein, alle Sehenswürdigkeiten versammeln sich im historischen Kern, die Besichtigungstouren sind also kompakt und nicht zeitraubend. Allerdings sollten vor der Tourenplanung die Schwerpunkte gesetzt und die Öffnungszeiten geprüft werden. Das Dombaumuseum und die Stauferburg in Prato beispielsweise bleiben dienstags geschlossen. Obwohl die Autobahn verführerisch nah liegt, sollte man unbedingt die Landstraße wählen, um die abwechslungsreiche Hügel- und Tallandschaft zu genießen.

Bereits im 12. Jahrhundert hatte **Prato** durch die Tuchproduktion erheblichen Wohlstand erworben – und das sieht man den historischen Bauten an. Nach dem Zweiten Weltkrieg galt die Stadt als Europas »Lumpen-Zentrum«, weil hier aus gebrauchten Stoffen neue Textilien hergestellt wurden. Wegen der Flut billiger asiatischer Trikotagen haben sich die Textilproduzenten Pratos auf Kunsthandwerk und die Verarbeitung von Wolle umgestellt, weshalb beim Bummel die modischen Boutiquen zu häufigen Stopps reizen.

Die Tour durch das verkehrsfreie Zentrum beginnt man am besten am **Domplatz**. An der Südwestecke der Fassade des Gotteshauses hängt die runde Außenkanzel von Donatello (1438, Kopie, Original im Dombaumuseum), sie diente vor allem dazu, den Gläubigen Marias Gürtel zu zeigen. Die Reliquie wird in der Cappella della Sacra Cintola aufbewahrt, dort sind auch die Fresken zur Legende des Mariengürtels zu bewundern (Agnolo Gaddi, 1392–95). Der Prateser Kaufmann Michele Dagomari heiratete in Jerusalem ein Mädchen namens Maria und erhielt den Gürtel als Geschenk. Vor seinem Tode übergab er die Reliquie der Kirche und der Stadt. Seitdem kann der Schrein mit dem Schatz nur mit zwei Schlüsseln geöffnet werden – vom Bischof und vom Bürgermeister.

Der bedeutendste Schatz des Doms ist jedoch Fra Filippo Lippis Freskenzyklus im Chor, den er 1452–66 ausgeführt hat. Er gilt als der besterhaltene und wichtigste der Toskana und beinhaltet die Legenden des heiligen Stephan und Johannes des Täufers.

Über die Via Mazzoni, die Piazza del Comune und die Via Cairoli ist schnell die Piazza delle Carceri erreicht. Dort birgt die harmonische Renaissancekirche **Santa Maria delle Carceri** (1484–95) ein wundertätiges Marienbild, das an der Mauer des ehemaligen Gefängnisses *(carceri)* erschienen sein soll. Die blau und weiß glasierten Terrakotta-Medaillons der Evangelisten stammen vom berühmten Andrea della Robbia (1490).

Verlässt man die hübsche Kirche, wird der Blick unweigerlich vom **Castello dell' Imperatore** eingefangen. Diese wehrhafte Burg, die Friedrich II. an der Kaiserstraße Deutschland–Apulien bauen ließ (1237–48), ist einmalig in ganz Nord- und Mittelitalien.

Auf der Landstraße in Richtung **Pistoia**, zwischen den aus den Bergen herabrauschenden Flüssen Bisenzio und Ombrone, beginnen bereits die Gärtnereien, Felder und Gewächshäuser mit Millionen von Blumen. Neben der Landwirtschaft ist hier die Metallverarbeitung von alters her zu Hause. So sei hier auch die Pistole erfunden worden, von Pistoia habe sie ihren Namen, sagen die Einwohner gerne. Tatsächlich wurde das Wort Anfang des 15. Jahrhunderts dem tschechischen *pistal* = Pfeife oder Rohr entlehnt.

Dom und Campanile in Pistoia

In der Stadt drängeln sich die Sehenswürdigkeiten auf der relativ kleinen Fläche der historischen Altstadt, auch hier sollte die Tour am Domplatz beginnen. Bahnhof, Busterminal und Parkplätze liegen im Süden der Stadt. Von dort aus erreicht man das Zentrum über die Piazza Treviso, Via Atto Vannucci, rechts ab über den Corso Gramsci zur

Piazza Giuseppe Garibaldi und an deren Ende nordwärts über die Via Panciatichi und Via Roma zum **Domplatz**. Um sich einen Überblick zu verschaffen, stelle man sich an das nördliche Ende des Platzes mit Blick auf den Dom, hinter dem sich der Palazzo Vescovile mit dem Museo di San Zeno duckt, links der Palazzo del Comune mit dem Museo Civico, rechts der Palazzo del Podestà, dahinter bzw. geradeaus das weiß und dunkelgrün marmorierte Baptisterium.

Die Wahl, welchem Bauwerk mehr Aufmerksamkeit zu schenken ist, fällt schwer. An erster Stelle sollte jedoch der Besuch des dreischiffigen **Doms San Zeno** mit dem Silberaltar in der Cappella di San Jacopo im rechten Seitenschiff stehen. 628 kunstvoll geschmiedete Figuren schmücken den Schrein. Zu den Künstlern gehörte auch Filippo Brunelleschi, der Goldschmied war, ehe er die Architektur bevorzugte (Florenz, Domkuppel). Die Arbeiten an dem Kunstwerk dauerten insgesamt von 1287 bis ins 15. Jahrhundert.

Die Schätze des Doms sind inzwischen im restaurierten **Palazzo Vescovile** untergebracht (Museo di San Zeno). Ein weiteres Museum, das **Museo Civico**, befindet sich im Obergeschoss des wunderschönen **Palazzo Comunale**. Von dessen offenem Dachstuhl genießt man einen herrlichen Blick. Er sollte aber nicht ablenken von der reichen Sammlung Pistoieser Maler und Bildhauer. Wer dann noch nicht genug hat von Pistoias Kunstwerken, sollte auf dem Rückweg zum Parkplatz schnell noch am Corso Silvano Fedi das säkularisierte **Oratorio Sant' Antonio Abata** (auch Cappella del Tau) besuchen. Man muss in die duftende, verführerische Konditorei »Valiani« hineingehen, um dort den Freskenzyklus des Alten und des Neuen Testaments zu genießen. Ein wunderbares Beispiel ist »Der Sündenfall«, der die schönen Körper von Adam und Eva sowie eine Schlange, deren Kopf eine auffallende Ähnlichkeit mit der rothaarigen Eva hat, darstellt.

Das Bad von Montecatini Terme

Der Sprung nach **Montecatini Terme** ist für Kur-Aspiranten interessant, die sich über das Ambiente des beliebtesten Kurortes der Toskana informieren möchten. Ausflügler streben lieber dem höher liegenden **Montecatini Alto** zu, dem Bergstädtchen, das immer nach *fettunta* riecht, dem gerösteten, mit Knoblauch und Öl »getrüffelten« Weißbrot. Am meisten Spaß macht es, unten von der Kurstadt mit der *funiculare*, der Zahnradbahn nach oben zu fahren; das dauert sieben Minuten.

Die Tallandschaft des Flüsschens **Pescia** führt in das gleichnamige Städtchen, das Zentrum der toskanischen Blumenzucht. Es empfiehlt sich, die von Palazzi gesäumte, lang gezogene Piazza Grande zu umrunden und dabei dem täglichen Leben zuzuschauen. Mit Kindern sollte man in das fünf Kilometer weiter westlich liegende **Collodi** fahren. Hier, zu Füßen der in einem wundervollen Terrassengarten stehenden **Villa Garzoni**, wurde der hölzerne Lauseben-

Blick auf Lucca vom Torre Guinigi

gel Pinocchio geboren. Im **Parco di Pinocchio** kann man den Abenteuern des Schelms nachgehen, all den komischen Figuren seines Lebens begegnen und erreicht schließlich als Höhepunkt den begehbaren Haifisch, der allerdings eher einem Wal gleicht.

Sobald das Gatter aus Haifischzähnen überwunden ist, wird es Zeit, die letzte Tagesetappe nach **Lucca** anzugehen, der Metropole der Seidenindustrie und dem Geburtsort der Komponisten Luigi Boccherini (1743–1805) und Giacomo Puccini (1858–1924). Am Spätnachmittag muss gut geplant werden, um alle Seh- und Erlebniswünsche zu befriedigen. Ein besonderes Lucca-Ereignis lässt sich den ganzen Tag organisieren: Spaziergang oder Radtour (es gibt mehrere Leihstationen) auf der vollständig erhaltenen, schattigen **Stadtmauer**. Sie ist 4,2 Kilometer lang, zwölf Meter hoch, an der Basis bis zwölf Meter breit und hat noch elf der ursprünglich zwölf wuchtigen Bastionen. Von dort oben sieht man an jeder Lücke, die von der Baumallee freigegeben wird, die Spitzen und Dächer der Sehenswürdigkeiten, die zum Lucca-Programm gehören.

Den Rundgang durch die Altstadt sollte man am **Dom San Martino** beginnen. An der Fassade (Kopie) und im Inneren, rechts vom Haupteingang, findet sich der Namensgeber, der heilige Martin (316–397), auf seinem Pferd sitzend, sein Gewand mit dem Schwert teilend, um eine Hälfte einem armen, nackten Bettler zu geben. Im linken Seitenschiff gilt alle Aufmerksamkeit der oktogonalen Kapelle mit dem *Volto Santo*, einem

Kirche San Michele in Lucca

hölzernen Kruzifix. Der heilige Nikodemus soll es nach der Kreuzigung Jesu aus einer Libanonzeder geschnitzt haben, dann sei es auf wunderbare Weise in einem unbemannten Boot im Jahr 782 vom Heiligen Land bis Luni (ligurische Grenze) und auf einer von zwei ungezähmten Stieren gezogenen Karre nach Lucca gebracht worden. Alljährlich am 13. September zieht eine Prozession mit dem *Volto Santo* (heiliges Gesicht) durch die Altstadt.

Vom Dom gelangt man über die Via Archivescovado und die Via Guinigi schnell zum **Palazzo der Familie Guinigi**. Auf dem Dach seines Backsteinturms aus dem 14. Jahrhundert wachsen sieben Steineichen, doch um die zu sehen, sind 230 Stufen zu ersteigen. Aus 41 Meter Höhe genießt man den schönsten Blick über das Dächergewirr von Lucca. Danach geht es weiter über die Via Guinigi nach links in die Via Mordini und nach rechts durch eine enge Gasse zur **Piazza del Mercato**.

Dieser Platz, den man über vier Zugänge betritt, hat eine besondere Geschichte: Auf dem großen Oval stand bis ins Mittelalter ein römisches Amphitheater, dann musste es Wohnhäusern weichen, die auf den Grundmauern der Zuschauertribünen errichtet wurden. Römisch sind übrigens auch die Preise in den Bars und Restaurants der Piazza del Mercato.

Auf dem Rückweg zum Ausgangspunkt darf man die Kirche **San Michele in Foro**, die Lieblingskirche der Luccheser nicht verpassen. Vom ehemaligen Amphitheater aus wird sie südwestlich über die Via Fillungo erreicht, zweite Straße (Via Roma) rechts ab – und schon steht man auf der einladenden Piazza San Michele. Auch ohne Stadtplan ist das Gotteshaus leicht zu finden, denn auf dem potemkinsch wirkenden Aufsatz der fünfstöckigen Fassade (11.–14. Jahrhundert) grüßt der von zwei Engeln flankierte Schutzpatron, der Erzengel Michael, der einem Lindwurm den Garaus macht. Wilde Tiere und jagende Reiter zeigen auch die Marmorintarsien, wo man eigentlich biblische Szenen erwartet. Die sind dafür im Inneren der Kirche zu entdecken: eine restaurierte Tafel mit Filippino Lippis vier Heiligen Helena, Hieronymus, Sebastian und Rochus. Die Zeit könnte knapp werden, denn um 19 Uhr schließt die Kirche.

Infos: Prato, Pistoia

APT Prato
Piazza Santa Maria delle Carceri 15
59100 Prato
✆ und Fax 0574-241 12
www.prato.turismo.toscana.it
Mo–Sa 9–13 und 14–18.30 Uhr

Duomo Santo Stefano
Piazza del Duomo, Prato
✆ 05 74-262 34
Tägl. im Sommer 7.30–12.30 und 16–19.30, im Winter 7–12.30 und 15–18.30 Uhr
Fresken des Fra Filippo Lippi in der Hauptkapelle: das Leben des heiligen Stephan und das »Gastmahl des Herodes«.

Museo dell' Opera del Duomo
Piazza del Duomo 49, Prato
✆ 05 74-293 39
Mi–Sa und Mo 9.30–12.30 und 15–18.30 Uhr, So/Fei nur vormittags, Di geschl.
Original der Außenkanzel, Gemälde »Die heilige Lucía« von Filippino Lippi.

Santa Maria delle Carceri
Piazza delle Carceri, Prato
✆ 05 74-279 33
Tägl. 7–12 und 16–19 Uhr
Wundertätiges Marienbild und Della-Robbia-Terrakotten.

Castello dell' Imperatore
Piazza delle Carceri, Prato
✆ 05 74-382 07
Mi–Sa und Mo 10–16, So/Fei 10–13 Uhr, Di geschl.
Festung Friedrichs II., einmalig in Oberitalien.

Logli
Località Filettole, 3 km außerhalb von Prato
✆ 05 74-230 10
Ausflugslokal im Olivenhain, alte toskanische Gerichte, auch *bistecca fiorentina*. €€

Textilfabriken
Prato
Sechs Textilfabriken bieten Damen- und Herrenbekleidung, Wäsche, Strickwaren etc. Broschüre mit Adressen beim APT (vgl. oben).

APT Pistoia
Piazza del Duomo 4, Palazzo Vescovile
51100 Pistoia
✆ 05 73-216 22, gebührenfrei 800-01 21 46
Fax 05 73-342 47
www.comune.pistoia.it
Tägl. 9–13 und 15–18 Uhr
Verleih von *Cityphone*, Stadtführer auf Band, auch Deutsch.

Barco Reale
Via Nardini 11
51030 San Baronto
✆ 05 73-883 32, Fax 05 73-85 60 03
Hervorragende sanitäre Ausstattung. Bäume und Büsche, Kinderanimation, Spielplatz, Pool, Planschbecken, Sportmöglichkeiten, Fahrradverleih, keine Hunde. Eurocamp-Mitarbeiter, Babysitten, Spieleverleih.

Duomo di San Zeno
Piazza del Duomo, Pistoia
Tägl. 8–12.30 und 15.30–19 Uhr

In Collodi »geboren«: Pinocchio

Silberaltar des heiligen Jakobus mit 628 Figuren.

Oratorio Sant' Antonio Abata (Cappella del Tau)
Corso Silvano Fedi 70, Pistoia
Während der Geschäftszeiten der Konditorei geöffnet, So geschl.
Freskenzyklus des Alten und Neuen Testaments.

Museo di San Zeno
Piazza del Duomo, Palazzo Vescovile, Pistoia
✆ 05 73-36 92 72
Führungen Di, Do und Fr 10–13 und 15–17 Uhr, Eintritt 2,60 €
Kostbarer Domschatz und römische Ausgrabungsfunde.

Museo Civico
Piazza del Duomo, Palazzo Comunale, Pistoia
✆ 05 73-37 12 14
Di–Sa 9–13 und 15–19, So und Fei 9–12.30 Uhr, kein Eintritt
Pistoieser Maler, Tafelbild »San Francesco und die Geschichte seines Lebens«.

La Limonaia
Via di Gello 9 a, Stadtrand Richtung Modena, Pistoia
✆ 05 73-40 04 53
Trattoria in einer früheren Orangerie, toskanische Küche. €€

Azienda Autonoma di Cura e Soggiorno
Viale Verdi 66/68
51016 Montecatini Terme
✆ 05 72-77 22 44, Fax 05 72-701 09

La Torre
Piazza Giusti 8/9, Montecatini Alto
✆ 05 72-706 50
Beliebtes Restaurant direkt am Hauptplatz. €€

Parco di Pinocchio
Mitten im Ort, 51014 Collodi
Tägl. 8.30 Uhr bis Sonnenuntergang, Eintritt 7 €
www.pinocchio.it
Dargestellt sind die Abenteuer des Pinocchio; ein Parkspaziergang, Picknickplätze, Restaurant.

Park der Villa Garzoni
Mitten in Collodi
Tägl. im Sommer 8–20, im Winter 9–16.30 Uhr
Sehenswerte Gartenanlage mit Wasserspielen, Treppen, Laubengängen und bunten Blumenrabatten.

Gambero Rosso
Am Pinocchio-Park, Collodi
✆ 05 72-42 93 64
Gutes Ausflugsrestaurant, toskanische Küche, Rabatt für Kinder. €€

APT Lucca
– Piazza Santa Maria 35
55100 Lucca
✆ 0583-91 99 31, Fax 05 83-46 99 64
– Piazzale Verdi, Vecchia Porta S. Donato
✆ 05 83-41 96 89, Fax 05 83-53 54 49
www.luccaturismo.it
Verleih von *Cityphone*, auch Deutsch, bei der APT an der Piazzale Verdi.

Villa Alessandra
Via Arsina 1100/B, 54100 Lucca
✆ 05 83-39 51 71, Fax 05 83-39 58 28
www.villa-alessandra.it
Komfortables, kleines Hotel, individuell eingerichtet, außerhalb der Stadt, sehr ruhige Lage. €€

Grand Hotel Guinigi
Via Romana 1247, 55100 Lucca
✆ 05 83-49 91, Fax 05 83-49 98 00
www.grandhotelguinigi.it
Elegantes, neues Hotel mit gutem Restaurant, 1 km außerhalb des Stadtkerns. €€€

Napoleon
Viale Europa 536, 55100 Lucca

1 **Infos:** Lucca

www.hotelnapoleonlucca.com
✆ 05 83-31 65 16, Fax 05 83-41 83 98
Gutes Mittelklassehotel. €€

Dom San Martino
Piazza San Martino, Lucca
Tägl. 8–12 und 15.30–19 Uhr
Volto Santo, ein hölzernes Kruzifix.

Torre Guinigi
Via Guinigi s/n, Lucca
Tägl. im Sommer 9–19.30, im Winter 10–16.30 Uhr
Blick vom Turm über die Stadt.

San Michele in Foro
Piazza San Michele, Lucca
Tägl. 8–12 und 15.30–19 Uhr
Sehenswerte Fassade. Heiligentafel im Inneren.

Rusticanella 2
Via San Paolino 32, Lucca
✆ 05 83-553 83
Beliebte, preiswerte Pizzeria. €€

Puccini
Corte San Lorenzo 1, Lucca
✆ 05 83-31 61 16
Italienische Gerichte, auch preiswerte Touristenmenüs. €€

Buca di Sant' Antonio
Via della Cervia 1/5, Lucca
✆ 05 83-558 81
So abends und Mo geschl.
Feine toskanische Küche. €€

Canuleia
Via Canuleia 4, Nähe Amphitheater, Lucca
✆ 05 83-474 70
Einfache, aber gute toskanische Gerichte. €

Fahrradverleih
Piazzale Verdi, Casermetta S. Donato, Lucca, ✆ 05 83-51 50 64

Silk & Ties
Via San Paolino 118 und Via Veneto 15, Lucca
Typische Produkte aus Luccheser Seide.

Sagra Musicale Lucchese
Musikfestival von April–Juni
Auskunft beim APT, vgl. oben.

Collodi mit der Villa Garzoni

② Hinein in die grüne Garfagnana

Von Lucca über Barga und Castelnuovo nach Pontremoli

2. Route: Lucca – Borgo a Mozzano – Barga – Castelnuovo di Garfagnana – Aulla – Pontremoli (ca. 130 km)

Vormittag	Ab **Lucca** auf der SS 12 nordwärts auf der Ostseite des Flusses Serchio bis zur Ponte della Maddalena/del Diavolo in **Borgo a Mozzano**. Danach hoch zum Bergstädtchen **Barga** und Besichtigung des Löwenaltars. Weiterfahrt nach **Castelnuovo di Garfagnana** mit Möglichkeiten zum Einkauf oder zur Einkehr.

Nachmittag Gemütliche Fahrt auf der SS 445 durch eine faszinierende Landschaft zwischen **Castelnuovo** und **Aulla**, mehrere Stopps, um die Aussicht auf Täler, Berge und Wälder zu genießen. Auf der S 62 am Magra-Fluss nordwärts bis **Pontremoli** und Besuch des Archäologischen Museums.

Abstecher: Unterhalb von Barga, auf der westlichen Seite des Serchio, liegt das Dorf Gallicano. Von hier aus erreicht man auf kurvenreicher Straße nach 3 km den **Eremo di Calómini**, nach weiteren 6 km die **Grotta del Vento**. Für Urlauber, die rund um Lucca einquartiert sind, lohnt es sich, für diese Tour mindestens noch einen halben Tag einzuplanen. Vor der Klosterkirche zapfen die Menschen der Umgebung frisches Quellwasser, in der Kirche verehren sie eine wundertätige Madonna, eine *antica trattoria* bietet preiswerte Mahlzeiten. Die Windgrotte oberhalb des Dörfchens Fornovolasco dagegen ist ein unterirdisches Abenteuer mit Stalagmiten, Stalaktiten, durch Eisenoxid gefärbten Gardinen, Sinterterrassen und Seen. Zur Außenanlage gehört auch ein Restaurant.

Das **Kloster Calómini** ist ganztägig geöffnet, die Kirche nur zur Messe am Sa 17, So 11–17 Uhr. Oder den Kustoden um Öffnung bitten: ✆ 05 83-34 14 26.

Durch die **Grotta del Vento** (55020 Vergemoli, ✆ 05 83-72 20 24) gibt es tägl. 1-, 2- und 3-stündige Führungen von 10–18 Uhr.

Zwischen der waldreichen Garfagnana und den bergigen Alpi Apuane schlängelt sich die Strecke in den Nordwesten der Toskana ab Lucca am Serchio-Fluss entlang. Ab Castelnuovo beginnt eine sehr kurvenreiche Strecke westwärts bis Aulla. Dann führt eine gute Straße durch die Lunigiana, am Magra-Fluss entlang nach Norden bis zum mittelalterlichen Städtchen Pontremoli. Hier an der Grenze zu Ligurien wähnt man sich landschaftlich gesehen weit weg von der Toskana. Obwohl die Strecke Lucca–Pontremoli nur rund 130 Kilometer beträgt, sollte man viel Zeit einplanen, vor allem wegen der schönen, bergigen Landschaft und der kurvenreichen Straßen.

Die bucklige Ponte della Maddalena in Borgo a Mozzano – vom Teufel über Nacht gebaut

Der Dom San Cristoforo in Barga

Gleich im Norden von Lucca wird Konzentration verlangt, denn man muss die am Ostufer des Serchio-Flusses entlangführende SS 12 finden und darf sich keinesfalls auf das Westufer leiten lassen, sonst fällt das Erlebnis Teufelsbrücke aus. Die gigantische, bucklige **Ponte della Maddalena/del Diavolo** in **Borgo a Mozzano** (ca. 23 Kilometer) – der Teufel soll die Überführung in einer finsteren Nacht gebaut haben – kann nur vom Osten aus in Ruhe betrachtet werden; nur auf dieser Seite gibt es nämlich ein paar Parkplätze. Fotofreunde haben ihr Vergnügen an dem Bauwerk aus dem Jahr 1101, vor allem wenn der Zug Lucca–Aulla drüben unter dem letzten Bogen durchfährt.

Der nächste Stopp folgt im Städtchen **Barga**, das von der Fluss-Straße abzweigend etwa fünf Kilometer bergaufwärts liegt. Vom Parkplatz im unteren Ortsteil geht es zu Fuß durch die Altstadtgassen hoch zum **Dom San Cristoforo** (9.–15. Jahrhundert). Von überall, besonders von der Domterrasse aus schweift der Blick über Barga und die grüne Garfagnana. Kunstkenner schaffen es noch am ehesten, sich loszureißen, erwartet sie doch in der weißen Travertinkirche ein ganz besonderer Schatz: eine fünf Meter hohe **Marmorkanzel** (Guido Bigarelli da Como, frühes 13. Jahrhundert). Wunderschön sind die Reliefs im oberen Teil, die die Taufe Christi, Mariä Verkündigung, die Heiligen Drei Königen und die Evangelisten zeigen. Rätselhaft ist der Aufbau: Zwei Säulen werden von fressgierigen Löwen getragen, einer macht sich über einen Menschen her, der andere über einen Drachen. Eine der hinteren Säulen lastet auf einem Männchen. Die beängstigenden Löwen finden in der Bibel (1. Petr. 5,8) eine Deutung: »Der Teufel geht umher wie ein brüllender Löwe, suchend, welchen er verschlinge.« Das hockende Männlein wird unterschiedlich ausgelegt: entweder als Allegorie für das Schicksal der Verdammten in der Hölle oder als der Mensch, der die Kirche auf seinen Schultern trägt.

Der Sprung nach **Castelnuovo di Garfagnana** gibt Gelegenheit, sich nach Wandermöglichkeiten zu erkundigen, denn von hier aus starten viele Garfagnana-Touren. Im **Dom** erinnert die Terrakotta-Gruppe »Josef und seine Brüder« der Familie Della Robbia an eine der biblischen Legenden. Castelnuovo ist aber auch eine Einkaufsstadt. Entweder besorgt man sich Zutaten für ein Picknick oder genießt an der Bar bzw. den kleinen Tischchen des »Vecchio Mulino«, einer der stimmungsvollsten Osterien der Toskana (vgl. Infos S. 80), eine der Garfagnana-Spezialitäten, die der imposante Andrea Bertucci für seine Gäste zubereitet.

Ab sofort beherrscht nur noch Landschaft das Bild: **Kastanienwälder**, die im Herbst reiche Früchte tragen, werfen ihre Schatten, Akazienwälder säumen die Berge – Stoff für süßen Honig, dichtes Unterholz verbirgt Orchideen und Zyklamen, die kleinblütigen Alpenveilchen. Kleintier kriecht unter Mastixbüschen, die Fährte der zahlreichen Wildschweine verliert sich im Wald, es riecht nach Steinpilzen und Moos. Die Tour durchquert den geschützten **Parco Naturale delle Alpi Apuane**. Im Westen grüßt der höchste Berg der Gegend, der Monte Pisanino (1 945 Meter). Kurz vor Camporgiano überquert die Straße den Torrente Edron, der den künstlichen Lago di Vagli füllt, in dem das Dorf Fabbrica versunken ist. Auf den Hügeln stehen kleine Dörfer mit auffallend großen Kirchen, ein Szenarium für Maler und Fotografen – oder für stille Genießer.

Das wenig attraktive **Aulla**, einst durch eine Burg der Malaspina wichtiger Kontrollpunkt, ist heute nur Durchgangsstation. Aber auch Endstation der einspurigen Bahn aus Lucca und Ausgangspunkt für Wanderungen. Hier trifft man auf den Fluss Magra, fährt auf guter Straße nordwärts bis Pontremoli, dem Etappenziel der Tagestour.

Wenn Zeit bleibt, lohnt sich auf halber Strecke ein Abstecher Richtung Nordosten: Nach fünf Kilometern ist man im hübschen Dorf **Bagnone** mit Renaissancepalästen, Bogengassen und dem zylindrischen Turm des Kastells.

Der landschaftliche Szenenwechsel der *Lunigiana* (Land des Mondes, nach dem Hafen Luni, wo in der Antike mondweißer Marmor verladen wurde) erinnert in keiner Weise mehr an die Toskana, dichter Mischwald zeigt die Grenze zu Ligurien an. In **Pontremoli** herrschte einst der Stamm der Altligurer, dessen geheimnisvolle Kult-Stelen, teils mit kleinen Menschenköpfen und Brustansätzen, in der Burgruine des Städtchens im **Museo delle Statue Stele Lunigiana** untergebracht sind.

Der Stamm wurde seit dem 5. Jahrhundert v. Chr. vom Norden her durch die Kelten, vom Süden her durch die Etrusker in diesen Winkel zurückgedrängt, später von den Römern unterworfen. Rund um Pontremoli wurden ihre letzten Spuren gefunden.

Hier oben kann man noch einmal zurückschauen auf das Wald- und Berggebiet, in das sich Menschen vor 2 500 Jahren zurückgezogen hatten.

Romantische Dörfchen verstecken sich an den bewaldeten Hängen der Garfagnana

Die Marmorkanzel im Dom von Barga

Informazione Turistica
Piazzale Angelio s/n
55051 Barga
✆ 05 83-72 34 99

La Pergola
Via Sant' Antonio s/n
55051 Barga
✆ 05 83-71 12 39
Beliebtes Restaurant mit einheimischer Küche; mit kleinem Hotel. €

Borgo a Mozzano
Ponte della Maddalena, Barga
Alte, begehbare Bogenbrücke über den Fluss Serchio.

Dom San Cristoforo
Barga
Tägl. 9–19 Uhr
Blick von der Terrasse und beeindruckende Löwenkanzel.

Pro Loco
Loggiato Porta 10
55032 Castelnuovo di Garfagnana
✆ 05 83-64 10 07, Fax 05 83-64 43 54

Mulin del Rancone
55031 Camporgiano, ca. 10 km nordwestlich Castelnuovo
✆ 05 83-61 86 70, Fax 0583-61 82 21
www.garfprod.it
Wildromantische Anlage, frühere Getreidemühle am Wildbach, einfache Zimmer, Reitstall, kinderfreundlich, Restaurant mit eigener Bäckerei. €€

Da Carlino
Via Garibaldi 13
55032 Castelnuovo di Garfagnana
✆ 05 83-64 42 70, Fax 05 83-626 16
Gutes, sauberes Mittelklassehotel, mit beliebtem Restaurant. €€

Vecchio Mulino
Via Vittorio Emanuele 12, Castelnuovo di Garfagnana
✆ 05 83-621 92
www.ilvecchiomulino.com
Im Sommer auch So geöffnet, Mo geschl. Osteria mit Atmosphäre, Garfagnana-Spezialitäten, *panini*, kleine Speisen, gute Weine, auch Verkauf von Produkten der Gegend. €€

Al Ritrovo del Platano
Via Ponte di Campia 11 a, SS 445 zwischen Gallicano und Castelnuovo
Località Ponte di Campia
✆ 05 83-76 61 42, Mi geschl.
Exzellentes Restaurant, erlesene toskanisch-garfagnanische Spezialitäten, Bachforellen. Mit Hotel »Campia«. €€€

Golf Hotel
Via della Pineta 32
54027 Pontremoli
✆ 01 87-83 15 73, Fax 01 87-83 15 91
Ordentliches, gepflegtes Mittelklassehotel. €€

2 **Infos:** Pontremoli

Napoleon
Piazza Italia 2, 54027 Pontremoli
✆ 01 87-83 05 44, Fax 01 87-83 15 92
www.hotelnapoleon.net
Einfacheres, sauberes Mittelklassehotel. €€

Locanda la Lina
Piazza Marconi 1
54021 Bagnone, zwischen Aulla und Pontremoli
✆ 01 87-42 90 69, Do geschl.
Mitten im historischen Zentrum, fünf Jugendstilzimmer, traditionelle Speisekarte, Spezialitäten: *Barbotta*, ein Kuchen aus Zwiebeln und Maismehl, Lamm (*agnello a scottadito* – zum Abnagen – oder *fritto*). €€

Museo delle Statue Stele Lunigiana
Castello del Piagnaro, Pontremoli
✆ 01 87-83 14 39
www.lunginiana.com/pontremoli
Di–So im Sommer 9–12 und 16–19, im Winter 9–12 und 14–17 Uhr
Vor-ligurische Ausgrabungen, Menhire, eigenartige Kult-Stelen.

Da Bussè
Piazza Duomo 31, Pontremoli
✆ 01 87-83 13 71, Fr geschl.
Freskierte Osteria, lokale Spezialitäten: *testaroli* mit Pesto und Lasagne *mes-cie* aus Kastanienmehl. €€

Wandergebiet Garfagnana
Nationalpark Alpi Apuane
Ufficio Promozione del Parco a Deravezza
– Via Corrado del Greco 11
55100 Lucca
✆ 05 84 -75 73 25 oder
– Piazza Erbe 1
55032 Castelnuovo di Garfagnana
✆ 05 85-31 53 00

Riesen-Mortadella in der Osteria Vecchio Mulino in Castelnuovo di Garfagnana

3 Marmorberge und Dünen

Von Carrara nach Pisa

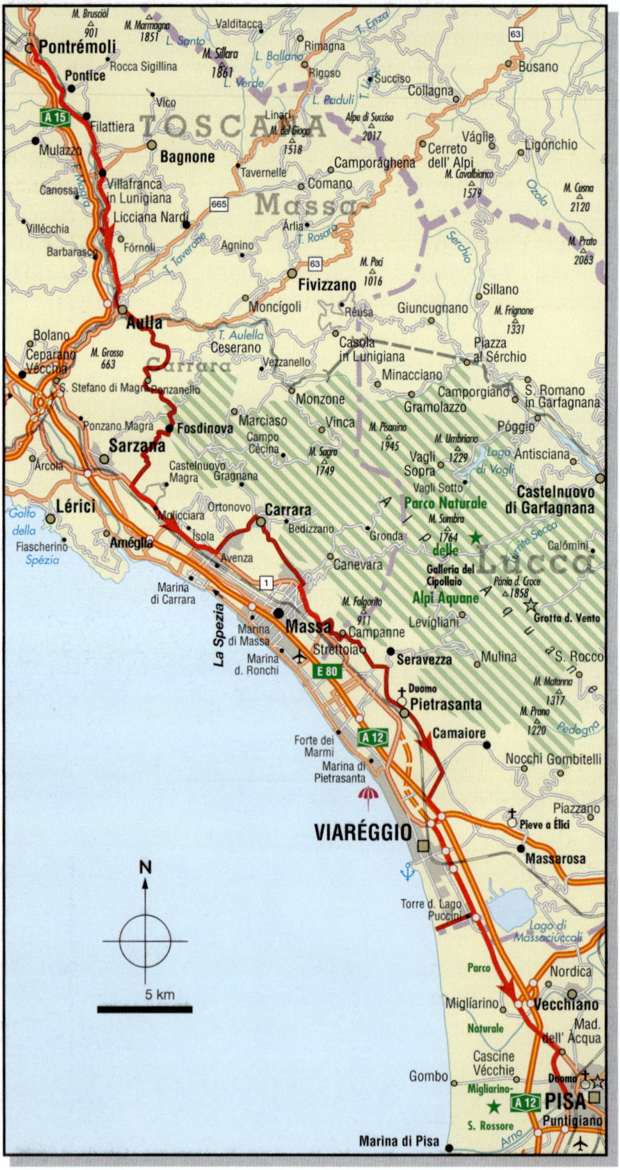

3. Route: Pontremoli – Sarzana (Ligurien) – Carrara – Massa – Pietrasanta – Viareggio – Torre del Lago Puccini – Pisa (ca. 110 km)

Vormittag — Ab **Pontremoli** wie am Vortag auf der S 62 am Magra entlang bis Aulla, dort etwa 1,5 km auf SS 445 Richtung Castelnuovo, dann rechts ab Richtung Süden und nach **Sarzana** (Ligurien), Besichtigung des ältesten bemalten Holzkruzifixes im Dom. Weiter auf der Aurelia, der stark befahrenen SS 1, oder der Autobahn A 12 bis zur Ausfahrt und nach **Carrara**, kleiner Stadtbummel und in die Marmorberge in die Valle Fantiscritti und zum Bergdorf **Colonnata**.

Nachmittag — Über die Bergstraße nach **Massa** mit Kastellbesichtigung. Auf der Bergstraße weiter über Capanne und Strettoia nach **Pietrasanta** mit Besuch der Marmorwerkstätten. Weiter im Hinterland bis zum Abzweig in den Badeort **Viareggio**, südlich davon Erfrischung im Meer am Naturstrand hinter dem Pinienwald oder Bootsfahrt in Torre del Lago auf dem Lago di Massaciuccoli, Weiterfahrt auf der Aurelia nach **Pisa**.

Diese Tour führt von der nordwestlichsten Ecke der Toskana wieder den Magra abwärts bis Aulla, dann weiter durch einen kleinen Zipfel Ligurien nach Sarzana, anschließend nach Carrara. Von dort nach Massa nimmt man die Landstraße und sollte auch bis Pietrasanta in den Hügeln bleiben, ebenso anschließend bis Viareggio, um Aurelia und Autobahn zu meiden. Nicht mehr zu umgehen sind beide Straßen bis Pisa, sie leiten gut ausgeschildert auf die Ausfahrten zur Stadt. Die rund 110 Kilometer lange Strecke darf im Sommer wegen des starken Verkehrs nicht unterschätzt werden.

Toskana oder Ligurien – die Landschaft zwischen Aulla und dem ligurischen Sarzana weist keine typisch toskanischen Merkmale auf. Als die toskanische Malerei in Lucca ihren Anfang nahm, waren politische Grenzen ohne Bedeutung. So kommt es, dass man heute im ligurischen **Sarzana** im Dom (13.–15. Jahrhundert) eine *croce dipinta* findet. Das älteste, auf ein Holzkreuz gemalte Kruzifix (1138) ist ein Zeugnis der lucchesischen Schule und Nachfolger der plastischen Kreuze, die in den Kirchen nördlich der Alpen entstanden

Schon Michelangelo schätzte den reinen, weißen Marmor von Carrara

sind (toskanische Beispiele sind Giottos Kruzifix in der Kirche Santa Maria Novella in Florenz, S. 55, und das Volto Santo in Lucca, S. 71 f.).

Die Fortsetzung der Tour, meist oberhalb des Küstenstrichs der berühmten **Versilia** mit zahlreichen Badeorten, steht dann weniger im Zeichen der Kirchenkunst als der bergigen Landschaft. Schon von weitem liegen die weiß leuchtenden **Apuanischen Alpen** im Blickfeld, mittendrin **Carrara**, das seit Jahrtausenden vom edlen Marmor der Berge lebt. Hier siedelten schon die Vorligurer, kannten wohl den Wert des Marmors und nannten den Ort *Kar*, was Stein bedeutet. Die Römer verdrängten sie (vgl. 2. Route, Pontremoli, S. 79) und bauten den begehrten weißen Stein systematisch ab.

Die Stadt Carrara zeigt überall den Ursprung ihres Wohlstands, auch die Fassade des **Doms** (11.–14. Jahrhundert) wurde aus diesem Material gemeißelt, einschließlich der schönen, allerdings durch Marmorstaub verunreinigten Fensterrose. Die Geschichte des Marmors und seiner Verarbeitung kann im **Museo Civico del Marmo** studiert werden.

Anschaulich erfährt man die Entwicklung des Marmorabbaus bei der Fahrt in die abgenagten Marmorberge Richtung Colonnata und Fantiscritti. Außerhalb von Carrara sind schon die Hinweise »Cave di Marmo« zu sehen. Nach etwa sechs Kilometern, an einer Kreuzung, fährt man nach links durch Tunnel und bei einer weiteren Kreuzung nach rechts in die **Valle Fantiscritti**. Schon nach einem Kilometer breitet sich das **Cava Museo di Walter Danesi** aus. Hier hat der frühere Marmorarbeiter Danesi alles Wissenswerte zur Geschichte der Marmorgewinnung gesammelt. Jede Einzelheit im Freiluftmuseum ist beschriftet, auch auf Deutsch. Mittelpunkt der für jedes Alter interessanten Schau ist ein lebensgroßes marmornes Ochsengespann, das einen mit Marmorblöcken beladenen Karren zieht, dessen Räder ebenfalls aus Marmor gehauen wurden – ein zeitgenössisches Kunstwerk.

Die harte Arbeit des Steinebrechens war zur Römerzeit Aufgabe der Sklaven. Sie sprengten die Quader mit Holzkeilen ab, indem das Holz mit Wasser zum Quellen gebracht wurde. Gefährlich war die Arbeit auch noch in neuer Zeit, vor allem der Transport nach unten. Noch bis 1957 rutschten die monströsen Brocken auf eingeseiften Holzstämmen abwärts zur inzwischen eingestellten Bahn. Holzwinden und Seile barsten immer wieder, Tote und Verletzte gehörten zum Alltag der Marmorbrecher. Ihnen zu Ehren wurde oberhalb von Fantiscritti, im Bergarbeiterdorf **Colonnata** vor der Front der weißen Berge das »Monumento al Cavatore« aufgestellt. Marmorfarben ist auch der weiße Speck, der *lardo*, der im Ort seinen Ursprung hat (vgl. Infos, S. 86).

Wieder zurück Richtung Carrara, zweigt vor der Stadt eine Landstraße südwärts nach **Massa** ab, das sich an den 895 Meter hohen Monte Belvedere schmiegt. Ein Spaziergang lohnt sich alle Mal, besonders über Stufen hoch zum **Castello**. Dort schweift der Blick über die Stadt bis hinunter zur Küste, zum Seebad Marina di Massa. Die Aurelia verbindet Massa mit Pietrasanta (»heiliger Stein«), doch schöner ist die parallel verlaufende Bergstraße über die Orte Capanne und Strettoia. Auch **Pietrasanta** lebt vom Marmor, allerdings mehr von dessen künstlerischer Verarbeitung. Überall wird gebohrt, gehämmert und geschliffen. Nach dem Vorbild von Michelangelos »David« werden hier klassische Skulpturen in allen Größen hergestellt, aber auch Aufträge moderner Künstler ausgeführt. In den Gassen und auf den Plätzen kann man den Marmorbildhauern bei der Arbeit über die Schultern schauen.

Nun lockt das Meer, sich den Marmorstaub abzuwaschen. Die Versilia mit **Viareggio** als feudalstem Badeort bietet dazu reichlich Möglichkeiten. Doch sollte man sich das Leben in den *bagni* eher für einen speziellen Tag reservieren, die Eintrittspreise lohnen sich nicht für einen kurzen Sprung ins Meer. Das ist eher möglich am Naturstrand hinter der Macchia Lucchese zwischen Viareggio und **Marina di Torre del Lago Puccini**. Hinter dem Pinienwald und den Dünen liegen viele Kilometer freie Sandstrände. Wer den Tag lieber mit einer Bootsfahrt abschließen möchte, kann ein paar Kilometer landeinwärts **Torre del Lago Puccini** am Lago di Massaciuccoli besuchen. Dieser Ort gefiel Giacomo Puccini so sehr, dass er hier eine Villa kaufte, wo er die meisten seiner Opern komponierte und auch starb. Ihm zu Ehren gibt es im Sommer ein großes Musikfestival (vgl. Infos S. 87).

Von Torre del Lago fährt man das letzte Stück nach **Pisa** am besten über die Aurelia, die im Westen in die Zufahrten zur Stadt mündet. Wer ein Hotel gebucht hat, sollte sich vorher unbedingt erklären lassen, welche Abfahrt zu wählen ist. Wird sie verpasst, muss die ganze Stadt außerhalb der Stadtmauer noch einmal nervenaufreibend umrundet werden.

Die mondäne Strandpromenade von Viareggio

3 **Infos:** Carrara, Massa, Pietrasanta, Viareggio

APT Massa-Carrara
Viale Vespucci 24
54037 Marina di Massa
✆ 05 85-24 00 63, Fax 05 85-86 90 15
www.comune.carrara.ms.it

Museo Civico del Marmo
Viale XX Settembre s/n, Vorort Stadio
54033 Carrara
✆ 05 85-84 57 46
Tägl. außer So Mai 10–17, Juni–Sept. 10–20, Okt.–April 8.30–13.30 Uhr
Alles über die Geschichte des Marmors und seiner Verarbeitung.

Cava Museo di Walter Danesi
Località Cave di Fantiscritti
Carrara
Tägl. 8.30–20 Uhr, im Winter wird etwas früher geschl.
Das Freilichtmuseum zeigt die Marmorverarbeitung und -gewinnung der letzten Jahrhunderte.

Alimentari Guadagni
Via Fossacava 9
Colonnata di Carrara
Lardo di Colonnata, der berühmteste weiße Speck der Toskana. Im Marmor gereift, in hauchdünne Scheiben geschnitten, eignet er sich als Mitbringsel oder für ein Picknick in Panini.

Da Venanzio
Piazza Palestro 3
Colonnata di Carrara
✆ 05 85-75 80 33, Do geschl.
Als Vorspeise *lardo* mit Anschovis auf Crostini, als Hauptgang Lamm, Kalbshaxe oder Kaninchen. €€€

Castello Malaspina
Via del Forte 15, Massa
✆ 05 85-447 74
Im Sommer tägl. außer Mo 9–13 und 15–19, im Winter nur Sa/So 9–13 und 15–19 Uhr
Malaspina-Burg (15. und 16. Jh.) mit schönem Palast, Blick zum Meer.

Taverna de' Batti
Via Cavour 71, Massa
✆ 05 85-431 60
Historisches Ambiente, lokale Spezialitäten, z.B. mit *lardo* (weißem Speck), auch Stockfisch aus dem Holzofen. €€

Il Passagero
Via Alberica 1, Massa
✆ 05 85-48 96 51, So geschl.
Beliebtes Restaurant in einem Palastkeller, lokale Spezialitäten wie Crostini, Lardo di Colonnata, Meeresgerichte. €€

APT Versilia
Piazza Mazzini 22
55049 Viareggio
✆ 05 84-488 81, Fax 05 84-474 06
www.versilia.turismo.toscana.it

APT Pietrasanta
Località Tonfano, Via Donizetti 14
55045 Marina di Pietrasanta
✆ 05 84-203 31, Fax 05 84-245 55

La Giudea
Via Barsanti 4/Ecke Piazza Duomo
Pietrasanta
✆ 05 84-715 14, Mo geschl.
Beliebte Versilia-Küche, Gemüsesuppe, spezielle Pasta, Stockfisch aus dem Ofen, mit Fleisch und Gemüse gefüllte Wirsingwickel. €€

APT Viareggio
Viale Carducci 10
55049 Viareggio
✆ 05 84-96 22 33, Fax 05 84-473 36

Itália
Viale dei Tigli, Westrand des Ortes
55048 Torre del Lago Puccini
✆ 05 84-35 98 28, Fax 05 84-34 15 04
1 km zum Strand, Pappelschatten, Kinderanimation, Spielplatz, Sportmöglichkeiten, Fahrradverleih, keine Hunde.

Dei Tigli
Viale dei Tigli, Westrand des Ortes

3 Infos: Torre del Lago Puccini, Camaiore, Pisa

55048 Torre del Lago Puccini
✆ 05 84-34 12 78, Fax 05 84-34 12 78
800 m zum Strand, Pappelschatten, Kinderanimation, Spielplatz, schalldichte Disco, Fahrradverleih, Hunde erlaubt.

Villa Ariston
Viale Cristoforo Colombo 355
55043 Lido di Camaiore
✆ 05 84-61 06 33, Fax 05 84-61 06 31
www.villaariston.it
Komfortables, geschmackvoll ausgestattetes Hotel mit Park, hervorragendes Restaurant. €€€

Villa Gli Astri
Ortsteil Nocchi, Via di Nocchi 35
55043 Camaiore
✆ und Fax 05 84-95 15 90
Geschmackvoll ausgestattete Landvilla, familiäre Leitung, ruhige Lage, mit Pool. €

La Dogana
Via Sarzanese 442, Località Capezzano Pianore, Camaiore
✆ 05 84-91 51 59
Mo geschl., Di nur abends
Beste Pasta, *menu mare* (Fisch) oder *menu terra* (Fleisch) zu empfehlen. €€

Locanda Le Monache
Camaiore
✆ 05 84-98 40 11, Mi geschl.
Hervorragende toskanische Küche; auch Zimmervermietung (€). €€

Romano
Via Mazzini 120, Viareggio
✆ 05 84-313 82, Mo geschl.
Michelin-Restaurant, vorwiegend Fischgerichte, sehr fantasievoll. €€€€

Puccini-Musik-Festival
Torre del Lago Puccini, Camaiore
Jährlich Ende Juli–Ende Aug.
Kartenvorbestellungen:
www.festival-puccini.de
✆ 05 84-35 93 22, Fax 05 84-35 02 77

APT Pisa
Via Pietro Nenni
56124 Pisa
✆ 050-92 97 77, Fax 050-92 97 64
www. pisa.turismo.toscana.it

Ufficio Informazioni Turistiche
Via Cammeio 2
56100 Pisa
✆ 050-56 04 64, Fax 050-409 03

Grand Hotel Duomo
Via Santa Maria 94
56100 Pisa
✆ 050-56 18 94, Fax 050-56 04 18
www.grandhotelduomo.it
Komfortables Stadthotel, viele Geschäftsleute, beliebtes Restaurant, Parkgarage. €€€

D' Azeglio
Piazza V. Emanuele II 18 b
56100 Pisa
✆ 050-50 03 10, Fax 050-280 17
Komfortables Haus der oberen Mittelklasse, ohne Restaurant. €€€

Touring
Via Puccini 24
56100 Pisa
✆ 050-463 74, Fax 50 21 48
Gutes Mittelklassehotel, guter Service. €

Ariston
Via Cardinale Maffi 42, gegenüber dem Schiefen Turm
56100 Pisa
✆ 050-56 18 34, Fax 050-56 18 91
Einfaches, sauberes Hotel in günstiger Lage. €

Pisa
Via Manzoni 22
56100 Pisa
✆ 050-445 51
Einfach und sauber, gute Ausstattung, guter Service. €

Weitere Infos zu Pisa finden Sie S. 93.

❹ Der Schiefe Turm schielt immer mit

Ein Stadtbummel durch Pisa

4. Programm: Pisa

Vormittag Piazza dei Miracoli mit Besichtigung von **Dom** und **Baptisterium**, evtl. Aufstieg auf den **Schiefen Turm**, je nach Zeit Besuch des **Sinopien-** und des **Dombaumuseums**.

Nachmittag **Botanischer Garten**, von dort über die repräsentative Piazza dei Cavalieri zur Einkaufsstraße **Borgo Stretto**, weiter zur **Piazza Garibaldi** und zum **Ponte di Mezzo**, über den Lungarno Pacinotti zurück zum Ausgangspunkt.

Abstecher: Vom Ponte di Mezzo am südlichen Arno-Ufer entlang: Der Lungarno Gambacorti führt zur Piazza XX Settembre mit dem **Palazzo Gambacorti** und der Loggia di Banchi, dem früheren Tuchmarkt. Bald sieht man die gotischen Spitzen des Kirchleins **Santa Maria della Spina** (1325 begonnen). Etwas eingezwängt zwischen Hochufer und Straße ist das reich verzierte Gebäude. Früher stand es mit mehr Platz unten am Fluss, doch 1871 musste es vor Überschwemmungen gerettet werden. Das Dach schmücken gotische Türmchen und Tabernakel, die Straßenfront ist ebenso mit Tabernakeln verziert, dreizehn sind es, je eines für Jesus und die zwölf Apostel. Der Dorn aus der Christuskrone (ital. *spina*), den das Schatzkästlein früher barg und das ihm den Namen gab, ist allerdings verschwunden.

Als Pisas architektonische Glanzlichter, der Dom (1063), der Campanile (1173) und das Baptisterium (1152) begonnen wurden, stand die Stadtrepublik auf dem Höhepunkt ihrer Macht und beherrschte das Mittelmeer: Sie eroberte Sardinien (11. Jahrhundert), erhielt Korsika vom Papst als Dank für die Bezwingung der Sarazenen und Kolonien bis Nordafrika, beteiligte sich am ersten Kreuzzug (1096) und vernichtete die Seerepublik Amalfi (1137). Voraussetzung für die Siegeszüge war die am Mittelmeer im Schutz eines Hafens liegende starke Flotte. Fast symbolisch: Als der Friedhof Camposanto angelegt wurde (1278), begann der allmähliche Untergang der Seemacht, denn der Hafen verschlammte zusehends, alle Rettungsversuche scheiterten.

Damit kam das Aus in Windeseile: 1284 wurde Pisa von der Seerepublik Genua verheerend geschlagen, und als das Meer sich immer weiter entfernte, übernahm das feindliche Florenz die

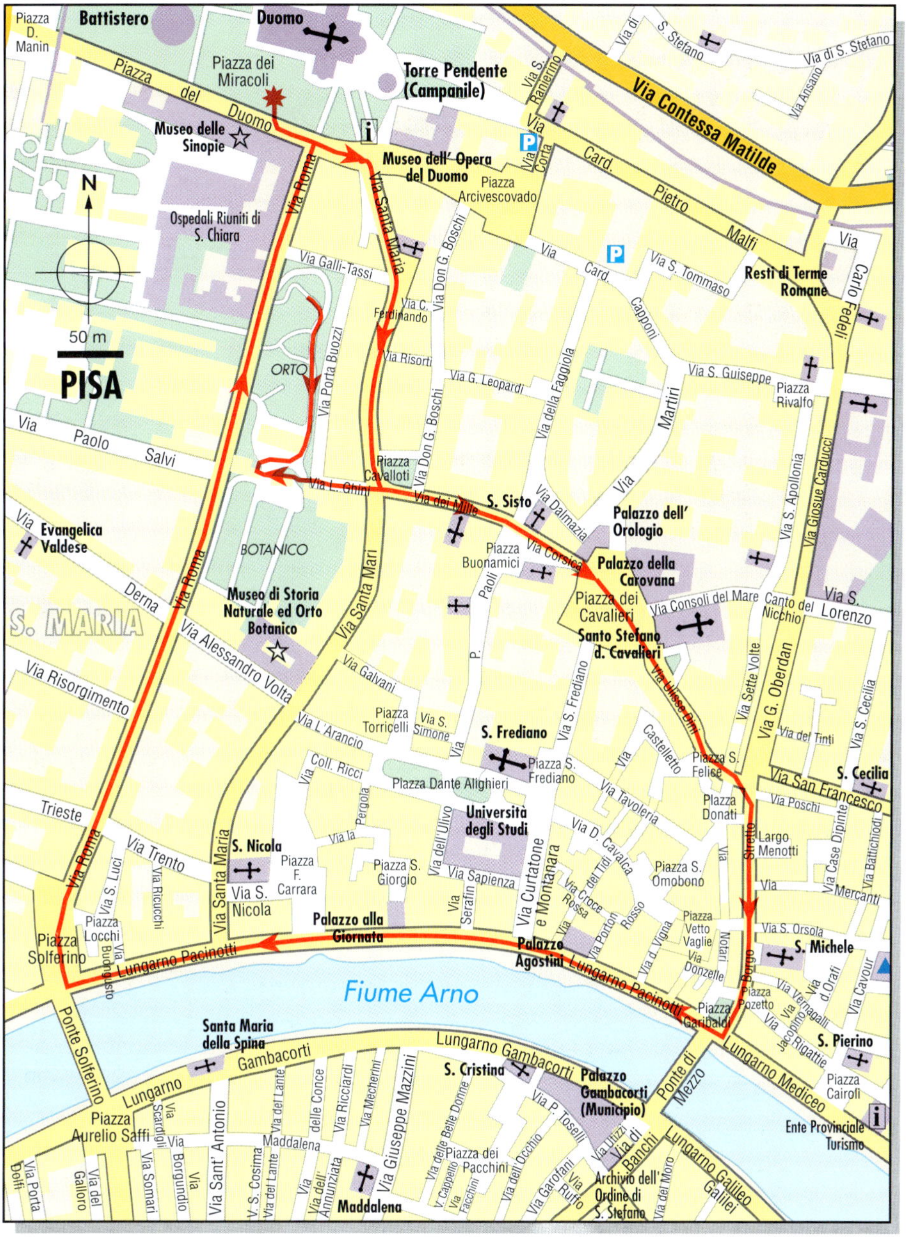

Herrschaft. Was bis zur Einigung Italiens so blieb. Ein Grund, das Nummernschild des eventuell gemieteten Autos genauer zu betrachten. Wenn es etwa aus Florenz kommt (bei den alten Kennzeichen noch möglich), wird

Pisa: Dom und Baptisterium vom Campanile aus

schneller ein Strafzettel ausgeschrieben. Der Weg Pisas von der machtvollen Seerepublik zum – durch den im schlickigen Boden absackenden Schiefen Turm – Touristenmagnet Nummer eins, ist heute kaum mehr nachvollziehbar, denn die Küste liegt rund zehn Kilometer von der Stadt entfernt.

Vor diesem Hintergrund gewinnt man bei der Betrachtung der mächtigen **Piazza dei Miracoli**, des Platzes der Wunder, noch mehr Achtung vor der architektonischen Leistung. Die Fülle an Sehenswürdigkeiten auf engstem Raum stiehlt manch anderer Schönheit Pisas regelrecht die Schau. Und auch die Zeit, denn die Piazza verbraucht einige Stunden. Wer in Pisa oder in der Nähe übernachtet, hat den Vorteil, frühmorgens mit der Besichtigung beginnen zu können, wenn die Schlangen vor den Portalen noch nicht so groß sind. Bei der Tagesplanung sollte man die Öffnungszeiten beachten: Die Pforte des Doms beispielsweise öffnet erst um zehn, das **Baptisterium** schon um acht Uhr.

Seine Außenfront ist im Vergleich zum ursprünglichen Bild schon arg ramponiert. So wurden beispielsweise im zweiten Fries alle Statuen und Büsten entfernt, um sie vor weiterem Steinfraß der belasteten Luft zu retten (jetzt im Museo dell' Opera del Duomo). Drinnen aber werden Augen und Ohren überrascht. Das prächtige Kuppelgewölbe hat sensationelle akustische Qualitäten, was die Führer durch Händeklatschen oder an- und abschwellenden Gesang demonstrieren. Danach gilt die Neugierde außer dem achteckigen, sehr großen **Taufbecken** vor allem der ersten frei stehenden **Kanzel**, einem Glanzstück der Romanik (Nicola Pisano, 1259/60). Drei der sechs Säulen werden von Löwen, dem Symbol der Macht, getragen, die zentrale Säule von drei kauernden Menschen (vgl. auch Dom zu Barga, 2. Route, S. 78). Doch Pisanos Kunst zeigen viel deutlicher die fünf Bildtafeln der Kanzelbrüstung, die an die Reliefs römischer Sarkophage erinnern: Geburt und Kindheit Christi, Verkündigung, Anbetung der Hirten, Anbetung der Könige, Kreuzigung und Jüngstes Gericht.

Im **Duomo Santa Maria** wird der Betrachter fast verschlungen von der Mächtigkeit der fünfschiffigen Kirche, dem fast hundert Meter langen Mittelschiff mit goldenen Ornamenten, gestützt von 68 korinthischen Säulen. Links vor dem Hochaltar ist die nächste frei stehende **Kanzel** zu bewundern, die Giovanni Pisano, der Sohn von Nicola, 40 Jahre nach der Arbeit seines Vaters gefertigt hatte (1302–11). Beim Vergleich wird deutlich, dass die Darstellungen in den Bildtafeln reicher sind und es mehr Zeit beansprucht, die Themen des Neuen Testaments zu analysieren: von der Geburt Johannes des Täufers über Christi Geburt, Flucht nach Ägypten, Verrat des Judas und Geißelung Christi bis zur Kreuzigung. Beim Eingang – weil der Kartenabreißer im Weg steht – übersieht man leicht die **Porta di San Ranieri** (Bonanus, 1180), wo auf 24 schlichten, ausdrucksstarken Bronzetafeln Szenen aus dem Leben Christi dargestellt sind.

Von der Porta Santa Maria, vom Durchgang durch die Mauer, aus betrachtet, sieht man die Südseite des Dom-Querschiffes als Senkrechte. Dies ist genau die richtige Perspektive, um den **Schiefen Turm** auch wirklich schief aufs Foto zu bekommen. Elf Jahre bangte die Welt um dieses Bauwerk,

Beim Gioco del Ponte in Pisa kämpfen die Bewohner der nördlichen gegen die der südlichen Stadtteile

das sich von Anfang an (1350) der Stadt zuneigte. Elf Jahre war der auf unsicherem Grund gebaute Campanile für das Publikum gesperrt. Viele Vorschläge zur Absicherung und zur teilweisen Wiederaufrichtung stellten sich als reine Phantasien heraus.

Erst 1998 verblüffte ein Plan, mit dem ein Jahr später begonnen wurde: Im Norden des Torre Pendente wurden 41 Bohrlöcher mit je 15 Zentimeter Durchmesser in den Boden getrieben, die weiche Mischung aus Lehm und Sand entfernt. Zug um Zug drückte das um 870 Tonnen Blei erhöhte Gewicht des Turms (15 000 Tonnen) in die Hohlräume und verfestigte den Boden. Um fast 40 Zentimeter wurde die Neigung, die bei Beginn der Arbeiten 4,47 Meter betrug, auf das Maß von vor 200 Jahren verringert. Und seit dem 15. Dezember 2001 kann man wieder den Blick von oben auf den Platz der Wunder genießen. Etwas Geduld ist allerdings erforderlich, denn es dürfen gleichzeitig nur 30 Personen mit zwei Fremdenführern den Schiefen Turm besteigen.

Jetzt wäre vielleicht ein Mittagessen oder einen Stadtbummel angebracht. Nur einige Museen haben über Mittag nicht geschlossen, dazu gehören zwei der wichtigsten, die direkt auf der Piazza liegen: Das **Museo delle Sinopie** enthält Skizzen (Sinopien) eines Freskenzyklus, der im Camposanto gegenüber nach einem Bombenangriff (1944) schwer beschädigt wurde. So entdeckte man die unter den Fresken liegenden Vorzeichnungen mit Rötelstift. Das **Museo dell' Opera del Duomo** hinter dem Schiefen Turm birgt Kunstwerke von Dom und Baptisterium, die vor Umweltschäden und Kunsträubern gerettet werden mussten. Highlights sind die bei den Sarazenenkriegen von pisanischen Kunstkennern erbeutete Bronzestatue, halb Pferd, halb Raubvogel (10. Jahrhundert) und Giovanni Pisanos »Madonna mit Kind« aus Elfenbein.

Ruhe von den vielen kulturellen Eindrücken findet man im **Botanischen Garten** (Eintritt frei): vom Platz der Wunder über die Via Santa Maria stadtwärts, dann nach rechts in die Via Luca Ghini. Im Nordteil des Gartens bietet sich ein schöner, weniger bekannter Blick auf Turm und Domkuppel. Nach Verlassen des Gartens geradeaus über die Via dei Mille und die kleine Piazza Buonamici erreicht man die in der engen Stadt überraschend ausgreifende **Piazza dei Cavalieri**, die beherrscht wird vom gleichnamigen Palazzo mit seiner Sgraffiti-geschmückten Fassade und der eleganten, doppelläufigen Freitreppe.

Die Via Ulisse Dini in der Südostecke der Piazza führt über zwei kleine Plätzchen (San Felice und Donati) zum **Borgo Stretto**. Durch den späteren Anbau der Arkaden ist die Straße eng geworden (*stretto* = eng), doch die Bogengänge bieten reichlich Platz für Geschäfte, Eisdielen und Konditoreien, die verführerische Düfte verströmen. Weiter südwärts geht die Straße in die Piazza Garibaldi über, hinter der sich der **Ponte di Mezzo** über den Arno spannt. Hier findet am ersten Sonntag im Juni der *Gioco del Ponte* statt, ein spannendes Brückenspiel (vgl. Infos S. 93).

Sehr abwechslungsreich ist ein Bummel entlang dem Fluss, beispielsweise über den **Lungarno Pacinotti**. Die Via Santa oder die Via Roma, die Fortsetzung der Ponte di Solferini, münden im Norden in den Ausgangspunkt, die Piazza dei Miracoli. Wer Zeit übrig hat, könnte noch am anderen Ufer die hübsche Kirche **Santa Maria della Spina** besuchen (vgl. Abstecher S. 88).

4 Infos: Pisa

Duomo Santa Maria
Piazza dei Miracoli, Pisa
✆ 050-56 05 47, www.duomo.pisa.it
Sommer Mo–Sa 10–20, So/Fei 13–19.40 Uhr, Winter Mo–Sa 10–12.45, So/Fei 15–16.45 Uhr
Porta di San Ranieri (Portal mit 24 Bronzetafeln), 100 m langes Mittelschiff, romanische Kanzel.

Torre Pendente/Schiefer Turm
Piazza dei Miracoli, Pisa
✆ 050-56 05 47, Fax 050-56 05 05
Tägl. 8–20 Uhr Führung in Gruppen bis max. 30 Pers., das Ticket (15 €) wird für eine bestimmte Zeit ausgestellt.

Baptisterium
Piazza dei Miracoli, Pisa
✆ 050-56 05 47
Sommer tägl. 8–20, Herbst/Frühjahr tägl. 9–17.40, Winter 9–17 Uhr
Kuppelgewölbe mit hervorragender Akustik, romanische Kanzel.

Orto Botanico/Botanischer Garten
Via Luca Ghini 5, Eingang kleine Tür links neben dem Gatter, Pisa
März–Okt. Mo–Fr 8–17.30, Nov.–Feb. Mo–Fr 8–17, Sa 8–13 Uhr, So/Fei geschl.
Zier- und Nutzpflanzen, Palmen.

Museo delle Sinopie
Piazza del Duomo s/n, Pisa
✆ 050-56 05 47
Tägl. im Sommer 8–19.40, im Winter 9–12.40 und 15–17.40 Uhr
Skizzen (Sinopien) eines Freskenzyklus vom Camposanto.

Museo dell' Opera del Duomo
Piazza Arcivescovado 6, Pisa
✆ 050-56 05 47
Tägl. im Sommer 8–19.20, Frühjahr/Herbst 9–17.20, Winter 9–16.20 Uhr
Kunstwerke vom Dom und vom Baptisterium, Skulpturen der beiden Pisanos, Kirchenschätze, altrömische und etruskische Ausgrabungsstücke.

Da Bruno
Via Bianchi 12, nahe Domplatz, hinter der Stadtmauer, Pisa
✆ 050-56 08 18, Mo und Di abends geschl.
Bekannt und beliebt, toskanisch-italienische Spezialitäten. €€

La Tana
Via San Frediano 6, Pisa
✆ 050-58 05 40, So geschl.
Preiswertes Restaurant mit Pizzeria, günstige Menüs. €

Osteria dei Cavalieri
Via San Frediano 16, Pisa
✆ 050-58 08 58 Sa/So mittags geschl.
Preisgünstig, gute Pasta, Gemüsegerichte. €€

Pizzeria Trattoria Toscana
Via Santa Maria 163, Pisa
✆ 050-56 18 76, Mi geschl.
Preisgünstiges Restaurant in Domnähe, Pizza und preiswerte Pastagerichte. €

Federico Salza
Borgo Stretto 46, Pisa
Naschzeug, verrostetes Werkzeug (*arnesi*) aus Schokolade etc.

Ciu'Ciu' Trenino Tour
Piazza D. Manin vor dem Tor zur Piazza dei Miracoli, Pisa
✆ 050-374 61
Zuckelbahn zu den Promenaden, durch unbekannte Winkel der Stadt und entlang der Mauer, ins Grüne zum Naturpark San Rossore.
Kann auch von Gruppen gemietet werden.

Gioco del Ponte
Ponte di Mezzo, Pisa
Erster So im Juni
700 Teilnehmer beider Stadtteile in Renaissancekostümen spornen ihre starken Kämpfer an, die versuchen, einen auf Schienen stehenden Wagen auf die gegnerische Seite zu drücken.

1 Dünenstrand und Erzbergwerk

Entlang der Riviera degli Etruschi nach Piombino

1. Route: Pisa – Livorno – Cecina – Bolgheri – Castagneto Carducci – Campiglia Marittima – San Vincenzo – Populonia – Piombino (ca. 160 km)

Vormittag: Von **Pisa** auf der Aurelia, der SS 1, nach **Livorno**, Stadtbummel, evtl. mit Picknick-Einkauf. Weiter auf der Aurelia bis zum Abzweig der Küstenstraße, die über **Castiglioncello** und **Cecina** führt, dann landeinwärts nach **Bolgheri** und **Castagneto Carducci**, Picknick mit Blick zum Meer oder Einkehr.

Nachmittag: Fortsetzung der schönen Bergstrecke über **Suvereto**, abwärts nach **Campiglia Marittima**, in der Nähe zum **Parco Archeologico Minerario di San Silvestro**. Nach dem Besuch des Bergwerksmuseums zur Riviera degli Etruschi um **San Vincenzo**, nach Süden zur Etrusker-Nekropole **Populonia** und zum Tagesziel **Piombino**.

Fischernetze über dem Arno bei Marina di Pisa

Alternative: Wer von der Küste ins Landesinnere fahren möchte, beispielsweise über **Volterra** und **San Gimignano** nach **Siena**, wählt die landschaftlich abwechslungsreiche, zunächst am Cecina-Fluss entlang führende SS 68 (knapp 40 km bis Volterra). Infos dazu finden Sie im Kapitel Siena, 2. Route S. 162 ff.

Die Hafenstadt Livorno eignet sich als Einstimmung auf einen Urlaubstag im Bereich der toskanischen Küste. Danach bietet die vorgeschlagene Tour Abwechslung zwischen Erfrischung im Meer und kurvenreicher Fahrt in die Hügelwelt. Absichtlich führen wir nicht in die großen, im Sommer grundsätzlich überlaufenen Badeorte, sondern schlagen für die Pausen Naturstrände vor. Anschließend geht es hoch in die südwestlichen Ausläufer der Colline Metallifere mit einem neuen Bergwerksmuseum und wieder hinunter zur Küste. Zum Abschluss noch die Kombination aus der Begegnung mit etruskischer Geschichte in Populonia und dem Bad im sauberen Wasser einer Bucht. Zum Endpunkt Piombino fährt man dann nur noch 20 Minuten.

Die Hafenstadt Livorno wurde von den Medici als Konkurrenz zu Pisa gebaut

Die zweitgrößte Stadt der Toskana, **Livorno**, erhielt ihren historischen Schliff durch die Medici, die hier in Konkurrenz zu Pisa einen schlagkräftigen Hafen bauten, dessen Anlegestelle allerdings immer mehr versandete (vgl. Nordwesten, S. 86). Der große Umbau der Stadt begann 1571, seitdem umfließt ein Kanal, der Fosso Reale, die Altstadt und stellt die mächtige **Fortezza Nuova** auf eine Insel. An die Kanäle von Venedig erinnert das noch wenig besuchte Viertel Venezia Nuova.

Der größte Teil des Ortes wurde in faschistischer Zeit mit protzigen Marmorbauten verändert, doch heute prägt eine lebhafte Atmosphäre die Universitätsstadt mit zahlreichen Studenten, Schülern (Sprachschulen) und vielen weiß gekleideten Matrosen der Accademia Navale. Die große Fußgängerzone animiert zum Einkaufsbummel. Wer sich hier für ein Picknick versorgen will, kauft zudem preiswert ein.

Von Livorno aus fährt man auf der Aurelia, der SS 1, südwärts; bald besteht die Möglichkeit, die vom Hauptverkehr abzweigende Küstenstraße zu wählen, die zwei wichtige Badeorte berührt: **Castiglioncello** und **Marina di Cecina**. Südlich davon, bis hinunter nach **Marina di Bibbona** und weiter bis vor **Marina di Castagneto-Donoratico**, gibt es die versprochenen **Naturstrände**. Immer wieder führt eine Piste oder ein Wanderweg im Pinienwald Richtung Meer, hinter den Dünen wartet dann kilometerweit feinster Sandstrand, natürlich selten gereinigt wie die *bagni* in den Badestädten, aber dafür ein Naturvergnügen pur.

Von der SS 322 (nicht auf die Aurelia leiten lassen) zweigt gute zwei Kilometer südwärts von Marina di Bibbona eine kerzengerade, etwa fünf Kilometer lange Allee nach **Bolgheri** ab, für Hobby-

Erzbergwerk: die Rocca di San Silvestro

Fotografen eine Herausforderung, Straße und Zypressenschatten richtig ins Bild zu bekommen. Im kleinen, gemütlichen Bolgheri kann man bei einem *café* oder einem *vino* pausieren. Vom Ortszentrum gibt es ein direktes Sträßchen – sicherheitshalber vorher fragen, weil nicht ausgeschildert – nach **Castagneto-Carducci**. Der Ort hat seinem Namen den des in seinen mittelalterlichen Gassen 1848/49 dichtenden Giosuè Carducci hinzugefügt. Die Aussicht auf Pinienwälder, Olivenhaine und Küste begeistert jeden.

Äußerst kurven- und landschaftlich abwechslungsreich, geht es vorbei am romantischen Dorf Sassetta und dem Monte Ceci (393 m) nach **Suvereto**, einem fotogenen Örtchen in den Bergen. Steil spaziert man aufwärts zur Burg, vorbei am stolzen Palazzo Comunale (13. Jahrhundert) und der romanischen Kirche San Giusto (10. und 12.

Jahrhundert) durch teils überbaute Gassen.

Über die SS 398 führt die Tour danach meerwärts und an der Kreuzung in Cafaggio nordwestlich nach Campiglia Marittima. In dieser Gegend gruben bereits vor 4 000 Jahren die Etrusker im Berg nach Mineralien. Bei der Begehung eines Stollens im neuen **Parco Archeologico Minerario di San Silvestro** braucht man einen Grubenhelm, weil die Stollen der kleinwüchsigen Vorfahren so niedrig sind. Im Mittelalter wurde sogar die **Rocca di San Silvestro** gebaut, um unter militärischer Bewachung Kupfer, Blei, Silber und Zink zu schürfen und zu schmelzen.

Von den etruskischen Minen fährt man schließlich Richtung San Vincenzo an die Riviera degli Etruschi, um von dort immer am Meer entlang einen zweiten wichtigen Ort der Etrusker anzufahren, den **Parco Archeologico di Baratti e Populonia**. Die Respektlosigkeit der alten Römer gegenüber der etruskischen Totenstadt ist der Grund dafür, dass heute die einzigartigen Gräber des italienischen Urvolks besucht werden können. Das etruskische *Pupluna* wurde etwa um 700 v. Chr. gegründet, um Eisenerze von der Insel Elba und Kupfererze von den Colline Metallifere zu verarbeiten. Nach dem Niedergang der Etrusker (3. Jahrhundert v. Chr.) übernahmen die Römer Verhüttung und Handel mit den wertvollen Erzen. Die Schlacke warfen sie einfach auf die Nekropole ihrer Vorgänger und schufen auf 200 000 Quadratmetern eine Abraumhalde von sieben Metern Höhe.

Die Rocca von Populonia

Die wohlbehaltenen Gräber wurden im 20. Jahrhundert entdeckt, weil Italien im ersten Weltkrieg viel Eisen für Kanonenkugeln benötigte. Man erinnerte sich an den Schlackenberg von Populonia, der noch 54 Prozent Eisen enthielt, weil die Römer damals noch keine ausgefeilte Schmelztechnik beherrschten. Mit den Schlackenschürfern kamen auch die Archäologen und die Sensation war perfekt.

Beim kleinen Rundgang fallen vor allem zwei Gräber ins Auge. Die kreisrunde **Tomba dei Carri** mit einem Durchmesser von 28 Metern bot Platz für zwei Prozessionswagen (*carri* = Wagen). Und im unteren Teil des Gräberfeldes leitet eine Reihe von Steinsarkophagen zum schönsten Totenhaus der Etrusker, der **Tomba del Bronzetto di Offerente** (nach dem Fund einer Opfer darbietenden Bronzefigur), die einer kleinen Kapelle ähnelt – mehr als 2 000 Jahre war sie unter einem sieben Meter hohen Schlackenberg begraben.

Vor dem archäologischen Park lädt der wunderschöne **Golfo di Baratti** am Rande eines großen Parks zu einem erfrischenden Bad ein. Oder man fährt hügelwärts in das kleine Dorf **Populonia** mit der bastionenverstärkten Rocca und einem kleinen Archäologischen Museum. Es sei denn, man will in der traditionellen Stadt der Erzverschmelzung, in **Piombino** (*piombo* = Blei), noch einen Bummel durch die Altstadt unternehmen.

1 Infos: Livorno, Castiglioncello, Vada, Cecina

APT (für die ganze Provinz)
Piazza Cavour 6
57100 Livorno
✆ 05 86-89 81 11, Fax 05 86-89 61 73
www.livorno.turismo.toscana.it
www.comune.livorno.it

Attias (genannt Da Giovanni)
Via Ricasoli 27, Livorno
✆ 05 86-89 94 41
Die besten Panini der Stadt, auch zum Mitnehmen. €€

L' Antica Venezia
Via dei Bagnetti 1, Livorno
✆ 05 86-88 73 53, So/Mo geschl.
Einfaches, qualitativ hervorragendes Restaurant, vorwiegend Fischgerichte. €€

Mercato Centrale
Scali Sassi, Livorno
Der richtige Ort für den Einkaufsbummel: Wurst, Fleisch, Fisch, Gemüse, Obst etc.

Enoteca DOC
Via Goldoni 40–44, Livorno
Weinverkauf, Weinprobe und kleine Speisen.

APT Castiglioncello
Via Aurelia 967
57012 Castiglioncello
✆ 05 86-75 22 91

Nonna Isola
Via Aurelia 556/558, Castiglioncello
✆ 05 86-75 38 00, Mo geschl.
Beliebtes, hervorragendes Fischrestaurant direkt an der Straße. €€

Tripesce
57018 Vada, südlich des Ortes
✆ 05 86-78 80 17, Fax 05 86-78 91 59
Direkt am Strand, 300 m lang, 40 m breit, Mattendächer, Kinderanimation, Spielplatz, Sportmöglichkeiten, Fahrradverleih, keine Hunde.

Baia del Marinaio
Campo ai Fiori 2, südlich des Ortes
57018 Vada
✆ 05 86-77 01 64, Fax 05 86-77 01 64
400 m zum Strand, Bäume und Mattendächer, Kinderanimation, schöner Spielplatz, Pool, Planschbecken, Sportmöglichkeiten, Hunde erlaubt.

Rifugio del Mare
57018 Vada, südlich des Ortes
✆ 05 86-77 00 91, Fax 05 86-77 02 68
700 m zum Strand, verschiedene Bäume, Kinderanimation, Pool, Sportmöglichkeiten, Fahrradverleih, Hunde werden in einem separaten Zwinger untergebracht.

APT Marina di Cecina
Piazza San Andrea 6
57023 Marina di Cecina
✆ 05 86-62 06 78

Agrihotel Elisabetta
Via Tronto 10–14, Località Collemezzano
57023 Cecina
✆ 05 86-66 10 96, Fax 05 86-66 13 92
www.agrihotel-elisabetta.com
info@agrihotel-elisabetta.com
Komfortables Landhotel, ruhige Lage, Pool, gutes Restaurant mit gigantischem abendlichen Vorspeisenbuffet. €€

La Buca del Gatto
Via dell' Astronomia 1, Località Mazzanta
57023 Cecina Mare
✆ 05 86-62 90 76, Fax 05 86-32 90 62
www.labucadelgatto.it
Ferienanlage mit allen Aktivitäten, Pool, Sporthalle etc. €€

Mareblu
Via dei Campilunghi
57023 Cecina Mare
✆ 05 86-62 91 91, Fax 05 86-62 91 92
www.montaperto.it/mareblu
350 m zum Strand, Pinienwald, Kinderanimation, Pool, Sportmöglichkeiten, Fahrradverleih, Hunde erlaubt. Eurocamp-Mitarbeiter, Babysitten.

1 Infos: Cecina Mare, Marina di Bibbona, San Vincenzo

Delle Gorette
2 km nordwestlich des Ortes
57023 Cecina Mare
✆ 05 86-62 24 60, Fax 05 86-62 00 45
150 m zum Strand, Laub- und Nadelbäume, Kinderanimation, Spielplatz, Pool, Sportmöglichkeiten, Hunde erlaubt.

Le Tamerici
Südlich des Ortes, Cecina Mare
www.letamerici.it
✆ 05 86-62 06 29, Fax 05 86-62 24 96
400 m zum Strand, Bäume, Kinderanimation, Spielplatz, Sportmöglichkeiten, Fahrradverleih, keine Hunde.

Valle Gaia
Via Cecinese 87
56040 Casale Marittimo
✆ 05 86-68 12 36, Fax 05 86-68 35 51
ADAC-Lob wegen hervorragender sanitärer Ausstattung. 9 km zum Strand, Bäume und Hecken, Kinderanimation, Spielplatz, Pool, Planschbecken, Sportmöglichkeiten, Hunde erlaubt.

Le Esperidi
Via dei Cavalleggeri Nord 25
57020 Marina di Bibbona
✆ 05 86-60 01 96, Fax 05 86-60 01 19
Direkt am Strand, 300 m lang, 40 m tief, Pinienwald und niedrige Bäume, Kinderanimation, Spielplatz, Sportmöglichkeiten, Fahrradverleih, keine Hunde.

Casa di Caccia
Via del Mare 22, 57020 Marina di Bibbona
✆ und Fax 05 86-60 00 00
Direkt am Strand, 200 m lang, 50 m tief, Pinien und Eukalyptus, Kinderanimation, Spielplatz, keine Hunde.

Il Gineprino
Via dei Platani, 57020 Marina di Bibbona
✆ und Fax 05 86-60 05 50
www.ilgineprino.it
300 m zum Strand, Pinienhain, Kinderanimation, Pool, Planschbecken, Sportmöglichkeiten, keine Hunde.

Del Forte
Via dei Platani
57020 Marina di Bibbona
✆ 05 86-60 01 55
www.camegrodelforte.it
500 m zum Strand, Laubbäume und Pinien, Kinderanimation, Pool, Planschbecken, Spielplatz, Sportmöglichkeiten, keine Hunde.

International Camping Etruria
57024 Marina di Castagneto-Donoratico
✆ 05 65-74 42 54, Fax 05 65-74 44 94
Direkt am Strand, 400 m lang, 90 m breit, Dünengelände und Pinien, Kinderanimation, Sportmöglichkeiten, keine Hunde.

APT San Vincenzo
Via Beatrice Alliata 2
57207 San Vincenzo
✆ 05 65-70 15 53

Riva degli Etruschi
Via della Principessa 120
57207 San Vincenzo
✆ 05 65-70 23 51, Fax 05 65-70 40 11
www.rivadeglietruschi.it
Große Bungalowanlage am Sandstrand, alle Wassersportarten, 2 Pools, Spielplätze. €€

Gambero Rosso
Piazza della Vittoria 13
San Vincenzo
✆ 05 65-70 10 21, Mo/Di geschl.
Feines 2-Sterne-Restaurant, Spezialität: Fleischgerichte von der *cinta senese*, einer wieder entdeckten Schweineart; auch Fischspezialitäten. €€€€

Tenuta La Bandita
Bei Sassetta, SS 329, Via Campagna Nord
57020 Sassetta
✆ 05 65-79 42 24, Fax 05 65-79 43 50
www.labandita.com
bandita@tin.it
Komfortable Villa in einsamer Lage, familiäre Leitung; Restaurant für Hausgäste. €€€

1 **Infos:** San Silvestro, Populonia, Piombino

Bagnoli
Località Bagnoli 13
Castagneto Carducci
✆ 05 65-76 36 30
Mi geschl.
Mitten im Wald, urig, Spezialität: Wildschweingerichte. €€

Parco Archeologico Minerario di San Silvestro
Località Madonna di Fucinaia, von San Vincenzo über die SP 20 etwa 4 km Richtung Campiglia Marittima, gut ausgeschildert, auch aus anderen Richtungen. Auskünfte und Voranmeldungen (für Besuche außerhalb der Öffnungszeiten):
Via di San Vincenzo 34 b
57021 Campiglia Marittima
✆ 05 65-83 86 80
Besuchsmöglichkeiten: Bergwerk Miniera del Temperino und Rocca di San Silvestro mit/ohne Guide, einzeln oder kombiniert, Museumsbesuch in beiden Fällen eingeschlossen.
Juni–Sept. Di–So 9–20, Aug. auch Mo 9–20, Okt.–Mai Sa/So/Fei 9–19 Uhr (werktags nur für Schulen und Gruppen nach Voranmeldung)
Wer anschließend den Parco Archeologico di Baratti e Populonia besucht, bekommt auf den Eintrittspreis einen Rabatt von 50 %.

Parco Archeologico di Baratti e Populonia
Von Piombino 9 km nördlich, von San Vincenzo 13 km südlich, dann 5 km nach Westen
Località Baratti
57025 Piombino
✆ 05 65-290 02
Juni–Sept. tägl. 9–20, Sept./Okt., Jan.–Mai Di–So 9 Uhr bis Sonnenuntergang, Nov./Dez. Di–Fr 9–14, Sa/So/Fei 10–16 Uhr
Kleiner Rundgang ca. 1 Stunde, der große Rundgang, der 4–5 Stunden dauert, führt über den Eisenweg (Via del Ferro) zu anderen Gräbern und den Verhüttungsplätzen.
Bei Besuch des Parco Archeologico Minerario di San Silvestro 50 % Rabatt auf den Eintrittspreis.

Il Lucumone
Beim Kastell, Populonia
✆ 05 65-294 71
Gute toskanische Küche. €€

APT Piombino
Via Ferruccio s/n
57025 Piombino
✆ 05 65-22 56 39
Nur im Sommer geöffnet

Centrale
Piazza Verdi 2, 57025 Piombino
✆ 05 65-22 01 88, Fax 05 65-22 02 20
Komfortables Stadthotel, mit Restaurant. €€

Collodi
Via Collodi 7, 57025 Piombino
✆ 05 65-22 42 72, Fax 05 65-22 43 82
Gut geführtes Mittelklassehotel. €€

Pappasole
Località Torre Mozza
Carbonifera bei Riotorto
✆ 05 65-204 14, Fax 05 65-203 46
www.pappasole.it
200 m zum Strand, Laub- und Pinienbäume sowie Mattendächer, Kinderanimation, Spielplatz, Pool, Planschbecken, Sportmöglichkeiten, Fahrradverleih, Tauchschule, Hunde erlaubt.

Il Garibaldi Innamorato
Via Garibaldi 5, Piombino
✆ 05 65-494 10, Mo geschl.
Osteria in Stadtmitte, beste Fischspezialitäten, klassisches Piombino-Gericht: Stockfisch. €€

Osteria Carugi
Via Francesco Ferrer 10, Piombino
✆ 05 65-22 44 22
Einfaches Restaurant mit guter toskanischer Küche. €

② Insel der Verbannung

Elba

2. Route: Fähre Piombino–Elba: Portoferraio – Marciana Marina – Marciana – Marina di Campo – Porto Azzurro – Capoliveri – Rio nell' Elba – Rio Marina – Portoferraio – Fähre Piombino (ca. 140 km)

Vormittag

Überfahrt nach Elba, Bummel durch das lebhafte **Portoferraio**, Besichtigung des **Napoleon-Palasts** und des **Archäologischen Museums**, außerhalb in **San Martino** noch eine Villa des Verbannten und eine Pinakothek.

Danach eine Perlenschnur hübscher Städtchen: **Marciana Marina** braucht Zeit, **Poggio** ein bisschen, **Marciana Alta** recht viel: Museo Civico Archeologico, Aufstieg zur **Madonna del Monte**, Gondelfahrt zum **Monte Capanne**. Der wilde Westen der Insel, vorwiegend Küstenlandschaft, muss wahrscheinlich aufgeteilt werden.

Nachmittag Die Südküste mit den Fischer- und Urlaubsörtchen **Chiessi, Pomonte, Fetovaia, Cavoli, Marina di Campo** und **Lacona**. Dann der Bilderbuchhafen **Porto Azzurro** mit Abstecher ins Bergwerksstädtchen **Capoliveri**. Rückfahrt zur Fähre über **Rio nell' Elba** und **Rio Marina** mit Mineraliensuche; von Portoferraio nach Piombino.

Napoleon hat die Insel Elba durch seinen unfreiwilligen Aufenthalt bekannt gemacht. Obwohl er nur vom Mai 1814 bis zum Februar 1815 hier in Verbannung lebte und dann floh, hat er in der kurzen Zeit die Wirtschaft der Insel angekurbelt, den Erzabbau gefördert und Straßen und Paläste bauen lassen. Die Aufenthaltsorte des kleinwüchsigen Kaisers sind heute Anziehungspunkte für viele Urlauber. Sie kommen im Sommer vor allem aus Italien. Deutsche Touristen schätzen eher das Frühjahr, wenn die Macchia blüht, den Herbst, wenn der Wein reift und die Kastanien fallen, oder auch den Winter, wenn Ruhe auf der fischförmigen Insel eingekehrt ist.

Der Tourismus ist inzwischen die wichtigste Einnahmequelle der 30 000 Einwohner. Unser Tagesausflug führt rund um die Insel und berührt die wichtigsten Orte, Wallfahrtskirchen und die schönsten Landstriche. Rund herum

Der alte Hafen der lebhaften Küstenstadt Portoferraio auf Elba

sind es etwa 140 vorwiegend kurvige Kilometer. Doch wer in Piombino früh auf der Fähre ist, kommt gut mit der Zeit aus.

Die Hafenstadt **Portoferraio**, vor allem die geschäftige Piazza Cavour mit Läden, Bars und Markt, eignet sich hervorragend, die Einkäufe für den Tag zu besorgen. Höhepunkt des Tages könnte ein Picknick im traumhaften Westen auf hohen Klippen mit Blick zum Meer sein. Doch zunächst sollten wohl die Napoleon-Stätten auf dem Programm stehen.

An erster Stelle sind das die Wohnräume des verbannten Gastes in der **Palazzina Napoleonica »Villa dei Mulini«** innerhalb der hoch aufragenden Festung. Die dortige Bibliothek gehört zu den am meisten bewunderten Räumen. Unten am Hafen ist das **Archäologische Museum**, das im mediceischen Salzmagazin mit der Torre della Linguella untergebracht wurde, einen Stopp wert. Halb im Meer liegt eine römische Villa und unterhalb der Mauer sind rechts Mosaikreste zu entdecken. Der Besuch des Museums kann aber auch auf den Abend verschoben werden, denn es schließt erst um 19, im Sommer sogar um 24 Uhr.

Hinaus aus der Stadt, Richtung Südwesten, folgt nach sechs Kilometern der erste Stopp: die **Residenza Napoleonica** in San Martino. In der Villa Demidoff ist das Museo Napoleonico mit der bronzenen Hand und der Totenmaske des Kaisers zu sehen, ebenso das »Ägyptische Zimmer«, eine Erinnerung an Napoleons ägyptisches Kriegsabenteuer.

Auf dem Weg gen Westen verleitet **Biodola** zu einem kurzen Abstecher zum schönsten, feinsandigen Strand der Insel. Vorbei an Procchio zwischen grünen Hügeln, kostet das geradezu städtisch wirkende **Marciana Marina**, malerisch am Meer liegend, etwas Zeit. Ein

Spaziergang über die schöne Hafenpromenade im Schatten der Tamarisken, vorbei am wehrhaften Sarazenenturm gehört unbedingt zum Programm. Dann

Per Gondel gelangt man auf den 1 018 Meter hohen Monte Capanne

reizt noch das Gassengewirr, das zur Piazza Vittorio Emanuele leitet, an der man eine Pause in einer der Bars einlegen kann. Im Osten des Hafens ist ein Gang hoch zur Altstadt Cotone zu empfehlen. Von dort oben erfreut der interessante Blick über das südländische Geschehen.

Wallfahrtsort Madonna di Monserrato

Im Schatten eines dichten Waldes aus Kastanien, Kiefern und Steineichen zielt die Straße dann auf das Bergdörfchen **Poggio**. Schon Churchill schätzte die Sommerfrische und spazierte gerne durch die Gässchen nach oben zur Festungskirche San Niccolò, deren Bastionen noch zu erkennen sind. In der Fortsetzung der kurvenreichen Strecke ist **Marciana Alta** am Abhang des Monte Giove (374 Meter) nicht zu übersehen. Es lockt ein mittelalterliches Zentrum mit blumengeschmückten Sträßchen, Treppen und Balkonen. An der Via del Protorio befindet sich das **Museo Civico Archeologico**, das die Spuren der Besiedlung vor 40 000 Jahren nachzeichnet und einen 4 000 Jahre alten Schädel und 2 000 Jahre alte Oliven zeigt. Dann geht es hoch zur Burg (12. Jahrhundert) mit Blick nach Marciana Marina, Poggio und zum Monte Capanne.

Wallfahrer und Romantiker steigen von der Burg aus eine gute halbe Stunde hoch zur **Madonna del Monte** – die Pilger, um das wundertätige, auf einen Granitblock gemalte Marienbild (15. Jahrhundert) anzubeten, die Schwärmer, weil sich Napoleon an der Quelle für zwei Tage heimlich mit seiner Geliebten, der Gräfin Maria Walewska und dem gemeinsamen Sohn Alexander traf. »Schatten und Wasser, was braucht man mehr zum Glück«, soll der Verliebte am 1. September 1814 hier oben ausgerufen haben. Schwindelfreie können den Aufenthalt in Marciana Alta auch nutzen, um in einer kleinen Gondel auf den **Monte Capanne** (1 018 Meter) zu schaukeln. Von dort oben überblickt man fast die ganze Insel.

Die **Panoramastraße** im Westen der Insel begeistert jeden. Steil stürzen die Felsen in die Gischt des Meeres, in dem andere Inseln des toskanischen Archipels zu entdecken sind. In der Nähe der Siedlungen stehen Weinstöcke und Zitronenbäumchen auf den Terrassen, geschützt von stacheligen Feigenkakteen. Romantisch liegen die wenigen Fischerhäuser von **Chiessi** am Ufer, auf dessen Granitplatten sich Sonnenanbeter aalen. Das gleiche Bild im idyllischen **Pomonte**. Im Südwesten der Strecke wird die Landschaft karg, Agaven grünen auf braunem Fels, unten beim blumengeschmückten **Fetovaia** leuchtet weißer Sandstrand nach oben. Auch Seccheto verbreitet Badelust, ebenso Cavoli, von dessen Bucht aus die Inselchen Pianosa und Montechristo zu sehen sind.

Die nächste Station ist **Marina di Campo**, das noch viel Ursprüngliches, wie unter anderem seine Fischfangflotte, bewahrt hat. Ihr Stolz ist Elbas längste Strandpromenade mit dem Hotelbereich, hier herrscht in der Saison viel Trubel. Vorwiegend im alten Viertel haben sich gute Fischrestaurants einen Namen gemacht. Danach führt die Straße ins Landesinnere, wo die Macchia ihre Düfte ausströmt, und gleich wieder runter an die Küste nach Lacona, einem schattigen, aber recht laut gewordenen Urlaubsort.

Lebhaft ist auch **Porto Azzurro**, doch die Atmosphäre in diesem an einer wundervollen Bucht liegenden Fischerort hat seinen eigenen Charakter. In Pfahlbauten am Meer brutzeln fangfrische Fische, bunte Boote schaukeln im Wasser, an der Meerespromenade reihen sich kleine Geschäfte und Boutiquen aneinander, mit Geranien geschmückt führen Sträßchen und Treppen in die Altstadt. Über allem thront die Fortezza di Portolongone (1603), wo allerdings für manche Menschen die Welt zu Ende ist, denn die Festung dient als Gefängnis.

Ein Abstecher lohnt sich ins südlich von Porto Azzurro hoch oben liegende **Capoliveri**. Das Bergarbeiterdorf ist teilweise in den schwarzen Eisenberg Monte Calamita hineingebaut, doch das Bergwerk musste laut EU-Bestimmungen stillgelegt werden. Die Bausubstanz wurde durch Urlauber erhalten, die den Ort als Zweitwohnsitz wählten. Der Aufenthalt auf der Piazza und der Via Roma, Schauplatz der allabendlichen *passegiata*, zeigt, dass nach Schließung der Minen ein zweites Leben begonnen hat.

Erzvorkommen waren seit den Etruskern Elbas Wirtschaftszweig Nummer eins. Heute kann man die Wunderwelt der Mineralien in Museen bestaunen, außerhalb von Porto Azzurro an der Straße nach Rio nell' Elba beispielsweise in der **Piccola Miniera**, einem nachgebauten, 250 Meter langen Bergwerksstollen. An derselben Straße, etwa ein Kilometer nördlich von Porto Azzurro, geht es links ab durch ein wildromantisches Tal zum Wallfahrtsort **Madonna di Monserrato** (1606). Das Kirchlein birgt eine Kopie der Schwarzen Madonna vom in der Nähe von Barcelona liegenden Montserrat. Der spanische Gouverneur José Pons y León ließ die Stätte nach katalanischem Vorbild errichten. Allerdings ist die schwarze Madonna nur in der Woche um den 8. September während der Wallfahrtszeit zu sehen. Doch Landschaft und Blick auf das Meer sind den 15-minütigen Aufstieg immer wert.

Weiter geht die Tour nach **Rio nell' Elba**, einem wie eine Festung am Hang klebenden Bergstädtchen. Einst verdienten die Menschen hier ihren Lebensunterhalt im Eisenerzabbau. Nur noch ein **Mineralienmuseum** erinnert an ferne Zeiten. Ebenso wie im benachbarten, am Meer liegenden **Rio Marina**, einem Hafenstädtchen, das heute vom Tourismus lebt. Viele der Besucher sind an den 650 auf Elba gefundenen Erzen interessiert, die im Museum gezeigt werden. Und in der zu einem Freiluftmuseum umgebauten **Miniera Bacino** dürfen Mineraliensammler sogar selbst hämmern.

Vielleicht muss man diesen Besuch auch auf das nächste Mal verschieben. Denn in Portoferraio wartet die Fähre zurück nach Piombino. Zwar sind es zur Anlegestelle nur knapp 20 Kilometer, doch die Strecke ist kurvig und die Ausblicke auf Küste, Buchten und Orte verleiten immer wieder zu Fotostopps.

2 **Infos:** Insel Elba

APT dell' Arcipelago Toscano
Calata Italia 26
57031 Portoferraio
✆ 05 65-91 46 71, Fax 05 65-91 63 50
www.aptelba.it, info@mail.aptelba.it

Biodola
Località Biodola
57037 Portoferraio
✆ 05 65-93 68 11, Fax 05 65-96 98 52
www.elba4star.it
Komfortables Strandhotel, etwa 9 km westlich der Hauptstadt. €€€€

Da Pilade
Località Mola
57031 Capoliveri
✆ 05 65-96 86 35, Fax 05 65-96 89 26
www.hoteldapilade.it
Preiswertes, sauberes Hotel mit gutem Restaurant. €€

Belmare
Banchina IV Novembre s/n
57036 Porto Azzurro
✆ 05 65-950 12, Fax 05 65-92 10 77
www.alba-hotelbelmare.it
Einfaches, preiswertes Hotel, 50 m vom Strand entfernt. €

Napoleon in Stein: San Martino

Palazzina Napoleonica »Villa dei Mulini«
Piazzale Napoleone s/n
Portoferraio
✆ 05 65-91 58 41
Sommer Mo–Sa 9–19, So/Fei 9–13, Frühjahr/Herbst/Winter Mo–Sa 9–15.30, So/Fei 9–13 Uhr, Eintritt auch für Villa San Martino 4,50 €
Gedenkstätte und Napoleons Bibliothek.

Residenza Napoleonica Villa San Martino
San Martino, ✆ 05 65-91 46 88
Sommer Mo–Sa 9–19, So/Fei 9–13, Winter Mo–Sa 9–16, So/Fei 9–13 Uhr
Reich ausgestattete Wohnräume, u.a. das »Ägyptische Zimmer«.

Museo Archeologico della Linguella
Via Calata Buccari s/n
Portoferraio
✆ 05 65-93 73 70
Juli/Aug. 9.30–12.30 und 14–18, Frühjahr/Herbst 9.30–12.30 und 16–19, Winter 16–19 Uhr, So/Fei geschl.
Elbas Geschichte vom 8. Jh. v. Chr. bis zum 2. Jh. n. Chr.

La Barca
Via Guerrazzi 60/62, Portoferraio
✆ 05 65-91 80 36
Typische Elba-Gerichte, viel Fisch. €€

La Terrazza
Procchio, direkt am Strand
✆ 05 65-90 73 18
Bekannt für gute Pizza und Panini. €

Rendez-Vous
Via del Cotone 21, Marciana Marina
✆ 05 65-992 51
Direkt am Meer, bestes Fischrestaurant. €€€

2 Infos: Insel Elba

Publius
Piazza XX Settembre s/n, Poggio
✆ 05 65-992 08
Bekannt für Wildschweinspezialitäten. €€€

Museo Civico Archeologico
Via del Protorio 66, Marciana Alta
✆ 05 65-90 12 15
April–Juni tägl. 10–12, Juli–Sept. 10–12 und 15–19 Uhr, im Winter auf Anfrage
Fundstücke der Besiedlung vor 40 000 Jahren und vor allem der römischen Zeit.

Osteria del Noce
Via della Madonna 19
Marciana Alta
✆ 05 65-90 12 84
Hausgemachte Pasta, toskanische Gerichte, mit Terrasse. €€

L' Ogliera
Dorfmitte, Pomonte
✆ 05 65-90 60 12
Speziell Fischgerichte. €

Ghirlo Grigio
Piazza Giovanni XXIII s/n, Località La Pila
Marina di Campo
✆ 05 65-97 75 14
Typische Landesküche, mit Enoteca. €€

La Lucciola
Via degli Eroi 2, Marina di Campo
✆ 05 65-97 63 95
Strandbar mit gutem einheimischen Essen, abends fein. €

Il Cavallino
Stichstraße am Strand, Lacona
✆ 05 65-96 41 50
Gutes Pergola-Restaurant mit Pizzeria. €

Delfino Verde
Via Italiani 1, im Hafen
Porto Azzurro
✆ 05 65-95 78 87
Pfahlbau-Restaurant, vorwiegend Fischgerichte. €€

Summertime
Via Roma 56, Capoliveri
✆ 05 65-951 97
Gutes Fischrestaurant. €€€

Museo Minerario dell' Elba
Palazzo Comunale, Piazza S. d' Aquisto 7
Rio Marina
✆ 05 65-996 27 47
April–Mitte Okt. Mo–Sa 9–12 und 15–18, So 9–12 Uhr
650 auf Elba gefundene Erze.

Parco Minerario Isola d' Elba
Cantiere Bacino, hinter dem Museum
Rio Marina
✆ 05 65-96 20 88
Tägl. 9–13 und 16–20 Uhr
Freiluftmuseum mit der Mine Bacino, Mineraliensammler dürfen schürfen.

Il Mare
Via del Pozzo 16, Rio Marina
✆ 05 65-96 21 17
Spaghetteria und Holzofen-Pizzeria. €

Museo Minerali Alfeo Ricci
Passo della Pieta s/n, Rio nell' Elba
✆ 05 65-93 92 94
Juni–Mitte Juli 10.30–12.40, 18–20 und 21–23, Mitte Juli–Mitte Sept. 10–13 und 16.30–20 Uhr
Mineraliensammlung des Hobbyforschers Ricci in mittelalterlichen Räumen.

Autofähre Piombino–Elba/Portoferraio
Stündliche Abfahrt, ca. 1 Std., mit Expressfähre 25 Min.
Im Sommer rechtzeitig buchen!
– Moby Lines
✆ 05 65-22 12 12, Fax 05 65-22 07 81
www.mobylines.it
– Elba Ferries
✆ 05 65-22 09 56, Fax 05 65-22 09 96
Piombino

Hotelempfehlungen für Piombino finden Sie bei den Infos S. 101.

3 Ins Herz der wilden Maremma
Nach Massa Marittima, Grosseto und Orbetello

3. Route: Piombino – Follonica – Massa Marittima – Vetulonia – Grosseto – Parco Naturale della Maremma – Orbetello – Ansedonia – Orbetello (ca. 180 km)

Vormittag — Von **Piombino** über Follonica direkt nach **Massa Marittima** mit Stadtbesichtigung. Eventuell Fahrt zur Etruskersiedlung **Vetulonia** oder – falls das Museum geschlossen ist – zur SS 1 und auf dieser direkt nach **Grosseto** mit Stadtbummel.

Nachmittag Von Grosseto auf der SS 1 nach **Alberese**, dort eventuell Wanderung im Parco Naturale della Maremma. Weiter auf der SS 1 bis Albinia, wo ein Damm nach **Orbetello** führt, eventuell Rundfahrt um den **Monte Argentario**. Schließlich nach **Ansedonia** mit Besuch des sehenswerten Archäologischen Museums und zurück nach Orbetello.

Abstecher: Von den drei Dämmen, die das frühere Eiland **Monte Argentario** mit dem Festland verbinden, sind zwei mit dem Auto befahrbar. Die Strecke zur Umrundung der einstigen Insel auf einer kurvenreichen Küstenstraße ist 26 km lang lang. Der Stopp in der lebhaften Hafen- und Fischerstadt **Porto Santo Stefano** bietet schöne Fotomotive und gute Fischrestaurants. Von hier aus gibt es übrigens eine Fährverbindung zur **Insel Giglio**, im Sommer nur ohne Auto. Drüben erkundet man das Eiland mit dem Bus. Einen Tag sollte man für den romantischen Ausflug einplanen. Die Umrundung des Monte Argentario endet in **Porto Ercole**, einem von einem Kastell bewachten Fischerdorf mit relativ viel Tourismus.

– Etwa 25 km sind es von Orbetello nach **Capalbio**. Der Ort wird meistens als Adresse für Niki de Saint-Phalles **Giardino dei Tarocchi** angegeben. Doch da wäre man schon zu weit gefahren, die Sehenswürdigkeit ist miserabel ausgeschildert. Also aufpassen: Auf der Aurelia, der SS 1, bis zur Ausfahrt Pescia Fiorentina, in **Garavicchio**, südlich von Capalbio, Richtung Carige abbiegen, dann gibt es allmählich Hinweise. Wer den Park gefunden hat, sieht schon von weitem die Königin des Tarockgartens mit schwarzen Glupschaugen, roter Krone und prallen, übergroßen, mit Mosaiken verzierten Brüsten über die Mauer spähen.

Die französische Künstlerin Niki de Saint-Phalle, die am 21.5.2002 gestorben ist, hat zehn Jahre lang an ihrem Garten der wunderlichen Skulpturen gearbeitet. Die Riesenweiber werden Nanas genannt, manche der Figuren sind begehbar, anderen steigt man auf den Kopf. Zentrum des Parks ist »Der Turm«, ein mit glitzernden Spiegelscherben ausgestattetes, dreistöckiges Haus. Die Künstlerin (1930 geboren) ließ sich dafür von italienischen Tarock-Spielkarten inspirieren (vgl. S. 202/203).

Von Piombino kann die Tour flott nach Osten weiterlaufen, an der Küste entlang bis zum weniger interessanten Follonica und von dort knapp 30 Kilometer landeinwärts in Richtung Colline Metallifere, in die überraschend schöne Stadt Massa Marittima. Nach einem längeren Stopp ist zu überlegen, ob die Etruskerstadt Vetulonia ins Programm passt. So oder so ist Grosseto das nächste Ziel, von dort geht es dann nach Alberese, dem Tor zum Naturpark der Maremma. Weiter südlich liegt das durch Dämme mit dem Festland verbundene Orbetello, Ausgangspunkt für

Massa Marittima: das Podest des Doms erinnert an den Aufbau etruskischer Tempel

In Piombino beginnt die abwechslungsreiche Tour in die Maremma

eine Rundtour um die frühere Insel Monte Argentario. Wer sich im Maremma-Park zu lange aufgehalten hat, sollte den Abstecher ein anderes Mal einplanen aber noch Ansedonia ansteuern, wo Etrusker und Römer die Ausgrabungsstätte Cosa hinterlassen haben.

Das ehemalige Bergbauzentrum **Massa Marittima**, schon zur Zeit der Etrusker wegen der Vorkommen an Kupfer und Silber begehrt, hat in der zweiten Hälfte des letzten Jahrhunderts schwere Schicksalsschläge hinnehmen müssen. Als florierende Industriestadt war sie Ziel alliierter Bomben im Zweiten Weltkrieg, in den 1980er Jahren kam dann die Schließung der innerhalb der EU unwirtschaftlichen Minen hinzu. Die Stadt konnte ihr Heil nur noch im Tourismus suchen. Nicht ohne Grund, denn das Mittelalter hat wertvolle Bauwerke hinterlassen.

Um alles ohne Stress genießen zu können, sollte man auf der **Piazza Gari-**

baldi eine Bar mit Tisch im Freien wählen und die architektonische Parade abnehmen: Auf einer breiten Treppe versammeln sich Dom, Turm und Bischofspalast (Palazzo Vescovile). Unterhalb des geistlichen Panoramas präsentieren sich die weltlichen Bauwerke: Palazzo Pretorio oder del Podestà (Gouverneurssitz, heute Museo Archeologico), Palazzo Comunale (Stadtrat), Zecca Citadina (Münzprägeanstalt), Fonte Pubblica (öffentlicher Brunnen), und der Palazzo dell' Abbondanza (»des Überflusses«), der frühere Kornspeicher. Bei einem Blick in den pisanisch-romanischen **Dom San Cerbone** (13. Jahrhundert) sollte das linke Seitenschiff beachtet werden: Sehenswert ist das Fresko »Madonna mit Kind und Heiligen« (14. Jahrhundert), darunter steht ein römischer Sarkophag (3. Jahrhundert n. Chr.). Das Taufbecken im rechten Seitenschiff wurde aus einem einzigen Travertinblock gefertigt (Giroldo da Como, 1267). Mineralienfreunde werden im ehemaligen Bergwerkszentrum gelegentlich enttäuscht, denn in der Regel befindet sich immer eines der beiden Museen in der Restaurierung (vgl. Infos S. 116).

Wer auf der Suche nach den Etruskern ist, muss ebenfalls mit Beeinträchtigungen rechnen, denn dem etwa 40 Kilometer südöstlich liegenden **Vetulonia** zu Füßen des Poggio Bruno (369 Meter) fehlt das Geld, um historische Werte zu erhalten. Vetulonia hatte seine Blütezeit im 7. und 6. Jahrhundert v. Chr., es wurde reich durch Gold, Silber und Erz aus den Bergen. Der Niedergang der etruskischen Siedlung erfolgte wahrscheinlich durch Versandung des Lacus Prilius, eines Sees, der die Stadt mit dem Meer verband.

Die vor dem heutigen mittelalterlichen Dorf liegenden Nekropolen der Etrusker sind leider aus Sicherheitsgründen nicht mehr zugänglich. Das **Museo Archeologico Antiquarium** könnte Informationsersatz bieten, ist jedoch seit längerer Zeit *in restauro*, also geschlossen. Dann bleiben noch die **Scavi Città**, ein römischer Wohnbereich (3.–1. Jahrhundert v. Chr.) mit der Via Decumanum und Ruinen von Handwerksläden.

Wer die abenteuerliche und wenig ergiebige Suche nach den Etruskern abkürzen möchte, fährt gleich südwärts nach **Grosseto**, wo das **Museo Archeologico** präetruskische, etruskische und römische Kunstwerke zeigt. Die Stadt Grosseto, ursprünglich nur ein Kastell im Sumpfgebiet, erlangte unter den Großherzögen der Toskana wirtschaftliche Bedeutung, war aber stets durch Malaria gefährdet. Erst nach Trockenlegung der ausgedehnten Sümpfe ab 1930 gedieh Grosseto zu einer florierenden Stadt mit Landwirtschaft und In-

Fassade und Glockenturm des mittelalterlichen Doms von Grosseto sind Zutaten des vorigen Jahrhunderts

Der Badestrand von Talamone

dustrie, sie war deshalb allerdings im Zweiten Weltkrieg auch Ziel alliierter Bomber. Doch widerstand die sechseckige Zitadelle mit später angefügten Medici-Mauern, mit sechs Bastionen und zwei Haupttoren. Dahinter liegt das historische Zentrum mit der sehenswerten **Piazza Dante** als Mittelpunkt.

Etwa 15 Kilometer südlich von der Provinzhauptstadt Grosseto liegt **Alberese**, der Zugang zum **Parco Naturale della Maremma**. Der Regionalpark der Maremma gehört zu den vielseitigsten Wandergebieten der Toskana. In der Ortsmitte von Alberese befindet sich das Zentrum für die Parkbesichtigung, von dort aus wird man mit dem Bus in die verkehrsfreie Grünfläche (100 Quadratkilometern) gebracht und wählt vom Haltepunkt aus seine Wandertour.

Sieben gut gekennzeichnete Wege stehen zur Wahl, sie sind zwischen vier und zwölf Kilometern lang, dauern zwischen drei und sechs Stunden. Einige führen auf die Monti dell' Uccellina mit der höchsten Erhebung, dem Poggio Lecci (417 Meter), andere durch dichte, duftende Macchia zu alten Wehrtürmen und hinunter an den tiefen, breiten Naturstrand. Unterwegs gibt es in alten Entwässerungskanälen Schildkröten mit Goldköpfchen zu entdecken, Felswände mit Neandertaler-Grotten, weiß leuchtende Dünen-Trichternarzissen und den gedrungenen Käfer namens *Pentodon idiota:* Er ist nicht fähig, vom Boden aus zu starten, deshalb erklettert er mühsam lange Halme, die oft unter seinem Gewicht abknicken – doch er gibt nicht auf.

Wer das Naturerlebnis auf später verschieben möchte – der Naturpark ist auch für ein ganzes Tagesprogramm geeignet – informiert sich nur kurz am Informationsschalter von Alberese und fährt auf der Aurelia weiter bis **Albinia**. Dort gibt es eine Abzweigung nach **Orbetello** und zum Monte Argentario und noch eine etwa acht Kilometer weiter in

Orbetello Scalo. Drei schmale Dämme ziehen sich durch die Laguna di Orbetello: Sandbrücken zur früheren Insel **Monte Argentario**. Der südliche Damm, der die Insel und das Festland verbindet, ist der Tombolo di Feniglia. Dieser von der Natur geschaffene Wall – sechs Kilometer Pinienschatten auf einem Dünenstreifen – ist Wanderern und Radfahrern vorbehalten. Sie kommen im Städtchen **Ansedonia** an, das auch Autofahrer erreichen, wenn sie von Orbetello Scalo drei Kilometer weiterfahren und dann von der Aurelia nach Süden abzweigen.

Ansedonia steht zum Teil auf der ehemals etruskisch-römischen Stadt Cosa, die 2 500 Familien Platz geboten hatte. Im **Museo Archeologico Rovine di Cosa**, inmitten von uralten Ölbäumen gelegen, spaziert man durch die Reste von Forum, Tempeln und Akropolis. Im Museumsgebäude warten Mosaiken, Elfenbein- und Bronzefiguren, Amphoren und sogar eine 60 Zentimeter hohe Faunfigur auf ihre Bewunderer.

Unten am alten Hafen haben die Etrusker der Nachwelt noch ein Rätsel hinterlassen: die geheimnisvollen **Tagliata Etrusca**. Die Funktion des in den Felsen geschnittener Kanals kann bis heute nicht erklärt werden. Jedenfalls verhindert er seit den Etruskern und Römern bis heute durch hin- und herfließendes Wasser die Versandung des Hafens. Spannend ist es, auf und neben der alten Anlage herumzuklettern. Vielleicht hätte der etruskische Trick seinerzeit Pisas Hafen vor der Verlandung retten können (vgl. S. 88). Jedenfalls hat mit Ansedonia die Suche nach den Etruskern und ihren Nachfolgern, den Römern, doch noch eine spannende Erfüllung gefunden.

Porto Santo Stefano auf der Halbinsel Monte Argentario

③ **Infos:** Massa Marittima

APT Massa Marittima
Via Norma Parenti 22
58024 Massa Marittima
✆ 05 66-90 27 56, Fax 05 66-94 00 95

Azienda Agricola Montebelli
Caldana, Località Molinetto
Route: SS 1 östlich Follonica bei km 214 abfahren nach Gavarrano Scalo, weiter auf der Straße Ravi–Caldana, bei km 23 Richtung Caldana, dann Hinweisschilder
✆ 05 66-88 71 00, Fax 05 66-814 39
aziendamontebelli@libero.it
Komfortables Landhotel in freier Natur, Pool, Tennis, Reiten, gute toskanische Küche. €€

Zeitreise ins Mittelalter: Massa Marittima

Piazza Garibaldi
Massa Marittima
Einmaliges Ensemble hervorragend erhaltener kirchlicher und weltlicher Gebäude vom Dom bis zum Gouverneurspalast.

Museo della Miniera
Via Corridoni s/n, Massa Marittima
✆ 05 66-90 22 89
April–Nov. Führungen 10–17.45, Nov.–März 10–16.15 Uhr
Begehung eines Stollens, Geschichte des Bergbaus.

Museo di Arte e Storia della Miniera
Piazza Matteotti s/n, Massa Marittima
Gelegentlich in Restaurierung, deshalb vorher anrufen: ✆ 05 66-90 22 89
April–Okt. Di–So 10–11.30 und 15.30–17, Mo geschl., Nov.–März nur nach Voranmeldung.

Taverna del Vecchio Borgo
Via Parenti 12, Massa Marittima
✆ 05 66-90 39 50
So abends und Mo geschl.
Toskanische Küche, Wildgerichte. €€

Da Bracali
Località Ghirlanda
Via Ghirlanda s/n, Massa Marittima
✆ 05 66-90 23 18
Michelin-Restaurant, gediegene Atmosphäre mit Kerzen und leiser Musik (Rauchverbot), leichte toskanische Küche, Degustationsmenü. €€€€

Balestro del Girifalco
Massa Marittima
So nach dem 20. Mai und 2. So im Aug.
Armbrustschießen, Wettbewerb der Stadtteile *(terzieri)*.

Punta Ala
Naturstrand, ein Tipp als Abstecher bei der Fahrt von Massa Marittima nach Grosseto. Oder von Follonica auf der SS

322 11 km nach Süden, bei Pian d' Alma nach Westen. Nicht bis zum feudalen Yachthafen durchfahren. Auf den ersten vier Kilometern der Halbinsel parken bereits die Autos. Hinter dem Pinienwald kilometerlanger Sandstrand, nicht gepflegt, deshalb manchmal Seegras am Ufer.

Puntala Camping
58040 Punta Ala
✆ 05 64-92 22 94, Fax 05 64-92 03 79
www.campingpuntala.it
Direkt am Strand, 800 m lang, 30 m tief, extra Badebereich für Kinder, bewachsene Düne zwischen Platz und Meer, Pinienwald, Kinderanimation, großer Spielplatz, Sportmöglichkeiten, keine Hunde.

Museo Archeologico Antiquarium
Via Garibaldi s/n
Vetulonia
✆ 05 64-92 74 32
Lange Zeit in Restaurierung, wegen Öffnungszeiten vorher anrufen. Funde aus der Umgebung.

APT Grosseto
Viale Monterosa 206
58100 Grosseto
✆ 05 64-46 26 11, Fax 05 64-45 46 06
www.provincia.grosseto.it
urp@provincia.grosseto.it

Bastiani Grand Hotel
Piazza Gioberti 64
58100 Grosseto
✆ 05 64-200 47, Fax 05 64-293 21
ilsogno@romeguide.it
Neues, luxuriöses Hotel im Altstadtzentrum mit 48 Zimmern. €€€

Mulinacci
Via Mazzini 78
58100 Grosseto
✆ 05 64-2 84 19, Fax 05 64-2 24 52
Gepflegtes Mittelklassehotel in der Altstadt. €€

Museo Archeologico e d' Arte della Maremma
Piazza Baccarini 3, Grosseto
Di–So Mai–Okt. 10–13 und 17–20, März/April 9–13 und 16–18 Uhr, Nov.–Feb. Di–Fr 9–13, Sa/So 9–13 und 16–18 Uhr, Eintritt 5 €
Funde der etruskischen Siedlungen im Maremma-Bereich: Roselle, Vulci, Vetulonia, auch aus Pitigliano und Populonia.

Canapone
Piazza Dante 3, Grosseto
✆ 05 64-245 46
Restaurant in einem Palazzo, maremmanische Küche. €€

Ximenes
Viale Ximenes 43, Grosseto
✆ 05 64-293 10
Beliebtes Restaurant, toskanische Küche. €€€

Parco Naturale della Maremma
Centro Visite (Besucherzentrum)
Via del Fonte
58010 Alberese
✆ 05 64-40 70 98, Fax 05 64-40 72 78
www.parks.it/parco.maremma
Tägl. 8–17.30 Uhr, vorher erkundigen, die Öffnungszeiten wechseln.

Albergo Rispescia
Via della Costitutione 6
Santa Maria di Rispescia (an der Via Aurelia zwischen Grosseto und Alberese)
✆ 05 64-40 50 07, Fax 05 64-40 53 09
Einfaches, preiswertes Hotel. €

Osteria dell' Orco
Via Stazione Alberese s/n
Alberese Scalo
✆ 05 64-59 60 21
Mo geschl. außer Juli/Aug.
Gegrilltes, Wildschweingerichte. €€

Mancini Caoduro
Via del Fante 24, Alberese
✆ 05 64-40 71 37

Beste Pastagerichte, Spezialität: Wildschweinragout. €

Azienda Agraria Motte
Piazza del Combattente 17 c, Alberese
Wein, Öl, Grappa, Honig, phantasievolle Geschenke.

Rosi Luciano e figli
Piazza del Combattente 31, Alberese
Brot, Fleisch, Öl, Wein, Schafskäse, *mozzarelle di bufala*.

Corte dei Butteri
Via Aurelia km 156, am südlichen Ende des Maremma-Naturparks
58019 Fonteblanda
✆ 05 64-88 55 46
Fax 05 64-88 62 82
cortedeibutteri@virgilio.it
Große, komfortable Ferienanlage am Sandstrand. Pool, alle Wassersportarten, Disco, Fitness. €€€

APT Orbetello
Piazza della Repubblica s/n
58015 Orbetello
✆ 05 64-86 12 26, Fax 05 46-86 06 48
www.proloco-orbetello.it

I Presidi
Via Mura di Levante 34
58015 Orbetello
✆ 05 64-86 76 01, Fax 05 64-86 04 32
www.ipresidi.com
Gut ausgestattetes Mittelklassehotel ohne Restaurant. €€€

Sole
Via Colombo/Ecke Corso Italia
58015 Orbetello
✆ 05 64-86 04 10, Fax 05 64-86 04 75
hotelsole@tiscalinet.it
Einfacheres Mittelklassehotel. €€

Albinia Pro Loco
Via Aldi 31
✆ 05 64-87 11 46
www.prolocoalbinia.it

Hawaii
2 km nördlich des Ortes
58010 Albinia
✆ 05 64-87 01 64
100 m zum Strand, Pinienwald, Kinderanimation, Spielplatz, Sportmöglichkeiten, keine Hunde.

Il Gabbiano
Wegweiser »Zona Camping«
58010 Albinia
✆ und Fax 05 64-87 02 02
100 m zum Strand, Pinienwald, Kinderanimation, Spielplatz, Sportmöglichkeiten, keine Hunde.

Oasi
Wegweiser »Zona Camping«
58010 Albinia
✆ 05 64-87 04 82
Fax 05 64-87 15 88
www.camping.it/toscana/oasi
100 m zum Strand, teils im Pinienwald, Kinderanimation, Spielplatz, Sportmöglichkeiten, keine Hunde.

Camping International Argentario
Richtung Porto Santo Stefano/Torre Saline
58010 Albinia
✆ 05 64-87 03 02, Fax 05 64-87 13 80
Direkt am Strand, 500 m lang, 50 m tief, Pinienwald und niedrige Bäume, ausgeprägte Kinderanimation, Spielplatz, Pool, Planschbecken, Sportmöglichkeiten, Fitnessraum, Tauchschule, keine Hunde.

Village Il Veliero
Am Tómbolo della Gianella
58010 Albinia
✆ 05 64-82 02 01
Fax 05 64-82 11 98
100 m zum Strand, Pinienhain, Kinderanimation, Spielplatz, Sportmöglichkeiten, Fahrradverleih, keine Hunde.

Osteria del Lupacante
Corso Italia 103, Orbetello
✆ 05 64-86 76 18

Außer Juli–Sept. Di geschl.
Gute toskanische Küche. €€€

Locanda di Ansedonia
Orbetello Scalo, an der Aurelia
✆ 05 64-88 13 17
Außer Juli/Aug. Di geschl.
Gute toskanische Küche, mit Gartenrestaurant; gut ausgestattete Zimmer (€€). €€€

Pro Loco Porto Ercole
Via Arcidosso
Porto Ercole
✆ 05 64-83 10 19

Il Pellicano
Località Lo Sbarcatello
58018 Porto Ercole
✆ 05 64-85 81 11
Fax 05 64-83 34 18
www.pellicanohotel.com
Luxuriöse Hotelanlage mit Pool und Badebucht, Terrassenlage, Blick aufs Meer, Spitzenrestaurant. €€€€

Villa Portuso
Località Poggio Portuso, 1 km nördlich des Ortes
58018 Porto Ercole
✆ 05 64-83 41 81, Fax 05 64-83 53 51
vportuso@tin.it
Komfortables Mittelklassehotel, ruhige Lage mit Garten und Pool, beliebtes Restaurant »Taitù«. €€€

Don Pedro
Via Panoramica 7
58018 Porto Ercole
✆ 05 64-83 39 14, Fax 05 64-83 31 29
Gutes Mittelklassehotel mit Blick zum Hafen. €€

Museo Archeologico Rovine di Cosa
Am Ortsrand, ausgeschildert
58018 Ansedonia
✆ 05 64-88 14 21
Tägl. März–Sept. 9–19, Okt.–April 9–14 Uhr, Eintritt 2 €
Zahlreiche Funde aus der etruskisch-römischen Stadt, Ausgrabungsfeld mit Steinstraßen und Resten der Mauern.

Tagliata Etrusca
An der Kreuzung Ansedonia–Capalbio und Scalo–Orbetello Scalo meerwärts, dann Wegweiser »Parcheggio La Tagliata« folgen
Frei zugänglich
Geheimnisvoller Etrusker-Kanal, der das Versanden des Hafens verhinderte. Nebenan ein kleiner Strand und Fischrestaurants.

Pro Loco Capalbio
Via Collacchioni s/n
58011 Capalbio
✆ 05 64-89 66 11, Fax 05 64-89 66 44

Da Maria
Östlich Ansedonia von der Aurelia SS 1 nach Norden abbiegen
Via Nuova 3
58011 Capalbio
✆ 05 64-89 60 14
Außer Juli/Aug. Di geschl.
Rustikales Ambiente, das beste Restaurant der Gegend, frische Pasta, Spezialität: Schweinshaxen, Fleisch zum Nachgaren am Tisch. €€

Giardino dei Tarocchi
Pescia Fiorentina
Capalbio
✆ 05 64-89 51 22, Fax 05 64-89 50 93
www.nikidesaintphalle.com/entrance.html
Ausfahrt Pescia Fiorentina, links, 2. Straße rechts
Auf der Aurelia SS 1 östlich von Ansedonia in Garavicchio, südlich von Capalbio, nach Norden Richtung Carige abbiegen, schlecht ausgeschildert
14. Mai–20. Okt. tägl. 14.30–19.30 Uhr, So/Fei geschl., Nov. bis erste Maihälfte nur am ersten Sa des Monats 9–13 Uhr, Eintritt Erwachsene 10 €, Kinder 6 €, unter 7 Jahren frei.

D E R S Ü D E N

1 Etruskerstädte im Tuff

Saturnia, Sovana und Pitigliano

1. Route: Orbetello – Albinia – Manciano – Saturnia – Sovana – Pitigliano (ca. 125 km)

Vormittag	Von **Orbetello** durch die Wälder der Maremmen nach **Saturnia** mit einem Bad in den Naturwannen.
Nachmittag	Besuch von **Sovana** und zu den benachbarten Etruskergräbern; Weiterfahrt nach **Pitigliano** mit Stadtrundgang. Bei genügend Zeit zur Höhlenstadt Vitozza in **San Quirico di Sorano** (vgl. 2. Route S. 126 f.).

Die Reise geht an diesem Tag weg von der Küste, hinein in die Welt der bewaldeten Maremmenhöhen, kleine Dörfchen lugen von den Hügeln, die einst Schutz vor den in den Sümpfen sirrenden Moskitos boten; wo der Wald zurückweicht, gedeihen Oliven, Weizen und Wein. Zwischen Saturnia und Pitigliano und darüber hinaus haben urzeitliche, vulkanische Aschenregen die Tuffsteinberge gebildet, in die schon die Etrusker mit metallenem Werkzeug sehenswerte Gräber buddelten. Und Keller, in denen heute noch – beispielsweise in Pitigliano – ein köstlicher Weißwein gelagert wird. Um die Landschaft der Kastanien, Eichen und Buchen schnell zu erreichen, empfiehlt sich die SS 74, die nördlich von Orbetello bei Ansedonia zügig in die Mitte der Maremmen führt.

Am Anfang der Strecke zeigt sich eine etwas düstere, dunkelgrüne Landschaft mit aufheiternden Blicken in die

Die Lagune von Orbetello mit dem Monte Argentario im Hintergrund

Täler der Albegna, Fiascone und Elsa. Das mittelalterliche **Manciano** reizt mit Gässchen, Winkeln und kleiner Piazza zu einem kurzen Stopp. Doch auch das weiter nördlich im oberen Albegna-Tal auf einem Travertinplateau sitzende **Saturnia** lohnt einen Halt. Es war in der Etruskerzeit eine wichtige Stadt, glei-

Badespaß in Schwefelquellen: Saturnia

chermaßen nach der Eroberung durch die Römer (280 v. Chr. zur Präfektur ernannt). An der südlichen Mauer sind noch mächtige etruskische Steinquader zu sehen, die Römer errichteten eine Stadtmauer mit vier Toren, von denen die Porta Romana erhalten ist. Gräber der Etrusker gibt es rundum, zum Beispiel auf dem Pian di Palma, allerdings eher etwas für Spezialisten, die einen halben Tag dafür opfern müssen.

Für die, die sich erfrischen wollen, bietet Saturnia erquickende Quellen. Wer deren Heilkraft intensiv nutzen will, findet unterhalb des Städtchens ein erstklassiges Hotel mit 37,5 Grad warmer Schwefeltherme. Vom Pool rauscht das Thermalwasser abwärts zu den **Cascate del Mulino**, wo es sich auf Terrassen in Travertinbecken sammelt. Hier treffen sich toskanische Familien und Urlauber zu einem fröhlichen Badevergnügen in von der Natur gebildeten Badewannen.

Nach dieser wohltuenden Pause geht es mit einem kleinen Bogen zuerst nordostwärts, dann Richtung Südosten nach **Sovana**, das auf einem hohen Tuffplateau über dem Fiora-Tal grüßt. Durch das renovierte Städtchen zu schlendern macht Spaß: von der Ruine der Rocca Aldobrandesca über die kleine Piazza Maggiore – ein Widerspruch, weil *maggiore* groß heißt – mit dem Palazzo Pretorio und der **Kirche Santa Maria** bis zur Kathedrale. Santa Maria sollte man etwas Zeit widmen, um die Fresken der Sieneser Schule (15. Jahrhundert) und das Ziborium aus Travertin (8./9. Jahrhundert), einen baldachinartigen Überbau auf vier Säulen über dem Altar zu bewundern.

Unterhalb der Stadt wurden die etruskischen Totenstädte in ausgedehnte Tuffsteinklippen gehauen. Einen Überblick über deren Ausgrabungen rund um Sovana bietet das **Museo Etrusco** im Palazzo Pretorio an der Piazza Mag-

Ziborium in der Kirche Santa Maria in Sovana

Geschützte Lage auf einem Tuff-Felsen: Pitigliano

giore. Danach sollten wenigstens zwei der zahlreichen Grabstätten besichtigt werden. Die restaurierte **Tomba Ildebranda** (3. Jahrhundert v. Chr., benannt nach Hildebrand, dem späteren Papst Gregor VII.), ein Tempelgrab im hellenistischen Stil, wurde aus dem Fels heraus gearbeitet. Die Kapitelle der Säulen sind mit Menschenköpfen, Voluten und Akanthusblättern verziert. Etwa zehn Minuten Fußweg entfernt liegt die **Grotta Pola** mit ursprünglich acht kannelierten Säulen.

Ein Katzensprung über eine landschaftlich abwechslungsreiche Berg- und Talstrecke ist es nach **Pitigliano**, abenteuerlich auf einen Tuff-Felsen gebaut und auf drei Seiten von Schluchten umgeben. Schon bei der Anfahrt sind die etruskischen »Keller« in der gewaltigen Klippe zu entdecken, wo heute der süffige »Bianco di Pitigliano« reift. Ebenfalls schon von weitem fallen die Bögen des Aquädukts (16. Jahrhundert) auf, der beide Teile der burgähnlichen Stadt verbindet.

Geprägt wurde die Renaissancearchitektur von der Familie Orsini, die sich in der Festung einigelte, um sich gegen das rivalisierende Geschlecht der Borgia zu wehren. Wer auf den Spuren der Etrusker wandelt, findet am zentralen Platz, der Piazza Fortezza, im Orsini-Palast das **Museo Civico Archeologico** mit einer bemerkenswert guten Übersicht über die Geschichte der Ur-Italiener.

Interessant ist auch ein Spaziergang durch die Gassen des alten jüdischen Ghettos, wohin im 15. Jahrhundert hebräische Familien aus Rom geflohen waren. Eine Synagoge und Öfen zum Backen der *matze*, des ungesäuerten jüdischen Osterbrots, sind Zeugen einer multikulturellen Vergangenheit.

Ehe dann die Sonne untergeht, sollte man schnell raus aus den Gassen und auf der SS 74 südwärts bis zur **Kapelle Madonna delle Grazie** fahren. Direkt neben der Haarnadelkurve gibt es Platz zum Parken. Als blättere man in einem Bilderbuch, liegt das von Schluchten eingerahmte Pitigliano zu Füßen, gelb und orange leuchtet der zum Felsen gebackene Tuff, die Stadt wirkt im letzten Licht wie eine verwunschene Festung.

1 **Infos:** Saturnia, Sovana, Pitigliano

Pro Loco Saturnia
Via degli Aldobrandeschi s/n
58050 Saturnia
✆ 05 64-60 12 80
www.laltramaremma.it

Terme di Saturnia
Via della Follonata s/n
58050 Saturnia
✆ 05 64-60 01 11, Fax 05 64-60 08 00
www.termedisaturnia.it
Ruhig gelegenes, komfortables Kurhotel mit Garten, 2 Pools, Tennis; auch für Tagesgäste. €€€€

I Due Cippi – da Michele
Piazza Veneto 26 a
58050 Saturnia
✆ 05 64-60 10 74
Außer Juli–Sept. Di geschl.
Beliebt wegen der guten Maremma-Küche. €€

Club Bacco e Cerere
Via Mazzini 4
58050 Saturnia
✆ 05 64-60 12 35
Nur abends geöffnet, Di geschl.
Typische Maremma-Gerichte. €€

Ufficio Informazioni Sovana
Palazzetto dell' Archivio
58010 Sovana
✆ 05 64-61 40 74
comsoran@ouverture.it

Taverna Etrusca
Piazza del Pretorio 16
58010 Sovana
✆ 05 64-61 61 83
Fax 05 64-61 41 93
Kleines gepflegtes Hotel mit gutem Restaurant. €

Scilla
Via del Duomo 3
58010 Sovana
✆ 05 64-61 65 31, Fax 05 64-61 43 29
scilla@laltramaremma.it
Kleine, gepflegte Pension, bei Wanderern beliebt, hervorragendes Restaurant. €

Kirche Santa Maria
Piazza Maggiore s/n, Sovana
Feb.–Dez. tägl. 10–13 und 15–19 Uhr
Frühromanisches Ziborium, ein Altarbaldachin aus Travertin (8./9. Jh.).

Dom San Pietro
Via del Duomo s/n, Sovana
Feb.–Dez. tägl. 10–18 Uhr
Schlichter Dom (8. Jh.) mit sehenswertem Portal in lombardischem Stil: geometrische und figurale Motive.

Semplicemente
Piazza Maggiore oder del Pretorio 18
Sovana
Handstickereien und zum Teil wieder entdecktes Spielzeug.

Tomba Ildebranda
Unterhalb Sovana, ausgeschildert
Tägl. Mai–Okt. 10–19, Nov.–April 10–16 Uhr
Etruskergrab in Tempelform, eine Säule ist erhalten, sonst nur Stümpfe; schöner Blick von der Tempelebene über das Tal.

Museo Etrusco (im Palazzo Pretorio)
Piazza Maggiore, Sovana
✆ 05 64-61 65 32
April–Okt. Di–So 10–13 und 15–19, Nov.–März Sa/So 10–13 und 15–18 Uhr
Etruskische Fundstücke aus der Umgebung.

Pro Loco Pitigliano
Via Roma 6
58017 Pitigliano
✆ und Fax 05 64-61 44 33

Belvedere
Località Casone di Pitigliano, an der SS 74
58017 Pitigliano
✆ 05 64-61 92 49

1 **Infos:** Pitigliano

Ordentlich eingerichtetes Mittelklassehotel mit Restaurant. €

Guastini
Piazza F. Petruccioli 16/34
58017 Pitigliano
✆ 05 64-61 60 65, Fax 05 64-61 66 52
www.laltramaremma.it/alberghi/guastini
htlguastini@laltramaremma.it
Preisgünstige, familiäre Unterkunft am Rand der Altstadt. €

Valle Orientina
Località Valle Orientina, an der SS 74, km 55,3, 3 km von Pitigliano
✆ 05 64-61 66 11, Fax 05 64-61 77 28
www.laltramaremma.it/valleorientina
orientina@laltramaremma.it
Gepflegtes, einfaches Hotel. €

Agnelli (vgl. S. 132)
Für Urlauber, die lieber zum Ziel des nächsten Tages weiterfahren wollen, siehe unter San Quirico.

Il Tufo Allegro
Vicolo della Costituzione 2, Pitigliano
✆ 05 64-61 61 92
Di geschl.
Die beste Adresse, lokale Spezialitäten, phantasievolle Pasta. €€

Museo Civico Archeologico
(Fortezza Orsini)
Piazza della Fortezza, Pitigliano
✆ 05 64-61 70 19
Tägl. außer Mo im Sommer 10–13 und 16–19, im Winter bis 18 Uhr
Sehr übersichtliche Informationen über die Etrusker.

Erboristeria Giunti
Via Zuccarelli 31, nahe der Synagoge, Pitigliano
Kräutertees, Hautpflegemittel, Marmelade, Honig.

La Legatoria
Via Zuccarelli 60, Pitigliano
Phantasievolle Geschenke wie Poesie-Alben, Kästchen etc. aus Papier mit historischen Motiven.

Reitzentrum Belvedere
Pitigliano, Località Filetta, km 4,5
✆ und Fax 05 64-61 54 65
www.maneggiobelvedere.it
Stundenweise und mehrtägige Ausritte.

Angebohrt wie ein Käselaib: die Felsen bei Pitigliano

2 Den Monte Amiata im Blick

Parco Faunistico und die Abtei San Salvatore

2. Route: Pitigliano – San Quirico – Sorano – Arcidosso – Parco Faunistico del Monte Amiata – Abbadia San Salvatore – Radicofani – Sarteano – Chianciano Terme (ca. 120 km)

Vormittag	Von **Pitigliano** (falls nicht am Vorabend) – nach **San Quirico** und zur Höhlenstadt **Vitozza**, schattiger Spaziergang; dann über **Sorano** zum **Parco Faunistico** bei Arcidosso mit längerem Aufenthalt.
Nachmittag	Über **Arcidosso**, vorbei am Monte Amiata, zur **Abbadia San Salvatore**. Weiter mit Stopps in Radicofani und Sarteano nach **Chianciano Terme**.

Die Route südlich und östlich des überall sichtbaren Monte Amiata (1 738 Meter) bringt viel Bewegung ins Spiel, denn zwei zu erwandernde Naturparks liegen an der Strecke: südlich von Sorano bei San Quirico di Sorano die Höhlenstadt Vitozza und weiter im Norden zu Füßen des Amiata der Parco Faunistico mit bewundernswerter Flora und Fauna. Wer naturbegeisterter Frühaufsteher ist, schafft beide Erlebnisse, wer lieber länger schläft, sollte vorher überlegen, ob er sich einen der eindrucksvollen Parks lieber für später aufbewahrt. Nach den zwei grünen Einlagen kommt eine Strecke mit kürzeren Pausen; das Hotel in oder rund um Chianciano Terme sollte man noch vor Sonnenuntergang erreichen.

In Pitigliano kann man sich vor dem Start in den kleinen Geschäften gut und preiswert mit Proviant versorgen. Dann auf der SS 74 nach Osten und nach acht Kilometern an einer Kreuzung nordwärts in den nahen Ort **San Quirico**. Dort wird an vielen Stellen der Weg nach **Vitozza** gewiesen, Teil des **Parco Archeologico »Città del Tufo«**. Vom Informationsbüro aus oder vom Parkplatz am Beginn der historischen Route sollte man für Hin- und Rückweg mindestens zwei Stunden einplanen. Im Touristenbüro erfährt man, wann ein Guide die Strecke begleitet, oder man lässt sich einen Lageplan geben und wandert allein durch die Höhlenschlucht. Alles ist gut beschrieben, wenn auch nur auf italienisch. Schon vor der historischen Strecke sind überall Tuffhöhlen zu sehen, die von den Einheimischen als Keller oder Ställe für Hühner und Hasen genutzt werden.

Die seit der Jungsteinzeit bewohnte Welt der Grotten und Höhlen liegt mitten im Wald, im Hochsommer also eine willkommene Erholung. Nach den Steinzeitmenschen, deren Anwesenheit durch den Fund einer Votivaxt bewiesen ist, lebten Etrusker und Römer in dem Tuffsteingebiet, die es sich in aus dem Fels geschlagenen Grotten bequem machten. Im Mittelalter stritten sich die Herrschaften der Toskana um Vitozza, bauten Wohnungen und Burgen neben, in und über die insgesamt 200 Felslöcher.

Die Rocaccia, eine Kastellruine, und ein zweiter Verteidigungsrest locken sportliche Besucher auf den Felsenkamm. Die Kastelle sind Rivalitäten zum Opfer gefallen, 1454 haben die sienesischen Eigentümer beide Burgen und die Stadt zerstört, um sie nicht den Orsini, den eroberungssüchtigen Grafen von Pitigliano und Sorano, zu überlassen. Danach hatten aber auch die Orsini kein Interesse, Vitozza wieder aufzubauen, jetzt streicht nur der Wind durch die Trümmer. Allerdings: Manche Familien blieben auch nach der Zerstörung in den natürlich klimatisierten Behausungen. So war – wie zu lesen ist – Grotte 4 noch im Jahr 1783 von einem Toskaner namens Guiseppe Benocci bewohnt.

Sorano – auf dem Tuff-Felsen entstanden und mit ihm verwachsen

Am Ende der Grottenstrecke, unterhalb der zweiten Festung, stößt man dann auf eine Hinterlassenschaft der Etrusker, heute **Colombario** genannt. Es handelt sich um geräumige Ausschabungen, deren Wand mit sauber aus dem Tuff gehauenen, bogenförmigen Nischen übersät ist. *Colombario* heißt Taubenschlag, die Konstruktion wurde lange Zeit den Römern zugeschrieben.

Neue Forschungen weisen sie aber den Vorgängern zu, es soll sich um Begräbnisstätten handeln. Da die Nischen jedoch für Sarkophage zu klein sind, meinen Experten, es könnten auch Aschegräber für arme Etrusker gewesen sein. Genügend Diskussionsstoff für die Weiterfahrt zum Parco Faunistico del Monte Amiata (180 Hektar). Die kürzeste Strecke (ca. 50 Kilometer) geht von San Quirico zunächst nach **Sorano**, das wie ein Adlerhorst auf einem vulkanischen Felsen thront. Bewacht wird der mittelalterliche Kern von der Fortezza Orsini (1552), sehenswert ist die **Collegiata di San Nicola di Bari** (12. Jahrhundert) mit Travertin-Taufbecken (1563) und einem schönen Kruzifix aus dem 17. Jahrhundert.

Die Strecke führt weiter über landschaftlich reizvolle Sträßchen mit kleinen Weilern westlich des Monte Elmo (829 Meter), des Monte Civitella (1 107 Meter) und des Monte Calvo (930 Meter) via Santa Fiora nach **Arcidosso**. Kurz vor diesem reizvollen Ort, überragt von der Burg der Aldobrandesca (14. Jahrhundert), wird zum westlich der Straße liegenden **Parco Faunistico del Monte Amiata** gewiesen. Der nach dem Modell deutscher Wildparks angelegte Hort für vom Aussterben bedrohte Tiere und Pflanzen des Apennin ist Teil des Naturschutzgebietes zwischen dem Massiv des Monte Amiata (1 738 Meter) und dem Monte Labbro (1 193 Meter).

Die Besucher können wählen zwischen botanischen Wanderpfaden links und rechts des Baches Onanzio und der Pirsch zu Mufflonschafen, Rot- und Damwild. Die Touren gibt es mit Führung (besser vorbestellen), aber auch auf eigene Faust sind Erkundigungen möglich. Vor der Kasse sollte man sich entscheiden, ob man im Wildpark picknicken oder nach getaner Arbeit im urigen Restaurant das Trekking-Menü mit Grillmix und Pasta genießen möchte. Das ist wichtig, weil der im Voraus zu bezahlende Menüpreis den Parkeintritt bereits enthält.

2 Parco Faunistico, San Salvatore

Wer den Park individuell durchstreift, findet zahlreiche Hinweise auf die einzelnen Gehege. Keinesfalls darf der Weg zum »Lupo«, zum Apenninischen Wolf, übersehen werden, der im übrigen Italien längst verschwunden ist und hier gerettet und beobachtet werden soll.

Zu den Wölfen im Parco Faunistico

Zum Schutz von Mensch und Tier führt ein langer, von hohen Palisaden umzäunter Weg zum Beobachtungsturm mitten im Wolfsgehege.

Nach so viel Natur darf die nächste Station wieder einmal eine bauliche Sehenswürdigkeit sein, und zwar eine ganz besondere: die Abbadia San Salvatore. Die Abtei liegt östlich vom hübschen Arcidosso. Man kann noch eine mit landschaftlichen Höhepunkten gespickte Tour rund um den Monte Amiata einplanen. Oder man fährt südlich des Berges über **Piancastagnaio**, dessen Stadtmauer und Festung Aldobrandesca mit quadratischen Wohntürmen am Wege liegt.

Der Ort und das **Kloster San Salvatore** (822 Meter) sind für Wanderer ein idealer Ausgangspunkt. Doch das erste Ziel gilt der Krypta der Klosterkirche (11. Jahrhundert): 13 Schiffe und 36

Bei der Tour im Südosten der Toskana hat man den Monta Amiata immer im Blick

Säulen mit figuren- und ornamentgeschmückten Kapitellen – und mit einer kunstvollen Beleuchtung, versetzen den Besucher in einen Märchenwald.

Je nachdem, wie spät es geworden ist, lässt sich das Endziel Chianciano Terme auf zwei Wegen erreichen. In beiden Fällen nimmt man vom Kloster das Sträßchen nach Osten zur SS 2, der alten Via Cassia. Der schnellere Weg führt zehn Kilometer nach Norden, um dann die Nordost-Abzweigung direkt zum Tagesziel zu wählen. Abwechslungsreicher ist die südlich von der Via Cassia abzweigende SS 478: durch dichte Laubwälder vorbei am Festungsort **Radicofani**, über das von einer prächtigen Burg überragte **Sarteano** und quer durch die erodierte Mondlandschaft des Naturreservats Pietraporciana nach **Chianciano Terme**.

2 **Infos:** San Quirico di Sorano, Sorano, Arcidosso

36 Säulen in der Krypta von San Salvatore

Ufficio Turistico
Piazza Repubblica s/n
58010 San Quirico di Sorano
✆ und Fax 05 64-61 90 47
comsoran@ouverture.it
Wenn geschlossen, gibt es Tickets für den Besuch von Vitozza in der Bar Sport oder Conte's Bar, Piazza Trieste 1 bzw. 13.

Agnelli
Piazza della Repubblica 9
58010 San Quirico di Sorano
✆ und Fax 05 64-61 90 15
Einfaches, sauberes Hotel mit Restaurant. €

Insediamento Rupestre di Vitozza
Weg ab der Ortsmitte von San Quirico di Sorano ausgeschildert
Tägl. von Sonnenauf- bis -untergang
Verlassene Grottenstadt des Mittelalters, mitten im Wald, auch Spuren früherer Besiedlung, z.B. eine vermutliche Urnengrotte der Etrusker (Colombario).

Bar Gelateria Taviani
Piazza Trieste 1 a
58010 San Quirico di Sorano
✆ 05 64-61 93 37
Einfaches Gartenrestaurant, auch Pizza und Panini zum Mitnehmen. €

Pro Loco Sorano
Piazza Busati s/n, 58010 Sorano
✆ 05 64-63 30 99

Fortezza Orsini
Via San Marco s/n, Sorano
✆ 05 64-63 37 67
April–Okt. tägl. 10–19, Nov.–März Sa/So 10–16 Uhr
Typische Militärarchitektur der Renaissance (1552) mit zwei Bastionen und zentralem Turm *(maschio)*.

Collegiata di San Nicola di Bari
Hinter der Piazza Cairoli, Sorano
Feb.–Dez. tägl. 10–18 Uhr
Kollegiatskirche (12. Jh.), sehenswert sind das Travertin-Taufbecken (1563) und ein wunderbares Kruzifix (17. Jh.).

Pro Loco Arcidosso
Via Ricasoli 1
58031 Arcidosso
✆ und Fax 05 64-96 60 83
www.arcidosso.galamiata.net
comarci@amiata.net

Aiuole
Località Bivio Aiole, Richtung Monte Amiata
Arcidosso
✆ 05 64-96 73 00, im Winter Mo geschl.
Stimmungsvolles, beliebtes Restaurant, lokale Spezialitäten: Zicklein, Milchferkel, Wild. €€

Parco Faunistico del Monte Amiata
7 km südlich Arcidosso Richtung Triana
✆ 05 64-96 68 67
www.parcofaunistico.it
Di–So Sonnenauf- bis -untergang
Falls Führung erwünscht, Vorbestellung über ✆ 05 64-97 77 78
Wildpark mit Mufflonschafen, Rot- und Damwild, Wolfsgehege sowie botanischen Wanderpfaden.

2 Infos: Arcidosso, Chianciano Terme

Parco Faunistico
Mitten im Park
✆ 05 64-96 68 67
Einfaches Restaurant, Trekking-Menü mit Grillmix und Pasta. €

Abbadia San Salvatore
Knapp 20 km östlich Arcidosso bei Piancastagnaio
Tägl. 9–19 Uhr
Klosterkirche mit einer 13-schiffigen Krypta, 36 Säulen mit figuralen Kapitellen.

Pro Loco Radicofani
Via R. Magi 25, 53040 Radicofani
✆ 05 78-556 84

APT
Piazza Italia 67
53042 Chianciano Terme
✆ 05 78-67 11 22/3
www.chianciano.turismo.toscana.it
www.chiancianoterme.com

Ambasciatori
Viale della Libertà 512
53042 Chianciano Terme
✆ und Fax 05 78-6 43 71
www.barbettihotels.it
barbettihote@ftbcc.it
Komfortables Mittelklassehotel mit Garten, Pool, Tennis und Restaurant. €€

Michelangelo
Via delle Piane 146
53042 Chianciano Terme
✆ 05 78-640 04, Fax 05 78-604 80
h-michelange@ftbcc.it
Modernes Hotel der oberen Mittelklasse, gute Lage, Pool, Sauna, Tennis, gutes Restaurant. €€

Moderno
Viale G. Baccelli 10
53042 Chianciano Terme
✆ 05 78-637 54, Fax 05 78-606 56
Renoviertes Kurhotel mit Garten, Pool, Tennis und Restaurant. €€

Bellaria
Via G. Verdi 57
53042 Chianciano Terme
✆ 05 78-646 91, Fax 05 78-639 79
Familiäres Mittelklassehotel mit Garten und Restaurant. €

Parco Delle Piscine
A1 Ausfahrt Chiusi
53047 Sarteano
✆ 05 78-269 71, Fax 05 78-26 58 89
www.parcodellepiscine.it
Teils Pappeln, Kinderanimation, 2 Pools und Planschbecken mit Thermalwasser, keine Hunde. Eurocamp-Mitarbeiter und Spielleiter, Zirkuszelt, Babysitten, Spieleverleih.

Chianciano Alto
Lohnender Bummel durch das mittelalterliche Städtchen mit vielen Treppengassen, schönen Souvenirgeschäften und Boutiquen.

Museo Civico Archeologico
Via Dante 8, Chianciano Terme
www.chiancianoterme.com/museo/etrusco
Ostern–Okt. Di–So, Nov.–Ostern Sa/So 10–19 Uhr, Eintritt 4 €
In Privatinitiative gegründetes Museum mit etruskischen Fundstücken, darunter ein vollständig erhaltenes Fürstengrab.

La Tavernetta
Piazza Gramsci 15, Chianciano Terme
✆ 05 78-312 49, Mo geschl.
Gutes Restaurant und Pizzeria in der Altstadt. €€

Patry
Via G. di Vittorio 80, Chianciano Terme
✆ 05 78-630 14, Mo geschl.
Beliebtes Fischrestaurant. €€

King
Viale G. di Vittorio 240, Chianciano Terme
✆ 05 78-605 76, Mo geschl.
Gutes Selbstbedienungsrestaurant. €

3 Städte mit Ambiente

Über Montepulciano und zur Papstgründung Pienza

3. Route: Chianciano Terme – Chiusi – Montepulciano – Monticchiello – Pienza (ca. 60 km)

Vormittag	Nach dem Bummel durch das historische **Chianciano** in die Etruskerstadt **Chiusi**, von dort nach **Montepulciano** mit Stadtbummel.
Nachmittag	Montepulciano Besichtigung einiger Palazzi und der **Kirche San Biagio** außerhalb der Stadt. Dann durch eine schöne Landschaft über das Festungsstädtchen **Monticchiello** zur Papstgründung **Pienza** mit Besichtigung und Einkaufsbummel.

Abstecher: Das kleine Wehrdorf **Montefollonico** nördlich von Montepulciano fällt durch seine vielen Steinhäuser auf. Doch mehr reizt die Besucher das über die Grenzen hinaus bekannte Restaurant »La Chiusa«, wo Dania Masotti sich einen Michelin-Stern erkocht hat. Hier stimmt das Ambiente, erfreuen die Dekoration das Auge und höchste Qualität der toskanischen Gerichte den Gaumen. Die typischen *pici*, eine Toskana-Pasta, werden vor den Augen der Gäste ausgerollt. Berühmt sind auch die *sformati*, kleine Gemüseaufläufe. Und zu jedem Gericht gibt es den passenden Wein. Auch einige Zimmer bietet La Chiusa an, sehr exklusiv (Via della Madonnina 88, ✆ 05 77-66 96 68, Di geschl. €€€€).

Die Entfernungen sind kurz an diesem Tag, doch die Strecke reiht wunderschöne, historische Städtchen, jede mit ihrer speziellen Eigenart, wie eine Perlenkette auf. Von Chianciano geht es nach einem Bummel durch den historischen Teil in einem kleinen Bogen zuerst südostwärts ins Etruskerstädtchen Chiusi. Von dort dreht sich das Lenkrad wie im Kreis wieder Richtung Nordwesten nach Montepulciano, in eine der am höchsten gelegenen Städte der Toskana.

Abseits der Hauptstraße wartet dann ein Kleinod am Weg: das kleine, liebenswürdige Festungsstädtchen Monticchiello. Von dort kann man sich schließlich auf schmalen Sträßchen der Papststadt Pienza nähern, die von außen recht winzig, drinnen aber durch

Sonnenblumenfeld bei Chianciano Terme

Madonna di San Biaggio in Montepulciano

einen architektonischen Trick viel größer wirkt.

Am frühen Morgen kann man wählen zwischen einem Bummel durch die Kurstadt **Chianciano Terme** oder durch das historische Viertel. Der moderne Badeort hat naturgemäß wenig Sehenswürdigkeiten und bietet dafür mondäne Flaniermeilen und Parks, entsprechend schick sind die Bars und Cafés. Damit wäre ein Stichwort gegeben, das auf jeden Fall zum Morgen gehört: frühstücken auf italienisch mit Cappuccino oder *latte macchiato*, dazu eine mit Aprikosenmarmelade oder Schokolade

Montepulciano, Palazzo Comunale

gefüllte Brioche. Wenn's etwas mehr sein darf, empfiehlt sich das allseits beliebte »Caffè Grand' Italia« in der Via della Libertà 519. Schon der Duft der frisch gebackenen Leckereien regt die Stimmung an, je nach Anfälligkeit kommt dann noch ein Eis dazu, als Marschverpflegung womöglich ein paar der selbst gemachten, verführerischen Pralinen.

Sehenswert sind auch die Altstadt und das Archäologische Museum. Aus praktischen Gründen empfiehlt sich zuerst der Kurzbummel durch das im Norden liegende **Centro Storico** (auch Chianciano Alto), weil das Museum im Süden liegt, dort wo die SS 146 nach Chiusi leitet. Das Auto sollte unbedingt vor dem historischen Kern an der Via della Pace oder links und rechts der Biblioteca Comunale abgestellt werden. Die Gassen sind eng und manche enden in einer für Autos nicht bezwingbaren Treppe. Anschließend wirft man auf der anderen Seite der Stadt noch einen Blick in die Welt der Etrusker im neuen, durch Privatinitiative entstandenen **Archäologischen Museum**.

Im Süden der Kurstadt ist die SS 146 dann leicht zu finden – und ab geht es nach **Chiusi**, das auf vielen Toskanatouren vergessen wird, vielleicht weil es so dicht an Umbrien liegt. Als *Chamars* war Chiusi eine der mächtigsten Städte des etruskischen Zwölferbundes. Von seinem Reichtum erzählen die Gräber in der Umgebung, die aus der Blütezeit der Stadt im 7. und 6. Jahrhundert v. Chr. stammen. Ganz Chiusi ist von Tufftunnels unterhöhlt, und mancher Hobby-Archäologe treibt hier unterirdisch, vom Keller aus, seine privaten »Studien«, wie man sagt.

Zu den Höhepunkten einer Tour in die Geschichte der Toskana gehört der Besuch des **Museo Nazionale Etrusco**. Es ist ziemlich klein, nur etwa ein Zehntel der in den Magazinen lagernden Funde können gezeigt werden. Viele Aschenurnen mit Menschendarstellungen sind zu sehen, Masken aus Bronze und Ton sowie phantasievolle Grabfiguren. Die Gräber selbst liegen in der Nähe des Museums, doch muss ein Besuch der Nekropole vorher organisiert werden.

Einmalig in ihrer Art sind drei Gräber: die **Tomba del Colle** mit einem Fresko, das einen auf einem Rennwagen stehenden Etrusker zeigt, der die zwei ziehenden Pferde mit der Peitsche antreibt; die **Tomba della Scimmia** ist nach einem kleinen, lustigen Affen benannt, der bei den Etruskern zur Begräbniszeremonie gehörte; die **Tomba della Pelegrina** – der Pilgerin – wurde restauriert und wieder so eingerichtet, wie sie ursprünglich war.

Dem Museum gegenüber steht der **Duomo** (12. Jahrhundert), bei dessen Bau 18 römische Säulen und Kapitelle wieder verwendet wurden und unter dessen Altar ein römisches Mosaik zu bewundern ist. Vom **Kathedralmuseum** aus kann man einige der unterirdischen Gänge besichtigen, die von den Etruskern unter der Stadt gegraben wurden. Im Museum selbst sind liturgische Bücher mit kunstvollen Miniaturen zu sehen.

Im Nordwesten der Stadt ist man über die SS 326 schnell im von mächtigen Mauern geschützten **Montepulciano**, für das mehr Zeit benötigt wird. Seine Gründung reicht ins 6. Jahrhundert v. Chr. zurück, als die Bewohner von Chiusi sich vor den grausamen Barbaren auf die 605 Meter hohe Tuffsteinkuppe flüchteten. Heute prägen vor allem repräsentative Renaissancepaläste das Bild einer der schönsten Städte der Toskana. Freunde eines guten Tropfens

Spitzweg-Ambiente in den Gassen von Montechiello ▷

bekommen schon bei dem Namen glänzende Augen, denn hier wächst der berühmte »Vino Nobile di Montepulciano«. Auf dem Weg zur Piazza Grande und auch dort wetteifern Kellereien und Weinstuben mit den architektonischen Sehenswürdigkeiten.

Wer über den vorgeschlagenen Weg von Chiusi kommt, erreicht das nördliche Ende der Stadt, an dem ausreichend Parkplätze zu finden sind. Der Bummel entlang der Palazzi beginnt an der **Porta al Prato**, einem Teil der Befestigungsanlage mit herrlichem Blick über die Altstadt. Den Corso abwärts, dort wo die Via dell' Opio beginnt, geht es nach rechts, also nach Westen, vorbei am Palazzo Contucci (1519 begonnen), in dessen Cantina der edle Nobile lagert, zur prachtvollen **Piazza Grande**. Gleich gegenüber zieht der Palazzo Comunale (1440–65) die Blicke auf sich. Wer schon in Florenz war, fühlt sich durch den viereckigen Turm, die Zinnen und Pechnasen an den Palazzo Vecchio erinnert.

Den Aufbau der Stadt muss man vom Rathausturm aus betrachten, dessen enge Treppe außer Sonntag jeden Vormittag bestiegen werden kann. Links vom Rathaus blickt man auf den Palazzo Ricci (16. Jahrhundert), ihm gegenüber auf den Palazzo Neri-Orselli (14. Jahrhundert), einen Backsteinbau, in dem das **Museo Civico** mit Della-Robbia-Majoliken und einer Gemäldesammlung des 13. bis 18. Jahrhunderts untergebracht ist. Gleich daneben in Richtung Piazza liegt der Palazzo del Capitano del Popolo (14. Jahrhundert), heute das Gerichtsgebäude. Direkt am Platz zeigt sich die Front des Palazzo Nobili Tarugi, vor dem ein Brunnen (1520) mit zwei etruskischen Säulen steht. Auf dem Brunnenbalken sind zwei Löwen zu sehen, die das Medici-Wappen halten.

Die rechte Seite der Piazza Grande wird vom **Dom** (1594 begonnen) begrenzt, der durch seine unvollendete Fassade recht schlicht wirkt, aber trotzdem besucht werden sollte, um mindestens zwei Meisterwerke zu sehen: das farbenfreudige, mit Blattgoldeinlagen verzierte Triptychon »Mariä Himmelfahrt« (Taddeo di Bartolo, Anfang 15. Jahrhundert) und den Sarkophag des Erzbischofs Aragazzi von Michelozzo.

Im Sommer ist der Platz mit prallem Leben erfüllt, vor allem im Juli während des traditionellen Jazzfestivals und dem gleichzeitig veranstalteten *Cantiere Internazionale d'Arte*, einem Festival mit Opern, Theateraufführungen und Konzerten, 1976 vom deutschen Komponisten Werner Henze ins Leben gerufen. Vom 14. bis 16. August gehört Montepulciano beim historischen *Bruscello*-Fest den Bänkelsängern und am letzten Sonntag im August beim *Bravio delle Botti* den starken Männern. Bei diesem Weinfässer-Championat treten die Muskelmänner der acht Stadtteile gegeneinander an, indem sie fünf Doppelzentner schwere Weinfässer nach oben durch die engen Gassen rollen. Anschließend gibt es einen Festzug in Renaissancekostümen. Den Abschluss bildet ein Festessen in den Gassen rund um die Piazza Grande.

Wer noch gut zu Fuß ist, findet nordwestlich der Piazza Grande die Porta Grassi, an der die Via di Biagio abwärts zu einem architektonischen Schmuckstück führt: zur **Kirche San Biagio** mitten auf der grünen Wiese. 1518 wurde sie von Antonio da Sangallo, der überhaupt den Stil der Stadt prägte, in reinster Renaissance begonnen. Im Sonnenschein schimmert das Travertingestein goldgelb. Auf der beschriebenen Tour kann man die Kostbarkeit des 16. Jahrhunderts aber auch per Auto erreichen,

Zwei Kleinode im Süden der Toskana: rechts Monticchiello und im Hintergrund Pienza

da sie sowieso im Süden Montepulcianos fortgesetzt wird. Also vom Parkplatz im Norden auf der Ostseite die Stadt umfahren, die Straße Richtung Pienza nehmen (SS 146), aber gleich am Ende der Stadt nach rechts abbiegen, um durch eine etwa 150 Meter lange Zypressenallee zur Kirche zu gelangen.

Wieder zurück von San Biagio folgt man der Hauptstraße einen guten Kilometer nach Osten (Richtung Chianciano Terme). Aufpassen: bald kommt rechts die Abzweigung auf die SS 146 nach **Monticchiello**. Der hübsche Festungsort über dem Tresa-Tal hat eine wilde Geschichte hinter sich: etruskischen Ursprungs, Erweiterung zur Zeit der Langobarden, Besitz der römischen Kirche, Lehen des Deutschen Ritterordens, freie Kommune auf Seiten Sienas, 1553 Widerstand gegen Karl V. – am Stadttor sind noch die Spuren der Kanonenkugeln zu sehen – und am 6. April 1944 Kampf der Einwohner gegen die deutsche Besatzung. Ende Juli bis Mitte August gehören Gassen und Plätze dem *Teatro Povero* (armes Theater). Mehr als die Hälfte der Einwohner des 300-Seelen-Fleckens macht mit und lässt die Mauern von alten und aktuellen Geschichten widerhallen.

Unterhalb des Städtchens an der Kreuzung zweigt rechts ein enger, eher von landwirtschaftlichen Fahrzeugen genutzter Weg ab, auf dem man sich von der Rückseite durch eine malerische Landschaft dem auf einem Hügel liegenden **Pienza** nähert. Oft bimmelt es, weil Schafherden langsam über die grünen Kuppen ziehen. Ein Markenzeichen der Stadt, denn der Pecorino von Pienza genießt einen ausgezeichneten Ruf.

Als der Ort noch Corsignano hieß und am Fuß des Hügels stand, wurde hier 1405 Enea Silvio Piccolomini geboren. Als Kind soll er vor dem Bauerndorf Schafe gehütet haben. Der spätere Humanist und Philosoph wurde 1458 zum Papst gewählt und zwang den Adel sowie die reichen Händler, Geld für eine neue Stadt zu spenden. Corsignano sollte ein neues Gesicht bekommen, eine Bischofsresidenz und eine Musterstadt der Renaissance werden. Zu Ehren des Papstes Pius II. wurde die Stadt nach seinem Namen in Pienza umgetauft.

Das Problem für den beauftragten Architekten Bernardo Rossellino war, auf kleinstem Raum einen würdigen Platz mit Dom, Papstpalast und Bischofspalast zu bauen. Er schaffte es mit einem genialen Trick, der mit Blick vom Rathaus zur **Piazza Pio II** nachzuvollziehen ist: Der Platz wird an seinem Ende vom **Dom** abgeschlossen, rechts steht der **Palazzo Piccolomini**, links der **Bischofspalast**. Die Fronten der seitlichen Paläste gehen nach hinten auseinander, der Platz bildet also ein rückseitig breiteres Trapez. Verstärkt wird diese »umgekehrte Perspektive« dadurch, dass der findige Architekt den Dom ein Stück in den Platz gestellt hat. Dadurch wird das Auge getäuscht, es entsteht der Eindruck, die Paläste verbreiterten sich ins Unendliche, der Fluchtpunkt befände sich im Rücken des Betrachters.

Pienza: der Dom an der Piazza Pio II

Ein anderer Kunstkniff, der kleinen Stadt den Anschein von Größe zu geben, besteht darin, dass die Hauptgasse, nach dem Baukünstler **Corso Il Rossellino** genannt, an beiden Seiten als Abschluss ein Stadttor hat. Durch die Krümmung der Gasse kann der Betrachter von keinem Punkt aus beide Tore gleichzeitig sehen und bekommt so den Eindruck einer stattlichen Papststadt vermittelt. Tragik des Schicksals ist, dass trotz schneller Verwirklichung innerhalb von drei Jahren weder Papst noch Architekt die Vollendung erlebten.

Noch ein Tipp, um das Werk noch deutlicher zu sehen: Gegenüber dem Dom, jenseits des Platzes steht der **Palazzo Pubblico** mit einem sehr hohen Turm. Während der Bürozeiten kann man im ersten Stock des Rathauses um Erlaubnis bitten, auf den Torre steigen zu dürfen. Der Ausblick ist hinreißend: Man schaut auf den trapezförmigen Domplatz, folgt mit den Augen der gekrümmten Hauptgasse, an der sich die Geschäfte für Schafskäse, Wein und Souvenirs aneinander reihen und betrachtet die hügelige Umgebung.

3 **Infos:** Chiusi, Montepulciano

Ufficio Turismo Chiusi
Via Porsenna 73
53043 Chiusi
✆ und Fax 05 78-22 76 67

Museo Nazionale Etrusco
Via Porsenna 73, Chiusi
✆ 05 78-201 77
Mo–Sa 9–14, So/Fei 9–13 Uhr
Sammlung etruskischer Grabbeigaben.

Duomo/Museo della Cattedrale
Piazza del Duomo, Chiusi
✆ 05 78-22 64 90
Tägl. 9.30–12.45 und 16.15–18.30 Uhr, im Winter nur vormittags
Skulpturen aus der römischen und langobardischen Zeit sowie aus dem Mittelalter.

Zaira
Via Arunta 12, Chiusi
✆ 05 78-202 60, im Winter Mo geschl.
Stimmungsvolles Restaurant, toskanische Gerichte. €€

La Solita Zuppa
Via Porsenna 21, Chiusi
05 78-210 06
Suppen aller Art. €

Pro Loco Montepulciano
Via di Gracciano nel Corso 59/a
53045 Montepulciano
✆ 05 78-75 73 41
www.comune.montepulciano.si.it

Il Marzocco
Piazza Savonarola 18
53045 Montepulciano
✆ 05 78-75 72 62, Fax 05 78-75 75 30
Einfaches, sauberes Hotel im historischen Zentrum, mit gutem Restaurant (€€). €

Turm des Palazzo Comunale
Piazza Grande, Montepulciano
Mo–Sa 8–13.30 Uhr
Aufschlussreicher Blick auf die Piazza Grande und über die ganze Stadt.

Museo Civico
Via Ricci, Montepulciano
✆ 05 78-71 73 00, Fax 05 78-75 73 55
Sommer Di–So 10–13 und 15–18 Uhr, im Winter nur vormittags
Della-Robbia-Majoliken und Gemälde des 13.–18. Jh.

Osteria Borgo Buio
Via di Borgo Buio 10, Montepulciano
✆ 05 78-71 74 97, Do geschl.
Gemütliches Restaurant in alten Kellergewölben, typisch toskanische Küche, Spezialität: gefülltes Kaninchen *(coniglio ripieno)*. €€

Diva e Maceo
Via di Gracciano nel Corso 92, Montepulciano
✆ 05 78-71 69 51, Di geschl.
Typische Trattoria, toskanische Gerichte, Spezialität: gefülltes Täubchen *(piccione ripieno)*. €€

La Grotta
Località San Biagio 16, Montepulciano
✆ 05 78-75 74 79, Mi geschl.
Alte Osteria mit viel Atmosphäre, Gartenrestaurant, südtoskanische Gerichte. €€

Caffè Poliziano
Via di Voltaia nel Corso 25
Montepulciano
Antikes Café mit schönem Blick, Erfrischungen, *tramezzini* (Sandwiches), kleine warme Gerichte. €

Fattoria Pulcino
An der Statale 146 von Montepulciano nach Chianciano, kurz vor der Abzweigung nach Monticchiello
✆ 05 78-75 87 11
Rustikales, großes Restaurant, typische toskanische Gerichte, auch belegte Brötchen. Verkauf landwirtschaftlicher

3 Infos: Montepulciano, Monticchiello, Pienza

Produkte: Wein, Olivenöl, Käse, Schinken, Salami, Hülsenfrüchte Honig und vieles mehr. €€

Wichtige Feste in Montepulciano
Im Juli: Jazzfestival und *Cantiere Internazionale d'Arte* mit Opern, Theateraufführungen und Konzerten.
14.–16. August: historisches *Bruscello*-Fest mit Bänkelsängern.
Letzter So im August: *Bravio delle Botti*, Weinfässer-Rollen durch die Gassen.

Taverna di Moranda
Via di Mezzo 17–13
Monticchiello
✆ 05 78-75 50 50, Mo geschl.
Gemütliches Restaurant in einem alten Gewölbe, ausgezeichnete toskanische Küche, Schweinefleischgerichte von der traditionellen *cinta senese*, Spezialität: gefülltes Täubchen. €€

La Porta
Via del Piano 1, Monticchiello
✆ 05 78-75 51 63, Do geschl.
Rustikales Restaurant, gute toskanische Küche, Spezialitäten: gefülltes Kaninchen, Schweineleber. €€

Madalisa
Via di Mezzo 8, Monticchiello
Kleine Boutique mit erlesenen, phantasievollen Damenkleidern. Daniele Mangiavacchi vermittelt auch kostbare Puppen und Stofftiere von Esther Chines.

Wichtiges Fest in Monticchiello
Ende Juli–Mitte August *Teatro Povero* unter Mitwirkung der Einheimischen.

Ufficio Turistico di Pienza
Corso Il Rossellino 59
53026 Pienza
✆ und Fax 05 78-74 90 71
www.comunepienza.toscana.nu

Il Chiostro di Pienza
Corso Il Rossellino 26
53026 Pienza
✆ 05 78-74 84 00, Fax 05 78-74 84 40
www.directa.net/toscana/hotels/chiostra/html
Stilvolles Hotel in einem renovierten, ehemaligen Kloster in der Altstadt, mit Restaurant. €€€

San Gregorio Residence
Via della Madonnina 7
53026 Pienza
✆ 05 78-74 81 75, Fax 05 78-74 83 54
Ordentliches Hotel am Stadtrand, kein Restaurant. €

Corsignano
Via della Madonnina 11
53026 Pienza
✆ 05 78-74 85 01, Fax 05 78-74 81 66
Ordentliches, neues Hotel am Stadtrand, kein Restaurant. €

Dal Falco
Piazza Dante Alighieri 3
53026 Pienza
✆ und Fax 05 78-74 85 51
Restaurant mit preiswerten Zimmern (€), Restaurant. €€

Palazzo Piccolomini
Piazza Pio II, Pienza
Sommer Di–So 10–12.30 und 16–19, Winter Di–So 10–12.30 und 15–18 Uhr
Reizvolle Architektur: drei offene Loggien, deren Arkaden für den Blick auf die Landschaft des Orcia-Tals den Rahmen bilden; schöner Innenhof.

Duomo
Piazza Pio II, Pienza
Tägl. 8–13 und 14.30–19 Uhr
Schlichte Renaissancefassade; zahlreiche Gemälde, mehrere Madonnenbilder in der dreischiffigen Hallenkirche, geschnitztes Chorgestühl mit Einlegearbeiten (1462), Kapelle links vom Chor mit kostbarem Triptychon »Himmelfahrt Mariä« von Lorenzo di Pietro, genannt Il Vecchietta (um 1412–80).

3 **Infos:** Pienza

Museo Diocesano
Corso II Rossellino 30, Pienza
✆ 05 78-74 99 05
Sommer Mi–Mo 10–13 und 14–18.30, Winter Sa/So 10–13 und 15–18 Uhr, Eintritt 4 €
Wertvolle Sammlung aus Kirchen der Umgebung, wundervolle Madonnengemälde, Kruzifixe und Triptychen.

Il Prato
Via Santa Caterina 1–3, Pienza
✆ 05 78-74 99 24, Mo geschl.
Gepflegtes Restaurant in alten Scheunen eines Herrenhauses, Terrasse mit schönem Blick, toskanische Küche, beste Pasta, z.B. Kartoffelgnocchi mit Trüffeln aus den Crete, Spezialität: Wildschwein. €€

La Buca delle Fate
Corso Il Rossellino 38 a, Pienza
✆ 05 78-74 82 72
Mo geschl.
Gepflegtes Restaurant im Gewölbe eines ehemaligen Pferdestalls, gute toskanische Küche. €€

Bar la Posta
Corso Il Rossellino 57, gegenüber dem Domplatz, Pienza
Erfrischungen und Panini. €

Produkte der Provinz
Typische landwirtschaftliche Produkte wie *pecorino di Pienza* (Schafskäse), Olivenöl, Wurstwaren und Hülsenfrüchte gibt es entlang dem Corso Il Rossellino und in den Nebengassen recht zahlreich. Die Preise liegen an der oberen Grenze. Eine gute Auswahl bietet z.B.
Marusco e Maria
Corso Il Rossellino 15–21, Pienza

Crete-Landschaft südlich von Pienza

4 Weinstädtchen, Klöster und die kargen Crete

Montalcino, die Abbazia di Monte Oliveto Maggiore und nach Siena

4. Route: Pienza – San Quirico d' Orcia – Sant' Antimo – Montalcino – Buonconvento – Abbazia di Monte Oliveto Maggiore – Crete – Asciano – Siena (ca. 100 km)

Den Routenverlauf finden Sie in der Karte S. 134.

Vormittag	Zeit für die Sehenswürdigkeiten in **San Quirico d' Orcia** und Besuch des historischen **Bagno Vignoni**, dann Besichtigung der Klosterkirche **Sant' Antimo** und Bummel durch das Weinstädtchen **Montalcino**.
Nachmittag	Nach Stopp im historischen **Buonconvento** braucht der Kreuzgang der **Abbazia di Monte Oliveto Maggiore** einige Zeit. Langsame Fahrt durch die Landschaft der Crete und über **Asciano** nach **Siena**.

Nur zehn Kilometer sind es von Pienza zum sehenswerten San Quirico d' Orcia. Dann geht es südwärts und hoch nach Castiglione d' Orcia, abwärts zur Häusergruppe Monte Amiata – das ist nicht der gleichnamige Berg – und zum nordwestlich liegenden Castelnuovo dell' Abate mit der eindrucksvollen Benediktinerabtei Sant' Antimo. Zehn Kilometer nördlich dann ein neuer Höhepunkt: das Burg- und Weinstädtchen Montalcino. Nach Genüssen für Auge und Kehle wird im Norden die Festung Buonconvento angesteuert, danach die berühmte Abbazia di Monte Oliveto Maggiore. Hier beginnen auch schon die Ausläufer der kargen, aber gerade dadurch anziehenden Crete, die

Benediktinerabtei Sant' Antimo bei Montalcino

vor allem Hobby-Fotografen zu häufigen Stopps animiert. Asciano ist das einzige Städtchen in dieser bemerkenswerten Landschaft, die sich bis vor Sienas Tore erstreckt.

San Quirico d' Orcia war einst an der Via Cassia ein strategisch wichtiger Stützpunkt der eroberungslustigen Kaiser und Päpste und lange Zeit Streitpunkt zwischen Arezzo und Siena. Hier lagerte auch Barbarossa (Friedrich I., 1154) zur Vorbesprechung seiner Krönung zum Kaiser durch Papst Adrian IV. Dieser Aufenthalt ist übrigens der Grund für das im Juni stattfindende Barbarossa-Fest.

Gleich neben dem Mauerring mit 14 kleinen Wehrtürmen (15. Jahrhundert) steht die **Collegiata** (Stiftskirche, 12. bis 13. Jahrhundert) mit drei sehenswerten Portalen. Auf dem Türsturz des romanischen Portals auf der Westseite sind Fabelwesen und Drachen dargestellt; die beiden anderen befinden sich auf der Südseite: Das linke mit zwei säulentragenden Löwenfiguren stammt vermut-

Wehrgang der trutzigen Burg von Montalcino

lich von einem Schüler G. Pisanos aus dem 14. Jahrhundert, das rechte ist ein gotisches Portal von 1298. Im Inneren sind zwei Meisterwerke zu sehen: das Chorgestühl mit kunstvollen Einlegearbeiten (um 1500) und das Altarbild von Sano di Pietro (um 1406–81). Die Holztafel zeigt die Madonna mit Kind und vier Heiligen. Die Kirche ist dem heiligen Quiricus (Namengeber der Stadt) geweiht, der schon mit fünf Jahren (nach anderen Quellen drei Jahren) den Märtyrertod erlitt. Seine Mutter Julitta hatte sich zum Christentum bekannt und wurde mit Riemen geschlagen. Quiricus zerkratzte daraufhin das Antlitz des Richters, der das Kind tödlich auf den Boden schleuderte und Julitta enthaupten ließ.

Neben der Kirche steht der barocke **Palazzo Chigi**, dessen Fresken jüngst restauriert wurden. An der zentralen Piazza Libertà, neben der Kirche San Francesco, liegen die **Horti Leonini**, eine erholsame Gartenanlage des 16. Jahrhunderts im englischen und italienischen Stil. Im Herbst stellen dort junge Künstler ihre Skulpturen aus. Die den Ort durchquerende Via Dante Alighieri führt im Südosten in den historischen Badeort **Bagno Vignoni**. Schon die Römer sollen das Heilwasser genutzt haben, und zur Zeit der Republik Siena kurierten sich verwundete Soldaten in dem übergroßen Becken, das im Kreis der wenigen Häuser etwas deplatziert wirkt. Der gichtige Lorenzo de'Medici (vgl. S. 21 f.) und Santa Caterina di Siena (vgl. S. 155) sollen hier Linderung gesucht haben. Heute badet man am anderen Ende des Ortes im Hotel Posta Marcucci, das auch für Nicht-Gäste an den Sommerwochenenden bis Mitternacht geöffnet hat.

Weiter geht die Fahrt über **Castiglione d' Orcia** mit der wehrhaften Rocca oberhalb des Ortes, ebenfalls ehemals ein Rastplatz Barbarossas. Gegenüber im Westen, hinter einem Bergrücken und dem Asso-Tal, liegt die **Abbazia di Sant' Antimo**, per Auto aber nur mit einem Bogen nach Süden über die Dorfflecken Ansidonia und Monte Amiata zu erreichen. Mit sorgfältiger Hand renoviert, liegt die aus hellem Travertin erbaute Benediktinerabtei (12. Jahrhundert) oberhalb des fruchtbaren Orcia-Tals, eingerahmt von Olivenhainen, Feldern und Wäldern. Die romanischen Portale mit Löwen und Fabeltieren begeistern jeden Besucher. Im dreischiffigen Innenraum wird man durch die gregorianischen Gesänge vom Band und die durch Alabasterscheiben geheimnisvoll gelblich beleuchteten Säulen mit Alabasterkapitellen in eine eigenartige Stimmung versetzt. Gregorianische Choräle sind bei der Sonntagsmesse auch live zu hören.

Eine Erfrischungspause verspricht zehn Kilometer weiter nördlich das ummauerte, von einer stolzen Burg überragte **Montalcino**. Die trutzigen Türme der **Fortezza** (14. Jahrhundert) ziehen magisch an, denn von den Wehrgängen (1571) aus kann man sich einen Überblick über Montalcino und seine Weinberge verschaffen. Bequem wird es den Besuchern durch einen großen Parkplatz neben der Fortezza gemacht. Als Alternative zum Klettern bietet sich die Möglichkeit, in der Enoteca im Rocca-Gewölbe den köstlichen »Brunello« zu verkosten. Dazu hat man allerdings auch reichlich Gelegenheit beim Bummel durch die Gässchen.

Während Fans der Kirchenkunst das **Museo Civico e Diocesano** mit einer wundervollen Madonnensammlung in ihr Programm einbauen, verschwinden die Genießer weltlicher Verführungen in der »Fiaschetteria Italiana«, einer historischen Wein- und Kaffeestube von 1888 (Piazza del Popolo 6). An der stimmungsvollen Theke kann man dann ausprobieren, ob man ein paar Flaschen des teuren, rubinroten »Brunello di Montalcino« erstehen soll oder sich mit dem etwas helleren und auch erheblich billigeren »Rosso di Montalcino« begnügt. Beide Sorten lockern im Juli und August beim *Festival Internazionale dell' Attore* die Zungen von Profis und Laien, wenn sich das ganze Städtchen in eine Bühne verwandelt.

Bei der Weiterfahrt über die Via Cassia in die Crete reizt schon wieder ein Bollwerk zum Halt: **Buonconvento**, das Festungsstädtchen, in dem kurz nach seiner Krönung Kaiser Heinrich VII. am 24. August 1313 an Fieber starb. Wer Gassenbummel liebt, kommt auch hier wieder auf seine Kosten. Schöne Paläste zieren die Wege, und Kunstfreunde finden Interessantes im **Museo di Arte Sacra**.

Neun Kilometer auf der SS 451, immer weiter in die Crete, steht als letzte bauliche Sehenswürdigkeit die **Abbazia di Monte Oliveto Maggiore** (1313 gegründet) am Weg. Vom Tor der Anlage spaziert man zuerst durch eine herrliche Parklandschaft. Die Attraktion des Benediktinerklosters ist der Kreuzgang mit 35 Fresken (Signorelli 1497/98 und Sodoma 1505–08) aus dem Leben des heiligen Benedikt, des Schutzpatrons von Europa. Alle seine Wunder werden gezeigt: Wie er den Teufel austreibt, eine Weinflasche in eine Schlange verwandelt, Begrabene aus dem Sarg, Gefesselte durch einen Blick aus ihren Banden befreit. Das rührendste Motiv befindet sich gegenüber dem Eingang zum Klostergarten an der linken Ecke, wo man wegen der chronologischen

Folge mit der Besichtigung der Freskentour beginnen sollte. Dort verabschiedet sich Benedikt von seiner Schwester Scholastika, an deren Rock sich ein kleines Mädchen schmiegt, das wiederum von einem Hündchen am Kleid gezerrt wird.

Vom Kloster aus Richtung Asciano geht es querbeet durch die eigentümliche Landschaft der **Crete**. *Crete* heißt Tonerde oder Lehm; aber auch Tuffstein bildet manchmal den Boden, der für die klassische Landwirtschaft völlig ungeeignet ist. Nur geringe Erträge werden bei Dinkel und Gerste erzielt. Auf abgerundeten Hügeln stehen wenige Höfe, zu denen Zypressen wie eine Parade von Zinnsoldaten hochführen – das klassische Urlauberfoto.

Abbazia di Monte Oliveto Maggiore

Solange die Wiesen grünen, Schafherden bimmelnd zu den Senken ziehen, wo sie Wasserstellen finden, stimmen die Crete noch heiter. Doch wenn der Saft aus den Halmen weicht, die Hügel abgegrast sind, der Herbstwind über die karge, umgepflügte Erde streicht, dann kommt Melancholie auf. Und doch gibt es viele Menschen, die sich in dieses kärgliche, abgemagerte Szenarium verliebt haben – zu jeder Jahreszeit.

Am wohlsten fühlen sich hier die Schäfer, die Käsebauern, die ursprünglich aus Sardinien stammen und die von dort auch ihre Tiere mitgebracht haben, weil sie mehr Milch geben als die toskanischen Schafe. Kenner schwören auf Crete-Pecorino, der gewürzt wird von Kräutern, die auf dem schweren Boden gedeihen: Wasserminze mit lila Blüten, Majoran, wildes Bohnenkraut und wilder Radicchio, Wacholder und Wermut, auch Bitterer Beifuß genannt. Bei der Fahrt durch die Crete sieht man immer wieder Hinweise auf den Verkauf von Pecorino, gute Tipps für den preiswerten Erwerb mit Qualitätsgarantie.

Gute Möglichkeiten für den Pecorino-Einkauf gibt es auch in **Asciano**, das oft im Anblick des nahen Siena zu Unrecht vergessen wird. Die Mauern des mittelalterlichen Städtchens sind teilweise intakt, der Corso Matteotti bietet zahlreiche Geschäfte für einen Einkaufsbummel und wer immer noch nicht genug Kultur eingesogen hat, findet hier die romanische **Basilica di Sant' Agata** (11. Jahrhundert) und im Museum Meisterwerke der Sieneser Schule sowie etruskische Funde aus den nahen Necropoli di Poggio Pinci. Über die SS 438 wird nach knapp 30 Kilometern schnell Siena erreicht.

4 **Infos:** San Quirico d'Orcia, Montalcino

Ufficio Turismo
Via Dante Alighieri 33
53027 San Quirico d' Orcia
✆ 05 77-89 72 11

Collegiata
Via Dante Alighieri s/n
San Quirico d' Orcia, ✆ 05 77-89 75 06
Tägl. 10–12.30 und 16–19 Uhr
Drei Portale, eines mit Fabelwesen verziert und mit von Löwen getragenen Säulen; im Inneren wertvolles Chorgestühl mit Einlegearbeiten und ein wunderschönes Altarbild: Madonna mit Kind und vier Heiligen von Sano di Pietro.

Palazzo Chigi
Piazza Chigi 1, San Quirico d' Orcia
April–Okt. Di–So 10–12.30 und 16–19 Uhr
Sehenswerte restaurierte Fresken.

Horti Leonini
Neben dem Hauptplatz
San Quirico d' Orcia
Tägl. von Sonnenaufgang bis -untergang
Prachtvolle Gärten in englischem und italienischem Stil.

Posta-Marucci
Località Bagno Vignoni
53027 San Quirico d' Orcia
✆ 05 77-88 71 12, Fax 05 77-88 71 19
www.hotelpostamarcucci.it
Komfortables Hotel mit Thermalbad. €€

Wichtiges Fest in San Quirico d' Orcia
3. Wochenende im Juni: *Festa del Barbarossa* mit Wettbewerb im Bogenschießen.

Abbazia di Sant' Antimo
10 km südlich Montalcino
Mo–Sa 10.30–12.30 und 15–18.30, So/Fei 9.15–10.45 und 15–18 Uhr
Renovierte Benediktinerabtei, romanische Portale mit Löwen und Fabeltieren, stimmungsvoller, dreischiffiger Innenraum mit Alabasterfenstern und schönen Säulen mit Alabasterkapitellen.

Ufficio Turistico Comunale
Costa del Municipio 8
53024 Montalcino
www.comune.montalcino.si.it
✆ und Fax 05 77-84 93 31

Fortezza
Piazzale della Fortezza, Montalcino
✆ 05 77-84 92 11
April–Okt. tägl. 9–20, sonst bis 18 Uhr
Rundgang auf der Burgmauer, Ausblick auf die Stadt und die sie umgebende Landschaft.

Museo Civico e Diocesano d'Arte Sacra
Via Ricasoli 29, Montalcino
✆ 05 77-84 60 14
April–Dez. Di–So 10–18, Jan.–März Di–So 10–13 und 14–17.30 Uhr
Sakrale Kunst und Sieneser Malerei des 14. und 15. Jh.

Porta al Cassero
Via della Libertà 9, Montalcino
✆ 05 77-84 71 96, Mi geschl.
Kleines, einfaches Lokal mit einheimischer Hausmannskost. €

La Cucina di Edgardo
Via San Saloni 33, Montalcino
✆ 05 77-94 82 32
Kleines Restaurant, gute traditionelle Toskana-Gerichte. €€

Giardino dal Alberto
Piazza Cavour 1, Montalcino
✆ 05 77-84 90 76, Mi geschl.
Trattoria mit guter Küche. €€

Poggio Antico
Località Poggio Antico, südwestlich von Montalcino Richtung Grosseto
✆ 05 77-84 92 00
So/Mo abends geschl.
Feines Michelin-besterntes Restaurant mit höchster Qualität, empfehlenswert sind die Degustationsmenüs »Terra« oder »Mare« (Erde oder Meer). €€€

4 **Infos:** Montalcino, Buonconvento, Asciano

Antica Osteria del Bassomondo
Località Castelnuovo dell' Abate, 10 km südlich Montalcino
✆ 05 77-83 56 19, Mo geschl.
Einfaches, familiäres Restaurant mit hervorragender toskanischer Küche, Spezialität. *coniglio al brunello* (Kaninchen in Rotwein). Im angeschlossenen Laden gibt es selbst produzierten Käse und Wurstwaren, Schinken, Olivenöl und Montalcino-Wein. €€

Trattoria Il Pozzo
Località Sant' Angelo in Colle, 9 km südlich Montalcino
✆ 05 77-84 40 15, Di geschl.
Kleines, uriges Restaurant mit schmackhaft zubereiteter, klassisch-toskanischer Küche, Spezialität: *scottiglia*, verschiedenes geschmortes Fleisch; gebratene Täubchen vom Spieß. €€

Fiaschetteria Cantina del Brunello
Piazza del Popolo 6, Montalcino
Stimmungsvolles Kaffee- und Weinlokal, Weinproben möglich. €

Enoteca della Fortezza
Fortezza di Montalcino, Montalcino
Weinproben und kleine Gerichte, Verkauf von Wein, Pecorino, Schinken und Wurst. €

Ciacci Piccolomini d' Aragona
Borgo di Mezzo 62, Località Castelnuovo dell' Abate
Montalcino
Beste Brunello-Weine, Verkauf in einem Renaissancepalast.

Wichtiges Fest in Montalcino
Juli/August: *Festival Internazionale dell' Attore*, traditionelles Theater unter Mitwirkung aller, auch von Laien.

Ufficio Turistico Comunale
Via Soccini 18 (Museo di Arte Sacra)
53022 Buonconvento
✆ 05 77-80 71 81

Museo di Arte Sacra della Val d' Arbia
Via Soccini 18, Buonconvento
✆ 05 77-80 71 81
www.comunedibuonconvento.net
Mitte März–Ende Okt. tägl. außer Mo 10.30–13 und 15–19, Nov.–Mitte März Sa/So 10– 13 und 15–17 Uhr
Schmuck, Skulpturen aus Holz und Marmor, Malereien der Sieneser Schule vom 14.–17. Jh.

Abbazia di Monte Oliveto Maggiore
53020 Chiusure
✆ 05 77-70 70 17
www.ftbcc.it/monteoliveto
Im Sommer tägl. 9.15–12 und 15–17.45, im Winter nur bis 17 Uhr
Bedeutendes Benediktinerkloster mit 35 wunderschönen Fresken von Sodoma und Signorelli im Kreuzgang.

Trattoria La Torre
Im Turm am Parkeingang, Monte Oliveto Maggiore
✆ 05 77-70 70 22, Di geschl.
Gute toskanische Küche, mit Gartenrestaurant. €€

Ufficio Turistico Comunale
Corso Matteotti 18, 53041 Asciano
✆ 05 77-71 95 10

Il Bersagliere
Via Roma 41, Asciano
✆ 05 77-71 86 29, Fax 05 77-71 86 29
Einfaches, sauberes Mittelklassehotel mit Restaurant. €

One Way – Lo Spiedo
Via Roma 13, Asciano
✆ 05 77-71 87 55
Einfaches Hotel, Zimmer ohne Bad. Mit Pizzeria. €

Museo Etrusco
Corso Matteotti 46, Asciano
✆ 05 77-71 87 45
Di–So 10–12.30, Mitte Juni–Mitte Sept. 10–12.30 und 16.30–18.30 Uhr

4 **Infos:** Asciano

Funde aus der 8 km östlich liegenden etruskischen Nekropole Poccio Pinci.

Museo d' Arte Sacra
Piazza Filli Bandiera s/n, Asciano
Für die Besichtigung an das Ufficio Turistico Comunale wenden, s. oben
Gemälde der Sieneser Schule des 14. und 15. Jh.

Museo Cassioli
Via Mameli 34 s/n, Asciano
Di–So 10–12.30, Mitte Juni–Mitte Sept. 10–12.30 und 16.30–18.30 Uhr
Porträts des einheimischen Künstlers Cassioli, sowie Werke junger einheimischer Künstler.

La Mencia
Corso Matteotti 85, Asciano
✆ 05 77-71 82 27
Mo geschl.
Beliebtes Restaurant mit guter toskanischer Küche. €€

Il Bersagliere
Via Roma 39/41, Asciano
✆ 05 77-71 86 29
Sa geschl.
Gute toskanische Küche. €€

Da Ottorino
Locali' Sante Marie, Asciano
Via Sante Marie 114
✆ 05 77-71 87 70
Mo geschl.
Stimmungsvolles Restaurant in den früheren Stallungen eines Landguts, gute toskanische Küche. €€

Infos zu Siena finden Sie im Kapitel »Siena« S. 159 ff.

Bodenerosion prägt die karge Crete-Landschaft

❶ Eine Backsteinstadt für Fußgänger

Siena

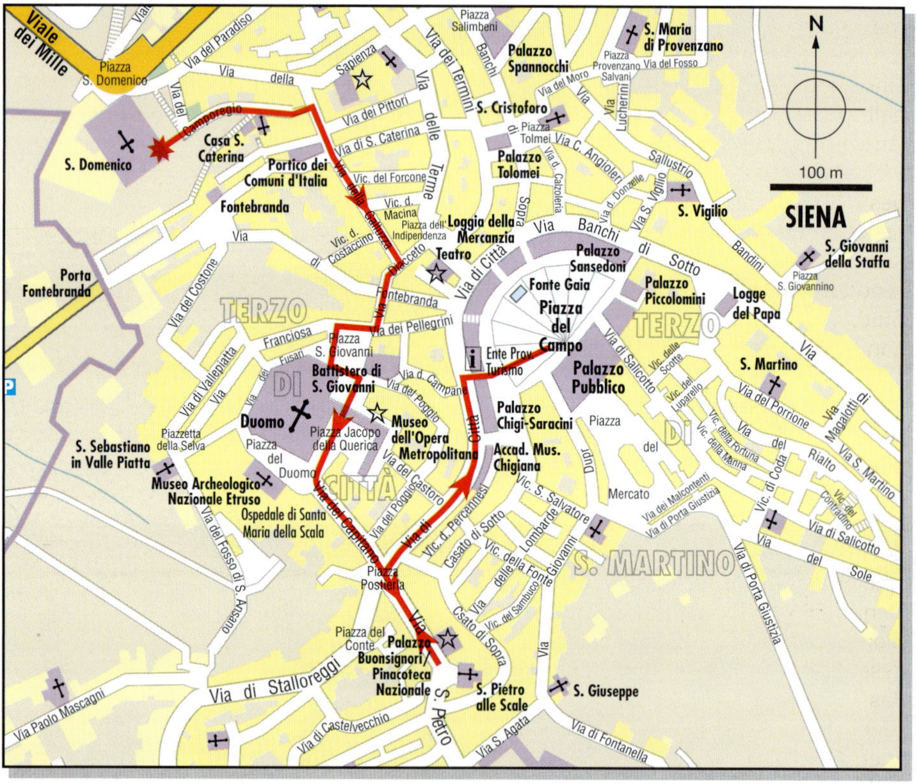

1. Programm: Siena

Vormittag	Nach dem Besuch der Kirche **San Domenico** über die Via del Camporegio zur **Casa Santa Caterina**. Weiter über die Via della Galluzza und Via Diacceto zum geistlichen Dreiklang **Baptisterium, Dom Santa Maria und Dombaumuseum**. Über die Via del Capitano abwärts Richtung Zentrum.

Nachmittag Nach der Piazza Postierla Abstecher zur **Pinacoteca Nazionale**, dann zurück und durch die Via di Città und das Gässchen Chiasso del Bargello zur **Piazza del Campo**. Pause auf dem Backsteinplatz, dann im **Palazzo Pubblico** ins **Museo Civico** und über 505 Stufen hoch auf die **Torre del Mangia**.

Die Autobahn macht einen großen Bogen um Siena, dafür verfügt die Stadt über eine perfekte Umgehungsstraße *(tangenziale)*, die es einfach macht, von allen Seiten zu den gesuchten Stadtteilen zu finden. Wer in Siena eine Unterkunft gebucht hat, sollte deshalb vorher genaue Informationen verlangen, welchen Hinweisen zu folgen ist. Wer Siena nur für einen Stadtbummel besucht, folgt am besten von der Tangenziale aus den Hinweisen »Info« und »Stadio«. So erreicht man Parkplätze rund um die Fortezza Medicea und das Stadio Comunale. Der richtige Ausgangspunkt, um schnell ins Herz der schönen Stadt zu gelangen.

Gutes Schuhwerk mit Gummisohlen ist wichtig bei den mit Kopfsteinen gepflasterten Gassen. Die Orientierung in der mittelalterlichen, auf drei Hügeln gebauten Stadt ist etwas kompliziert, doch wer sich verirrt, findet überall beispielhafte Wegweiser zu allen wichtigen Denkmälern. Ein Stadtbummel durch Siena ist anstrengend, man sollte sich deshalb nicht allzu viel vornehmen und das Tagesprogramm teilen. Vorschlag: zuerst zum geistlichen, dann zum weltlichen Zentrum.

Um den perfekt erhaltenen mittelalterlichen Stadtkern zu begreifen, ist ein kurzer Einblick in die Geschichte wichtig. Das kaisertreue Siena (Ghibellinen) trug über Jahrhunderte hinweg (1114–1555) Fehden mit dem papsttreuen Florenz (Guelfen) aus. In Zeiten des Sieges gaben die Sienesen ihrer Stadt das urbane Merkmal, das heute alle so sehr begeistert. Mit den Gewinnern zu leben war der Sinn des Landadels, doch der Rat setzte Hürden vor das Bürgerrecht: Wer es erwerben wollte, musste zuerst einen Palazzo errichten.

Aber auch die Niederlagen wirkten sich aus heutiger Sicht vorteilhaft für die Stadt aus. 1555 waren die Kriege zu

Fahnenträger auf der Piazza del Campo in Siena

Traumhafter Blick von Sienas Rathausturm zum Dom Santa Maria

Ende, Siena kapitulierte, wurde von Florenz ausgebeutet und unterdrückt, und seine Entwicklung stagnierte. Nur weil kein Geld vorhanden war, die Veränderungen der Renaissance mitzumachen, blieb Siena – bis auf wenige Ausnahmen – bis heute als nahezu unverfälschte, gotische Backsteinstadt des Mittelalters erhalten. In den 1950er Jahren wollten die Geschäftsleute das Zentrum dem Verkehr öffnen, doch die Vernunft siegte, und bereits 1956 wurde beschlossen, den Stadtkern verkehrsfrei zu halten.

Von den Parkplätzen rund um **Fortezza** und Stadion erreicht man schnell das erste Highlight Sienas: die Hallenkirche **San Domenico** (1225–54). Sie ist die Kirche der hl. Katharina, der Stadtheiligen (1347–80), seit dem Heiligen Jahr 2000 auch Schutzpatronin Europas. Ein Bild von ihr hängt gegenüber dem Eingang des gigantischen Gotteshauses und in der Renaissancekapelle. Auf derselben Seite malte Sodoma 1526 Katharinas Leidensgeschichte in Freskenbildern. Dort fand auch ihre mumifizierte Kopfreliquie in einem vergoldeten Reliquienschrein Platz.

Das **Haus der Katharina von Siena** erreicht man über die abwärts gehende Via del Camporegio, die über Ecken in die Via Caterina mündet. Im viel besuchten elterlichen Haus der Stadtheiligen zeigen 17 einfache Gemälde Szenen aus ihrem Leben.

Stadtwärts zweigt von der Gasse der Heiligen die von acht Bögen überspannte Via della Galluzza ab. An deren Ende wendet man sich nach rechts in die Via Diacceto, die hinter einem Steinbogen auf das Ende der Via dei Pellegrini und in die Piazza San Giovanni mit dem **Baptisterium** mündet. Ein kurzer Stopp, ein Blick die Marmortreppe hoch zum Dom lässt begreifen, wie kunstfertig die Baumeister Sienas es verstanden, in der Drei-Hügel-Stadt Gebäude übereinander zu stapeln: Die Taufkirche, vor der wir stehen, trägt die Krypta und darüber den erweiterten Chorraum des Doms. Im Baptisterium selbst zeigen die Relieftafeln des großen Taufbeckens (1417–1430, Jacopo della Quercia, Donatello, Ghiberti u.a.) die Lebensstationen Johannes des Täufers von seiner Geburt über die Taufe Christi bis zur von Salome gewünschten Enthauptung.

Vor der lebhaften, von Pisano geschaffenen Fassade des **Doms Santa Maria** (1210 bis 14. Jahrhundert) mit zahlreichen Skulpturen – es sind Kopien, die Originale befinden sich im Museo dell' Opera Metropolitana – deutet über dem mittleren Portal ein Symbol auf die Streitlust der Sieneser hin: Vor allem im 15. Jahrhundert bekriegten sich die einzelnen *contrade*, die Stadtteile. Der heilige Bernhard von Siena wollte sie mit dem Symbol der Auferstehung Christi mäßigen. Das ist gelungen, jedoch lebt die Rivalität gelegentlich mehr oder weniger im traditionellen Palio wieder auf (vgl. Infos S. 161).

Die wichtigsten Merkmale im Inneren sind die Marmorbilder im Fußboden (15.–16. Jahrhundert). Sie werden mit einer Kordel vor den Schuhen der Besucher abgesichert und zur Schonung abwechselnd frei gemacht. Sie zeigen beispielsweise Szenen des Alten und Neuen Testaments wie der »Bethlehemitische Kindermord«, »Quellwunder des Moses«, »Isaaks Opferung« oder »Absaloms Tod«. Weitere Schmuckstücke des Doms sind das kunstvoll intarsierte Chorgestühl (1363–97), das erst mit Beleuchtung (Münzautomat) richtig zur Geltung kommt; und die achteckige Kanzel mit Relieftafeln (1266–68) von Nicola Pisano mit sehr eindringlich ausgearbeiteten Szenen des Evangeliums.

Nach dem Dom sollten Kunstinteressierte das **Museo dell' Opera Metropolitana**, das Dombaumuseum, besuchen und im ersten Stock vor der »Maestà« (Duccio di Buoninsegna, 1311) verweilen, einer Madonna in byzantinisch-ähnlichem Sieneser Stil, eine golden strahlende Symphonie, Maria in Blau, Jesus im zartlila Gewand, umringt von Heiligen und Engeln. Von der zweiten Etage gelangt man über 60 Stufen (Scala del Facciatone) zum Ausblick über den Domplatz. Wer Siena noch von weiter oben betrachten möchte, muss eine extrem enge Wendeltreppe bewältigen. Doch die Mühe wird belohnt.

Von der Piazza del Duomo geht es über die Via del Capitano zur Piazza Postierla. Hinter dem Platz, in der Via San Pietro, wurde im Palazzo Buonsignori (14. Jahrhundert) die **Pinacoteca Nazionale** untergebracht. Für Kunstinteressierte bietet sie einen umfassenden Überblick über die Sieneser Schule. Von dort geht man wieder zurück zur Piazza Postierla und biegt rechts in die Via di Città ein, bis das kleine Gässchen Chiasso del Bargello den Blick auf den **Campo**, das Ziel aller Siena-Besucher und Mittelpunkt des weltlichen Teils der Stadt, freigibt. Zunächst sollte man sich auf dem fächerförmigen Platz niederlassen, um das Ensemble zu genießen und Pläne für die Fortsetzung der Stadttour zu machen.

Am oberen Ende des aufsteigenden Areals steht eine Kopie der **Fonte Gaia.** Das ziemlich ramponierte Original des Brunnens befindet sich im Rathaus. Im harmonischen Ensemble hinter der Fonte erhebt sich der leicht abgerundete **Palazzo Sansedoni** (1339), maßgebend für den Charakter des Zentrums. Mit dem Rücken zum Brunnen fällt der Blick auf den grandiosen, gotischen **Palazzo Pubblico** oder Palazzo Comunale (1297 begonnen) mit der 102 Meter hohen Torre del Mangia (*mangiaguadagni* = Gewinnverteiler, weil der erste Glöckner in seiner Faulheit nicht einmal die Warnglocke bewegte). Auch wenn es von der niedrigsten Stelle der Stadt nicht so aussieht, der Turm ist höher als der Campanile des Doms – darauf legten die Sieneser Ratsherren als weltliche Macht großen Wert.

Das elegante Rathaus ist für Kulturtouristen das Zentrum der weltlichen Tour: In seinen mittelalterlichen Prunkräumen wurde das **Museo Civico** eingerichtet, das eine Reihe von Kunstschätzen birgt, die keinesfalls verpasst werden dürfen. Mittelpunkt des Baus und des Interesses ist die Sala del Mappamondo, so benannt nach einer Weltkarte des frühen 14. Jahrhunderts (Ambrogio Lorenzetti). Doch zuerst wenden sich alle Blicke links auf eine Maestà (1312–15) von Simone Martini: Eine auf dem Thron sitzende majestätische Himmelskönigin hält auf den Knien das Jesuskind, beide sind umringt von Aposteln, Heiligen und Engeln.

In der Sala della Pace (Saal des Friedens) warten weitere Kunstwerke auf Bewunderer. Als Werbung für die gute Hand der Sieneser Ratsherren und als Mahnung an Tyrannen stellte Ambrogio Lorenzetti (1319–48) die Auswirkungen einer guten und einer schlechten Regierung einander gegenüber. Die Fresken gehören wohl zu den wichtigsten weltlichen Werken des Mittelalters.

»Die gute Regierung« zeigt das blühende städtische Leben vor prächtigen Gebäuden, Handwerker bei der Arbeit, schwer bepackte Mulis symbolisieren florierenden Handel, fette Schweine vor den Toren der Stadt und pflügende Bauern eine funktionierende Landwirtschaft. Die Allegorien der Tugenden verbreiten gute Stimmung: lässig auf einem Diwan sitzend, den Ellbogen auf die Armlehne gestützt, die Gestalt des Friedens, die dem Saal den Namen gab *(Pace)*. Anders die Symbole der schlechten Regierung, der Tyrannen, auf der Wand gegenüber: Es herrschen Dolch und Giftbecher, Ruinen und Bettler, Mordbuben und Teufel.

Das Originalbild der »guten Regierung« kann man im Obergeschoss des Rathauses auf der Rückseite genießen, umrahmt von der offenen Loggia: Im Vordergrund der städtische Marktplatz, in der Mitte endet die Stadt, geht über in das sanfte Gemälde des Landes, grüne Wiesen und typische toskanische Höfe beherrschen den Horizont. Noch mehr Ausblick bietet sich von der **Torre del**

Imposant: die Piazza del Campo in Siena

Mangia. Diese Aussicht muss man sich allerdings erst verdienen – 505 Stufen sind zu überwinden. Dann aber folgen die Bilder Schlag auf Schlag: links Dom und Campanile, jetzt etwas geduckt; geradeaus die Gruppe der klassischen Backsteingebäude um den Campo; dahinter das Gewirr der Contrade und ihrer Gassen; rechts gegenüber der Nordostecke des Platzes steht der Palazzo Piccolomini (1460–65), den Bernardo Rossellino (Erbauer von Pienza, vgl. S. 140) für die Schwester von Papst Pius II. plante. Es ist eines der wenigen Sieneser Bauwerke im Stil der Florentiner Frührenaissance.

Die Nordostecke des Rathauses wird auch als Kurve San Martino bezeichnet und spielt beim Palio, dem traditionellen Pferderennen, das jährlich am 2. Juli und 16. August stattfindet, eine gefährliche Rolle: Sie ist mit Matratzen verhangen, um die häufigen Stürze der Pferde zu mildern. An normalen Tagen ist der **Campo** friedlich. Vom Turm aus sehen die sich darauf tummelnden Menschen wie Ameisen aus. Wie ein antikes Theater präsentiert sich der Platz. Von oben sind deutlich die neun Sektoren zu erkennen, die den im Mittelalter Siena regierenden »Rat der Neun« symbolisieren.

Sienas Campo, ein Platz zum Bummeln, Dösen und Flirten

1 Infos: Siena

APT Siena
Piazza del Campo 56
53100 Siena
✆ 05 77-28 05 51, Fax 05 77-27 06 76
www.siena.turismo.toscana.it
Ende März–Anfang Nov. Mo–Sa 8.30–19.30, sonst Mo–Fr 8.30–13 und 15–19, Sa 8.30–13 Uhr

Siena Hotel Promotion
Piazza San Domenico s/n
53100 Siena
✆ 05 77-28 80 48, Fax 05 77-28 02 90
info@hotelsiena.com

Certosa di Maggiano
Via della Certosa 82, 2 km vom Zentrum
53100 Siena
✆ 05 77-28 81 80, Fax 05 77-28 81 89
www.certosadimaggiano.it
Sehr komfortables Hotel in einem früheren Kloster, individuell eingerichtete Zimmer, sehr gutes Restaurant, im Sommer im kleinen Kreuzgang. €€€€

Villa Scacciapensieri
Via Scacciapensieri 10, 3 km vom Zentrum
53100 Siena
✆ 05 77-4 14 41, Fax 05 77-27 08 54
web.tin.it/villascacciapensieri
villasca@tin.it
Komfortables, sehr gepflegtes Haus in ruhiger Lage, mit Pool, Tennis, Restaurant »Altri Tempi«. €€€

Duomo
Via Stallareggi 38, 53100 Siena
✆ 05 77-28 90 88, Fax 05 77-430 43
www.hotelduomo.it
Ordentliches Hotel in einem Palazzo, Nähe Dom. €€

Antica Torre
Via Fieravecchia 7
53100 Siena
✆ und Fax 05 77-22 22 55
Kleines Hotel mit viel Atmosphäre in einem alten Turm (17. Jh.). €

Locanda Garibaldi
Via G. Dupré 18
53100 Siena
✆ 05 77-28 42 04
50 m bis zum Campo, einfache, saubere Zimmer, preiswertes Restaurant, mit toskanischer Küche. €

Minerva
Via Garibaldi 72
53100 Siena
✆ 05 77-28 44 74, Fax 05 77-433 43
www.albergominerva.it
Ordentliches Mittelklassehotel, ohne Restaurant. €

Kirche San Domenico
Piazza San Domenico
Im Sommer tägl. 7–13 und 15–18.30, im Winter tägl. 9–13 und 15–18 Uhr
Kirche der Stadtheiligen Katharina, ihre Leidensgeschichte wird in Fresken erzählt; mumifizierte Kopfreliquie in vergoldetem Schrein.

Santuario e Casa di Santa Caterina
Costa di Sant' Antonio
✆ 05 77-441 77
Tägl. im Sommer 9–12.30 und 14.30–18, im Winter 9–12.30 und 15.30–18 Uhr
Wallfahrtsort mit gemalten Szenen aus dem Leben der heiligen Katharina.

Museo dell' Opera Metropolitana
Piazza del Duomo 8
✆ 05 77-28 30 48
Tägl. März–Sept. 9–19.30, Okt. 9–18, Nov.–Feb. 9–13.30 Uhr, Eintritt 5 €
Duccio-Saal mit der Maestà, einem Gemälde der Himmelskönigin, Originalfiguren der Domfassade sowie Holzschnitzereien von Jacopo della Quercia.

Duomo Santa Maria
Piazza del Duomo
Tägl. Mitte März–Ende Okt. 9–19.30, Nov.–Mitte März 10–13 und 14.30–17, So/Fei erst ab 14.30 Uhr
Abwechslungsreiche Fassade mit vielen

1 Infos: Siena

Pisano gestaltete die lebhafte Fassade des Doms in Siena

Skulpturen; von der Terrasse bis in die Kirche Marmorbilder im Fußboden; kunstvoll intarsiertes Chorgestühl, achteckige Pisano-Kanzel mit Szenen des Evangeliums.

Battistero di San Giovanni
Piazza San Giovanni
Tägl. März–Okt. 9–19.30, Nov.–Feb. 10–13 und 14.30–17 Uhr
Taufkirche mit großem Taufbecken von Jacopo della Quercia. Wuchtige Pfeiler tragen die darüber liegende Krypta und den Chorraum des Doms.

Museo Civico und **Torre del Mangia**
Palazzo Pubblico, Piazza del Campo
✆ 05 77-292 11
Beide tägl. Juli–Sept. 10–23, März–Juni und Okt. 10–19, Nov.–Feb. 10–16 Uhr
Das Rathaus mit dem Museo Civico, dort wichtig: mittelalterliche Fresken zum Thema »gute und schlechte Regierung«; in der Sala del Mappamondo eine sehenswerte Himmelskönigin mit Kind (Maestà). Vom Torre del Mangia berauschender Blick über Stadt und Land.

Antica Trattoria Papei
Piazza del Mercato 6
✆ 05 77-28 08 94
Mo geschl.
Gute und preiswerte toskanische Küche, handgerollte Pasta. €

Antica Osteria da Divo
Via Franciosa 25
✆ 05 77-28 43 81
Beliebtes Restaurant in antiken Kellergewölben, Spezialität: Rehrücken mit Chianti Classico. €€

Castelvecchio
Via Castelvecchio 65
✆ 05 77-495 86, Di geschl.
Beliebtes Restaurant in antiken Kellergewölben nahe dem Dom, Spezialität: Täubchen im Brotteig. €€

Hosteria Il Carroccio
Via del Casato di Sotto 32
✆ 05 77-411 65, Mi geschl.
Sehr gute, preiswerte Sieneser Küche. €

La Taverna del Capitano
Via del Capitano 8,
✆ 05 77-28 80 94, Di geschl.
Traditionelle toskanische Küche, Spezialität: Schinken im Ofen mit Gemüse. €€

Taverna de' Rossi
Via de' Rossi 2a
✆ 05 77-24 70 49, So geschl.
Einfaches, preiswertes Restaurant, toskanische Küche. €

Bar Nannini
Via Banchi di Sopra 95
Berühmtes Café mit Eis und vielen Naschereien.

Concha d'Oro
Via Banchi di Sopra 22–24
Jugendtreff, eine Nannini-Bar mit guten Drinks.

Enoteca Italiana
Fortezza Medicea
Weinprobe und Weineinkauf in den Gewölben der Fortezza, alle DOC-Weine Italiens, kleine Gerichte.

Infos: Siena

Morbidi
Via Banchi di Sopra 73 und 27
Alles fürs Picknick und die sonstige Selbstversorgung: Wurst, Käse, sauer Eingelegtes, frische Pasta und Fertiggerichte.

La Nuova Pasticceria
Via G. Dupré 37, Seitengasse des Campo
Siena-Spezialität: *ricciarelli* aus Eiweißschaum, kandierten Früchten und Mandeln.

Stazione Ferroviaria
Piazza Fratelli Rosselli
✆ 147-88 80 88 (gebührenfrei)

Tra-In
Piazza Gramsci, Sottopassaggio La Lizza (Unterführung)
✆ 05 77-20 42 46

Hoch zu Ross: »Ritter« beim Palio

Palio in Siena:
2. Juli und 16. August: Sienas Palio-Wettkampf der 17 Stadtteile *(contrade)*: Jockeys umrunden auf vorher verlosten Pferden ohne Sattel den Campo dreimal. 8 Uhr Einsegnung der Pferde, 9 Uhr letztes Proberennen, 12 Uhr Empfang der Reiter beim Bürgermeister, 15 Uhr Beginn des Festzugs am Domplatz, 20 Uhr Beginn des Rennens.

Aufregung vor dem Start zu Sienas traditionellem Palio

2 Zu Etruskertoren und Geschlechtertürmen

Nach Volterra und San Gimignano

2. Route: Siena – Orgia – Torri – Pievescola – Volterra – San Gimignano – Siena (ca. 130 km)

Vormittag

Von **Siena** auf der SS 223 ca. 14 km Richtung Grosseto nach Südwesten, hinter San Salvatore a Pilli biegt ein kleines Sträßchen nach Westen ab, nach etwa 1 km links hoch zum Waldmuseum von **Orgia**. Wieder zurück und weitere 4 km nach Westen und zum wunderschönen Kreuzgang in **Torri**. Hinter Torri stößt die Nebenstraße auf die SS 73, 4 km westlich trifft sie auf die nach Norden führende SS 541. Nach etwa 10 km liegt rechts der Flecken **Pievescola** mit Papstvilla. Zurück zur SS 541, diese überqueren und zur SS 68, die direkt nach **Volterra** führt. Je nach Dauer der Tour über das Land Stadtbesichtigung.

Nachmittag Fortsetzung des Rundgangs in Volterra, eventuell Besuch des durchgehend geöffneten **Museo Etrusco Guarnacci**. Anschließend durch die karge Balze-Landschaft nach Norden und dann ostwärts nach **San Gimignano** mit Stadtbummel, Turmbesteigung und Besichtigung wertvoller Fresken, z.B. in der Collegiata. Rückfahrt nach **Siena** je nach Zeit mit Stopp in **Colle di Val d' Elsa** und **Monteriggioni**.

Abstecher: Auf dem Weg von Siena nach Volterra kann man auch die SS 73 wählen, von der mehrere Straßen rechts nach Sovicille abgehen. Über wunderschöne kurvige und hügelige Wege bekommt man den Anschluss an die beschriebene Strecke in Pievescola abseits der SS 541. Dazwischen aber liegen außer einer schönen Landschaft ein paar historische Ziele: der hübsche Ort **Sovicille** mit der ehemaligen Klosterkirche San Giovanni Battista (1189) und außerhalb in der Località Borgo Pretale/Rosia das mittelalterliche, nun völlig umgestaltete Wehrdorf **Borgo Pretale**. Wer Zeit für einen längeren Aufenthalt hat: Es gibt im Borgo Hotelzimmer und Ferienwohnungen von erlesener Qualität und ein Restaurant der Spitzenklasse (Borgo Pretale, 53018 Sovicille, Località Borgo Pretale/Rosia, ✆ 05 77-34 54 01, Fax 05 77-34 56 25, borgopret@ftbcc.it. €€€).

Bimmelnde Schafherden am Weg von San Gimignano nach Volterra

Der erste Teil dieser Tour führt über die Ausläufer des waldreichen Höhenzugs Montagnola – ein Paradies für Wanderer und Mountainbiker – durch touristisch unerschlossene Regionen. Weingüter, kleine Dörfer und Weiler, romanische Kirchen, Klöster und Burgen liegen an der Strecke. Für den ersten Teil wäre der Freitag günstig, weil der Klostergarten in Torri nur montags und freitags und das Waldmuseum freitags und samstags geöffnet sind. Wo die SS 73 auf die querende SS 541 trifft, beginnt die Val d'Elsa. In Volterra Besichtigung der etruskischen Gründung und anschließend über landschaftlich abwechslungsreiche Strecken in die Stadt der Türme, nach San Gimignano. Der Rückweg, je nachdem wie viel Zeit verronnen ist, bietet noch ein paar Stopps, z.B. das auf Terrassen verteilte Colle di Val d'Elsa und das trutzig vom Hügel schauende, geheimnisvoll wirkende Burgstädtchen Monteriggioni.

Um die Pretiosen abseits der großen Wege nicht zu verpassen, muss der erste Teil der Strecke vorher genau auf der Straßenkarte ausgetüftelt werden. Nach einer Fahrt durch wunderschöne Landschaft erreicht man **Orgia**, an dessen Rand das **Waldmuseum** eingerichtet wurde. Hier erfährt man viel über das Leben der früher in den Wäldern hausenden Köhler, Holzfäller und Lohnkutscher. Auch kleinere und größere gekennzeichnete Wanderungen sind möglich. Insgesamt ein Erlebnis der besonderen Art.

Wieder unten auf dem Hauptweg geht es weiter nach Westen bis **Torri**, wo die nächste Kostbarkeit wartet: das **Monastero della Santissima Trinità e di Santa**

Kreuzgang des ehemaligen Vallombrosaner-Klosters in Torri

Mustiola, ein ehemaliges Vallombrosaner-Kloster. Der kleine Kreuzgang in drei Etagen ist wunderschön. Vor allem die Kapitelle haben viel zu erzählen, vorwiegend sind Szenen des Alten Testaments zu sehen, Kain und Abel oder die Vertreibung aus dem Paradies, aber auch kämpfende Greifen und Pumas – Symbolik für den Sieg Christi.

Der nächste Stopp erfolgt im Flecken **Pievescola** mit der sehenswerten **Villa Papale**, einer Papstvilla. Hier kann man sich schon einmal Anregungen für einen fürstlichen Landurlaub holen (vgl. Relais La Suvera S. 166). Ein Tipp für Feinschmecker: In der ersten Septemberhälfte findet im Ort die *Sagra del Fungo*, ein Pilz-Festessen statt.

Auf der westlichen Seite der SS 541 führt eine landschaftlich zauberhafte Strecke mit kleinen Tälern über Mensano und Casole d'Elsa auf die SS 68, die nach zehn Kilometern **Volterra**, die Hauptstadt des Alabasters, berührt. Die Etruskergründung lebte in verschiedenen historischen Perioden von dem in der Nähe gewonnenen, hochwertigen Alabaster. Heute verarbeiten rund 250 Betriebe den mineralischen Gips zu allerlei künstlerischen und praktischen Gegenständen.

Für das Auto gibt es – gut ausgeschildert – reichlich Platz an der nördlichen Stadtmauer oder im Parkhaus unterhalb der Piazza dei Martiri della Libertà. Von dort aus ist man schnell auf der von Palästen umgebenen **Piazza dei Priori**, auf der man auch die Touristeninformation findet. Hier werden elektronische Stadtführer verliehen (My Guide), die auch in gutem Deutsch zu den wichtigsten Punkten Volterras leiten, darunter zum mächtigen **Palazzo del Pretorio** mit eingebautem Porcellino-Turm und weiter oben zum verwitterten Schweinchen, Volterras Wahrzeichen.

Etruskisch-römische Porta all' Arco in Volterra

Als eine der wichtigsten Stationen Volterras gilt der **Dom Santa Maria Assunta** (12. Jahrhundert), der mehrere Kostbarkeiten birgt. In der Cappella dell' Addolorata im hinteren linken Seitenschiff sind das bemalte Terrakotten: rechts die Heilige Familie und die Heilgen Drei Könige, links Maria mit Kind. Nach neuesten Forschungen stammen sie nicht von Zaccaria Zacchi, sondern vom Meister Andrea della Robbia (1435–1525).

Im nördlichen Querhaus über dem Altar einer Seitenkapelle hängt Bartolomeo della Portas »Verkündigung« (1497), die seit der Restaurierung in frischen Farben leuchtet. In der Nähe erheitert eine Szene des »Abendmahls« des Pisaners Guglielmo Pisano in der ein Ungeheuer Judas in die Fersen zwickt. Höhepunkt ist jedoch rechts vom Hochaltar eine romanische »Kreuzabnahme«, deren farbige Holzfigurengruppe (13. Jahrhundert) vor allem durch ihre schlichte Eindringlichkeit wirkt.

Über eine abfallende Gasse geht es hinunter zu einem eindrucksvollen Zeugnis aus der Übergangszeit von der etruskischen zur römischen Herrschaft: die **Porta all'Arco**, das wahrscheinlich 2 500 Jahre alte Tor zur Stadt. Auf der anderen Seite Volterras, also wieder

Volterra, Palazzo del Pretorio

hoch zur Piazza dei Priori und von dort über die Via Buonparenti, vorbei an der Alabasterwerkstatt Rossi und über die Via Panoramica nach Nordosten in Richtung Porta Fiorentina, steht man plötzlich oberhalb des **Römischen Amphitheaters** aus der Zeit von Kaiser Augustus (1. Jahrhundert v. Chr.), eines der besterhaltenen in Italien. Wie auch an anderen Plätzen Italiens suchten sich die Etrusker ganz bewusst das Tuffsteinplateau aus, auf dem Volterra steht. Abgesehen von der strategisch günstigen Position für die Verteidigung, konnten sie ihre Gräber im weichen Gestein leicht meißeln. Die Schätze der Nekropole von Volterra sind im **Museo Etrusco Guarnacci** untergebracht, das sich im Ostteil der Stadt im schönen Palazzo Desideri-Tangassi befindet. 600 Aschenurnen werden hier aufbewahrt,

darunter die berühmte *Urna degli Sposi*, die Urne des Ehepaars: Die beiden älteren Lebensgefährten zeigen bekümmerte Gesichter, die auf ein hartes Leben schließen lassen. Ein zweiter spektakulärer Fund ist die *Ombra della Sera*, der Abendschatten, eine extrem lang gezogene Bronze-Statuette, einem Schürhaken ähnlich. Tatsächlich hat sie der Bauer, der das Exponat auf dem Acker fand, lange Zeit als Feuerhaken verwendet, bis ein Fachmann zufällig den Wert der Bronze erkannte.

Eine Besonderheit Volterras sind die **Balze**, unfruchtbare, von Wind und Regen geformte Schluchten und Kuppen. Man erreicht sie auf der SP 15 Richtung Gambassi. Unten im Tal angekommen, lohnt sich ein Blick zurück, um die Situation der Stadt auf einem Schwindel erregenden, gelben Tuff-Felsen in sich aufzunehmen. Am Rande des Abgrunds

Volterra auf den gelben Tuff-Felsen der Balze

Mittagsplausch an den Mauern von San Gimignano

steht die neue Kirche San Giusto innerhalb der Mauer auf wirklich sicherem Boden – so sagen jedenfalls die Fachleute. Das alte Gotteshaus ist 1628 mit einem Stück brüchigen Fels abgestürzt.

Nach etwa sieben Kilometern führt an der Kreuzung die zweite Straße rechts (nicht die vorherige SS 439 wählen) über Castagno nach **San Gimignano**, dessen Türme bald von jeder Straßenkuppe aus zu sehen sind. Die Fahrbahn nähert sich der mit einem dreifachen Mauergürtel geschützten, mittelalterlichen Stadt vom Norden, günstig für die Parkplatzsuche, denn die meisten kommen von Süden. Gleichgültig welches Tor man wählt – die Porta San Matteo im Norden oder die südliche Porta San Giovanni –, die Straßen dahinter streben alle auf das Zentrum, auf die Piazza del Duomo, zu. Je nach Zeitpunkt kann es dort sehr voll sein.

Von einem ruhigeren Plätzchen aus sollte man sich erst einmal ein Bild von San Gimignano machen: Nördlich des Domplatzes quer über die Piazza delle Erbe hoch zur **Rocca di Montestaffoli**, von der zerstörten Burg steht nur noch ein Turm – eine günstige Stelle für die Betrachtung der Geschlechtertürme. 14 von ursprünglich 72 sind stehen geblieben.

Die Geschichte dieser Riesen ist ein schlimmes Stück aus dem Mittelalters, aus der Zeit als die gesamte Toskana Schauplatz von Kämpfen und Eroberungen war. Was zuerst draußen auf den Schlachtfeldern geschah, verlagerte sich mit der Gründung republikanischer Stadtstaaten ab dem 12. Jahrhundert in die Gassen innerhalb der Stadtmauern. Die Adeligen befehdeten die reiche Kaufmannschaft, aber auch innerhalb der Gruppen wurde blutig um die Macht gekämpft. Um sich einerseits zu schützen, andererseits den anderen buchstäblich überlegen zu sein, wurden befestigte Wehrtürme errichtet. Falls es das

Budget erlaubte, war der eigene möglichst höher als der des Nachbarn. Und wenn die sich blicken ließen, schütteten die Anrainer kochendes Pech auf den Feind, warfen mit Felsbrocken und Lanzen, schossen mit Pfeil und Bogen.

Wer einmal das Gefühl erleben möchte, wie die feindlichen Brüder ganz oben zu stehen, muss die **Torre Grossa**, den Rathausturm über 218 Stufen besteigen. Wie ein gedruckter Stadtplan liegt San Gimignano den Kraxlern zu Füßen. Weniger anstrengend ist ein Besuch des im unteren Teil des Turms liegenden **Museo Civico**. Auch dort geht es wieder um Türme, auf edlen Kunstwerken verewigt: Der sanft blickende Schutzheilige San Gimignano, der im 10. Jahrhundert den noch kleinen Dorfflecken vor barbarischen Horden rettete, hält ein Tablett mit etwa 30 Türmen in der Hand, die Stadtheilige Fina dei Ciardi (1238–58) im selben Saal begnügt sich mit zwölf Warten.

Draußen auf der Piazza del Duomo, zwischen Dom und Rathaus, geht es zum früheren Kreuzgang mit dem Ticketverkauf, daneben der Eingang zur sehenswerten, mit Fresken übersäten **Collegiata**, der Hauptkirche des Doms. Den größten Eindruck macht die Bildergeschichte des Alten Testaments (Bartolo di Fredi, 1367) von der Erschaffung der Welt über die Geschichte des nackten Adam, aus dessen Brustkorb Eva steigt, bis hin zur Arche Noah mit teils nicht zu bestimmenden, originellen Tieren und zum Auszug des Volkes Israel aus Ägypten mit dem graubärtigen Moses und der Verfolgung durch das Rote Meer.

Der zweite Freskenzyklus im rechten Seitenschiff zeigt Szenen aus dem Neuen Testament, vor allem aus dem Leben Jesus'. Besonders bewegend ist die Darstellung seiner Kreuzigung: Ein römischer Soldat durchbohrt Jesus' Körper mit einer Lanze, ein anderer zerschmettert die Beine eines mit gekreuzigten Verbrechers, und Maria sinkt ohnmächtig zusammen, getröstet von anderen Frauen und Jesus' Lieblingsjünger Johannes.

Vom Domplatz wird man, vorbei an unzähligen Souvenirgeschäften unweigerlich südwärts in Richtung **Piazza della Cisterna** gedrängt, in deren Mitte der namengebende Renaissancebrunnen von 1273 steht. In touristischen Stoßzeiten ist er fast verschwunden, Schulklassen und andere Gruppen nutzen ihn für Erinnerungsfotos, auf denen der Hauptdarsteller allerdings kaum mehr zu entdecken ist. Am Spätnachmittag kehrt dann Ruhe ein, wird es gemütlich in der sonst turbulenten Türme-Stadt. Doch wer hier kein Bett gebucht hat, muss an die Rückfahrt denken. Nach Siena über Colle di Val d'Elsa und das ummauerte Monteriggioni sind es noch knapp 40 Kilometer.

San Gimignano: 14 der einst 72 Geschlechtertürme sind noch erhalten

2 **Infos:** Orgia, Torri, Pievescola, Volterra

Il Museo di Bosco
Orgia (Sovicille)
✆ 05 77-34 20 97
Fr/Sa 9.30–12.30 Uhr geöffnet, sonst nach Voranmeldung
In diesem außergewöhnlichen Waldmuseum erfährt man eine Menge über das Leben der Waldarbeiter und Köhler.

Monastero della Santissima Trinità e di Santa Mustiola
51020 Torri
Mo und Fr 9–12 Uhr
Ehemaliges Vallombrosaner-Kloster aus der zweiten Hälfte des 12. Jh. mit kleinem, wunderschönen Kreuzgang in drei Etagen.

Relais La Suvera
An der SS 541, Via La Suvera s/n
53030 Pievescola
✆ 05 77-96 03 00, Fax 05 77-96 02 20
www.lasuvera.it
Reich ausgestattete Papstvilla, individuell gestaltete Zimmer und Suiten, Park, Pool, Tennis, Reitmöglichkeiten, eigenes Weingut, mit Restaurant. €€€€

Consorzio Turistico Volterra
Piazza dei Priori 20
56048 Volterra
✆ 05 88-872 57, Fax 05 88-860 99
www.comune.volterra.it

San Lino
Via San Lino 26, 56048 Volterra
✆ 05 88-852 50, Fax 05 88-806 20
www.hotelsanlino.com
Hotel der oberen Mittelklasse in einem früheren Kloster, ohne Restaurant. €€

Villa Nencini
Borgo San Stefano 55
56048 Volterra
✆ 05 88-863 86, Fax 05 88-806 01
www.villanencini.it
Familiäres Mittelklassehotel vor der Stadtmauer, Pool und schöner Panoramablick. €€

Sole
Via dei Cappuccini 10
56048 Volterra
✆ und Fax 05 88-840 00
www.volterra-toscana.net/hotelsole
Einfaches, gepflegtes Hotel ohne Restaurant. €

Villa Rioddi
Località Rioddi, Volterra
✆ 05 88-880 53, Fax 05 88-880 74
www.sirt.pisa.it/villarioddi/welcome.html
Familiäres, gutes Mittelklassehotel, 2 km außerhalb von Volterra. €€€

Duomo Santa Maria Assunta
Piazza San Giovanni s/n, Volterra
Tägl. 9–12 und 14–18 Uhr
Andrea della Robbia neu zugeschriebene Terrakotten, eine restaurierte, farbenfrohe »Verkündigung«, ein »Abendmahl« mit bissigem Hund, der Höhepunkt: die farbige Holzfigurengruppe »Kreuzabnahme«.

Teatro Romano
Porta Fiorentina, Volterra
März–Anfang Nov. tägl. 11–17 Uhr, bei Regen geschl.
Sehr gut erhaltenes, mehr als 2 000 Jahre altes Amphitheater.

Museo Etrusco Guarnacci
Via Don Minzoni 15, Volterra
Tägl. im Sommer 9–19, im Winter 9–14 Uhr
Etruskische Urnen, sehr wichtig die »Urne des Ehepaars« und die Bronzeplastik »Abendschatten«.

Da Badò
Borgo San Lazzaro 9, Volterra
✆ 05 88-864 77
Mi geschl.
Traditionelle, gute Trattoria, einfache lokale Küche, hervorragende Pasta, Spezialität: geschmortes Wildschwein mit Pilzen. €

Don Beta
Via Matteotti 39
Volterra
✆ 05 88-867 30, Mo geschl.
Beliebtes Restaurant mit toskanischer Küche, auch Pizzeria. €€

Da Beppino
Via delle Brigioni 15/19, Volterra
✆ 05 88-860 51
Mi geschl.
Gut besuchtes Restaurant mit toskanischer Küche, auch Pizzeria. €€

Osteria di San Lorenzo
Località San Lorenzo, Richtung Larderello
Via Massetana s/n
✆ 05 88-441 60, Di geschl.
Toskanische Küche, Fleisch- und Fischgerichte, Spezialität: *Carne sott' olio* (in Olivenöl eingelegtes Fleisch). €

Trattoria Albana
Località Mazzolla, 8 km vor Volterra, von der SS 68 Sträßchen nach Süden
✆ 05 88-390 01
Di geschl.
Kleines, schlichtes Restaurant mit guter toskanischer Küche. €€

Rossi Alabastri
Via del Mandorlo s/n, Volterra
Alabastergegenstände mit Echtheitsgarantie. Man kann bei der Arbeit zusehen.

Pro Loco San Gimignano
Piazza Duomo 1
53037 San Gimignano
✆ 05 77-94 00 08, Fax 05 77-94 09 03
www.sangimignano.com

Dom/Chiesa Collegiata Santa Maria Assunta
Piazza del Duomo, San Gimignano
Im Sommer Mo–Fr 9.30–19.30, Sa 9.30–17, So 13–17, im Winter Mo–Sa 9.30–17, So 13–17 Uhr
Ein Rausch an Fresken: auf der linken Seitenwand die Bildergeschichte des Alten, auf der rechten Seite des Neuen Testaments.

Museo Civico, Torre Grossa
Piazza del Duomo 1, Eingang am Turm, San Gimignano
März–Okt. tägl. 9.30–19.20, Nov.–Feb. 10.30–16.20 Uhr, Fr geschl., Eintritt 4 €
Wertvolle Gemälde im Museum, teils mit Hinweisen auf die Türme-Stadt (der Schutzheilige San Gimignano und die Stadtheilige Fina dei Ciardi). Vom Torre Grossa mit 218 Stufen Blick auf die Stadt der Türme.

Osteria del Carcere
Via del Castello 13, San Gimignano
✆ 05 77-94 19 05
Mi geschl.
Gute toskanische Küche, zu jeder Zeit gibt es Wein und kleine Speisen. €

Osteria delle Catene
Via Mainardi 18, San Gimignano
✆ 05 77-94 19 66
Sehr beliebtes Restaurant, traditionelle toskanische Küche, Spezialität: Ente mit Grünkohl. €€

Forno Boboli
Via San Matteo 92, San Gimignano
Traditionelle Bäckerei, große Auswahl.

Lucia Maria
Via San Matteo 55, San Gimignano
Bar, Bäckerei, Pizza und selbst gemachtes, sehr leckeres Eis.

Gelateria di Piazza
Piazza della Cisterna 4, San Gimignano
Preisgekrönt: das beste Schokoladeneis Italiens.

Azienda Agricola Tollena
Via San Giovanni 71, San Gimignano
In der früheren Kirche des Klosters San Francesco, Blick auf die Stadt von der Terrasse aus. Eigene Weine der Marke »Bianco Convento Tollena«.

3 Eine weinselige Chianti-Reise
Gaiole, Radda, Greve und Castellina

3. Route: Siena – Gaiole – Badia a Coltibuono – Radda – Parco di Cavriglia – Greve – Castellina – Siena (ca. 120 km)

Vormittag — Von Siena auf SS 408 bis hinter Pianella, danach ca. 2 km Richtung Osten, die erste Möglichkeit nach Norden zur SS 484 zum **Castello di Brolio**. Von dort Richtung Westen wieder zur SS 408, diese nordwärts, mit Abstecher zur **Burg Meleto**, nach **Gaiole** und zur **Badia a Coltibuono**.

Nachmittag — In **Radda** könnte Mittagsrast sein oder im bzw. in der Nähe des **Parco di Cavriglia,** der sich auch für ein Picknick eignet. Über eine unbefestigte Strecke erreicht man den Marktflecken **Greve**. Von hier aus immer auf der Chiantigiana über **Castellina** (hier wie auch in Greve gute Gelegenheiten für den Kauf von Wein, Olivenöl und Wildschwein-Spezialitäten) zurück nach **Siena**.

Von **Greve in Chianti** führt die SS 222 nordwärts nach Florenz (etwa 25 km), eines der schönsten Stücke der klassischen **Chiantigiana**. Ringsum breiten sich mit Reben bestückte Hänge aus, an vielen führen Wege zu Landgütern, die Wein verkaufen. Und wer nach einem Übernachtungstipp für später sucht, sollte sich in **Strada in Chianti** die **Villa Il Leccio** (18. Jh.) ansehen, sie steht mitten in der schönen Landschaft (Via Case Sparse 35, ✆ 05 58-58 61 03, Fax 05 58-58 61 06).

Diese Route verbindet Beschwingtes und Weinseliges; beschwingt durch die kurvigen und hügeligen Wege, weinselig, weil links und rechts der Straße Rebhänge liegen und Weingüter mit ihrem Angebot locken. Den nördlichen Abschnitt des Tourenvorschlags prägen Wälder und Hochflächen, auf denen Schafe weiden und Orchideen blühen. Der erste Stopp erfolgt am Castello di Brolio. Von dort fährt man nach Westen und dann Norden mit einem Abstecher hoch zur Burg Meleto, nach Gaiole, zur Badia a Coltibuono und zum westlich davon liegenden Weinort Radda. Ab hier ist der Nordosten mit dem erlebnisreichen Parco di Cavriglia im Visier, und weiter geht es auf die Höhen und hinüber ins westlich liegende Greve. Von dort führt die Chiantigiana südwärts über Castellina nach Siena.

Nach 25 Kilometern zeigt sich das erste Ziel der Chianti-Tour, das aus rotem Sandstein errichtete **Castello di Brolio** auf einem 533 Meter hohen Hügel – eines der beliebtesten Postkartenmotive des Chianti. Hier herrscht die adlige Familie Ricasoli Firidolfi seit 1147 und lässt in der günstigen Lage schon seit dem 19. Jahrhundert die

Typisches Chianti-Bauernhaus mit der »colombaia«, dem Taubenturm

Sangiovese-Traube reifen. Die Voraussetzungen sind hervorragend, wie man leicht erfassen kann.

Auch wer von Wein nicht viel versteht, wird beim Blick von der Hügelspitze nach Süden erkennen, dass in diesen Weinbergen Trauben von höchster Süße gedeihen müssen: Brolio gehört, wie auch Castellina und Radda, zum südlichen Ende der Chianti-Hügelkette, wo sich die Landschaft weit nach Süden öffnet, Sonnenlicht die Hügel überflutet und die nördlichen Höhen vor dem kühlen Wind aus dem Apennin schützen.

Via Roma, die Fußgängerzone in Radda

Nach einigen Verirrungen mit australischen und amerikanischen Partnern hat Francesco Ricasoli dem Brolio-Wein wieder zu seinem guten Ruf verholfen: Der »Casalferro« aus der Sangiovese-Traube reift in riesigen Weinkellern zu einem Tropfen heran, der Weinkenner begeistert. Wer von Brolio aus einen Blick auf Siena werfen möchte, muss am Eingang zum Schloss links um die Mauer herumgehen, dann ist die Stadt mit ihren charakteristischen Türmen – wegen des hier häufigen Dunstes mit warmen Pastelltönen überzogen – zu sehen.

Die Route führt dann durch das Anbaugebiet des »Chianti Classico«, wo große Tafeln mit dem *Gallo Nero* (schwarzer Hahn), dem Symbol des Konsortiums, den Weg säumen (vgl. S. 206 ff.). Wo die Weinberge weichen, breiten sich Wälder aus Flaumeichen aus, in denen sich Eichelhäher – die mit den weiß-blauen Seitenfederchen –, schwarz-weiße Elstern mit langem Schwanz und graue Nebelkrähen wohl fühlen. Drei Kilometer vor Gaiole zweigt rechts ein Weg ab zum **Castello di Meleto** (12. Jahrhundert), einem der wenigen Kastelle der Chianti-Burgenstraße, die zu besichtigen sind. Der Eintrittspreis beinhaltet auch eine Weinprobe, hier sorgt wieder das Aroma der Sangiovese-Traube dafür, dass der vergorene Saft sanft durch die Kehle rinnt.

Zu besichtigen gibt es in der robusten Festung mit ihren zwei Eckbastionen außer fürstlichen, barocken Räumen im Erdgeschoss ein original erhaltenes Minitheater aus dem 17. Jahrhundert mit Balkon und der lateinischen Aufschrift »Panem et Circenses« (lat. = Brot und Zirkusspiele).

Mahlzeit mit Aussicht in der Trattoria Badia a Coltibuono

Die nächste Station, **Gaiole**, ist durch die zur Fußgängerzone umgebaute Via Ricasoli richtig gemütlich geworden, es macht Spaß hier zu bummeln, vielleicht für ein Picknick im Wald einzukaufen, oder ein leckeres Eis zu essen. Ein Kilometer westlich liegt das **Castello di Spaltenna**, ein aufgegebenes Kloster (13. Jahrhundert) mit großartigem Blick in das Arbia-Tal. Die Klosterbesichtigung fällt aus, es sei denn man ist Gast im Hotel und Restaurant der Klosteranlage. Aber vielleicht ist die romanische Kirche (ab 11. Jahrhundert) geöffnet, in der sich ein sehenswertes und wundertätiges Kruzifix (14. Jahrhundert) befindet.

An der nördlich von Gaiole folgenden Kreuzung lockt ein Wegweiser zur **Badia a Coltibuono**. An der Einmündung zur Auffahrt steht ein kleines Gebäude, in dem Produkte des Weinguts Coltibuono verkauft werden, vor allem Wein und Olivenöl. Oben angekommen, bietet sich ein zu Diskussionen anregender Kontrast: eine moderne Plastik auf der Wiese vor der festungsähnlichen Abtei. In der Badia – vermutlich das erste Kloster des Chianti (1051 gegründet) – sollen von den Mönchen aus Vallombrosa bereits im Jahr 1100 Chianti-Wein und Olivenöl kultiviert worden sein. Wie der heute produzierte Wein der privat bewohnten Badia schmeckt, kann man im Restaurant nebenan kosten.

Etwa zehn Kilometer westlich erreicht man das höchstgelegene Weinstädtchen des Chianti, das mittelalterliche **Radda** (633 Meter). Auch hier gibt es wieder viele Möglichkeiten, sich in der alten, verkehrsfreien Via Roma mit Proviant zu versorgen. Parallel zur Shoppingmeile macht eine freigelegte, teils überdachte mittelalterliche Gasse neugierig: der

Seit dem 19. Jahrhundert wächst im Chianti die Sangiovese-Traube

Camminamento Medievale (14. Jahrhundert), der direkt zum Palazzo del Podestà (16. Jahrhundert) führt.

Auf dem Weg Richtung Gaiole, unterhalb von Radda, zweigt eine Straße nach links Richtung Montemuro ab. Es geht abwärts in das hier noch junge Pesa-Tal mit zunächst typischer Chianti-Landschaft, bis zum Horizont reichenden Weinhängen und Gutshäusern mit dem typischen turmähnlichen Aufbau am oberen Stockwerk, der *colombaia*. In früheren Zeiten haben die Toskaner in diesen heute oft zu Ferienwohnungen umgebauten Kammern Täubchen gezüchtet.

Bald verändert sich die Landschaft, prägen Wälder mit Flaum- und Steineichen, Kastanien und Akazien sowie dichte Macchia das Bild. Zwischendurch leuchten die braunroten Stämme des Erdbeerbaums – dessen im Herbst roten Früchte sind übrigens genießbar. An der ersten großen Kreuzung 500 Meter weiter rechts grunzt eine Wildschweinfamilie als Empfangskomitee des **Parco di Cavriglia**, manchmal verstärkt durch ein paar weidende Büffel. Man fährt in den Park bis zum Parkplatz neben einem Selbstbedienungsrestaurant.

Abwechslungsreiche Spaziergänge bieten sich an: In einer großen Seen-Anlage schwimmen Gänse und Enten, am Rand krähen Hähne gegen schreiende Pfauen an, mehrere Lamafamilien grasen friedlich vor sich hin. Wer weiter in den Wald schlendert, findet dort Esel, Affen und sogar Bären.

Zurück an der vorher erwähnten Kreuzung, geht die Tour nach Norden weiter, nur ein Hinweis zur »L' Osteria« im zwei Kilometer entfernten **Badiaccia Montemuro** ist zu finden. Nach einem

weiteren Kilometer zweigt links von der Asphaltstraße eine *strada bianca* ab, also ein unbefestigter Weg, hinauf in eine keinesfalls typische Chianti-Landschaft. Auf der 15 Kilometer langen Strecke bis Greve ist keine einzige Rebe zu finden, aber dafür grasen Schafe auf den Wiesen, und unter der Macchia zeigen im Frühjahr Orchideen ihre roten, blauen und lila Blüten.

Das landwirtschaftlich geprägte **Greve** liegt im Zentrum des Chianti-Gebiets. Die Bedeutung des Ortes zeigt sich schon an dem großen Marktplatz, dem Mercatale, wo samstags der Wochenmarkt abgehalten wird und im September die Mostra Mercato del Chianti, die Weinmesse des Chianti Classico mit allerlei Proben von Wein und Spezialitäten der Chianti-Küche. Keine Frage, Greve ist zu jeder Zeit ein Einkaufsort, vor allem die Spezialitäten vom Wildschwein muss man probieren.

Auf der Chiantigiana südwärts wird nach 20 Kilometern ein weiteres Chianti-Zentrum erreicht: **Castellina**, umgeben von Weinhängen, Burgen und Schlössern. Das Centro Storico mit der gewichtigen Rocca und zwei Türmen der früheren Befestigungsanlage (1400) weist auf die Bedeutung hin, die das Städtchen im Mittelalter genossen hat. Heute ist Castellina ein touristisches Zentrum mit vielen Ferienhäusern ringsum und rustikalen Trattorien auf dem Land. Wer am Ende der Tagestour immer noch keinen Chianti-Wein im Kofferraum hat, findet in der Fußgängerzone reichlich Gelegenheit, für die nächsten Abende vorzusorgen.

Weinbau im Chianti-Gebiet: Villa a Sesta

3 **Infos:** Gaiole, Radda

Castello di Brolio
12 km südöstlich Gaiole
✆ 05 77-73 01
Mo–Sa 9–12 und 15–18, So/Fei bis 19 Uhr
Weinprobe nach Voranmeldung
Repräsentative Burg auf einem Hügel; Burggarten und die bekannten Weinkeller können besichtigt werden.

Castello di Meleto
Südlich von Gaiole
53013 Gaiole in Chianti
✆ 05 77-74 92 17, Fax 05 77-74 97 62
www.castellomeleto.it
Führung (auch mit Weinprobe) nach Voranmeldung
Verkauf von Wein und Grappa, auch Vermietung von Ferienwohnungen und Schloss-Apartments.
Festung mit robusten Bastionen und schönem Renaissance-Innenhof, barocke Räume und Minitheater aus dem 17. Jh.

Pro Loco Gaiole
Via B. Ricasoli 50
53013 Gaiole in Chianti
✆ 05 77-74 94 11, Fax 05 77-74 93 75

Chianti, Castello di Brolio

Lo Sfizio di Bianchi
Via Ricasoli 44/46, Gaiole in Chianti
✆ 05 77-74 95 01
Di nachmittags geschl.
Für den kleinen Hunger Panini, Pizza und auch hausgemachtes Eis. €

Il Carlino d' Oro
Località San Regolo, Gaiole in Chianti
✆ 05 77-74 71 36, Mo geschl.
Einfaches Restaurant mit guter toskanischer Küche. €

Weinverkauf vom Erzeuger
– Cantina Enoteca Montagnani
Via B. Bandinelli 44
– La Cantinetta del Chianti
Via F. Ferrucci s/n
– Rocca di Castagnoli, Via Ricasoli s/n
Gaiole in Chianti

Badia a Coltibuono
Knapp 10 km östlich Radda
www.coltibuono.com
Abteikirche geöffnet April–Okt. So/Fei 17, Nov.–März 16 Uhr, Weinprobe nach Voranmeldung, ✆ 05 77-74 92 35
Eines der ältesten Klöster der Toskana (1051); die schönen Fresken im früheren Refektorium sind nur bei Veranstaltungen zu besichtigen.

Badia a Coltibuono
Neben der Badia
✆ 05 77-74 94 24
Verfeinerte toskanische Küche, Weinverkauf von der Abtei. €€

Pro Loco Radda in Chianti
Piazza Ferucci 1
53017 Radda in Chianti
✆ 05 77-73 84 94, Fax 05 77-73 84 94
proradda@chiantinet.it

Le Vigne
Località Le Vigne, Radda in Chianti
✆ 05 77-73 86 40
Rustikales Landrestaurant, gute toskanische Küche. €€

Parco Naturale di Cavriglia
10 km nordöstlich von Radda
www.parcocavriglia.com
Tägl. von Sonnenauf- bis Sonnenuntergang geöffnet, kein Eintritt
Ausgedehnter Park mit Gänseteich, Wildschweinen, Bisons, Lamas, Eseln, Affen und Bären.

Parco di Cavriglia
✆ 055-96 70 77
April–Okt. tägl. außer Di, im Winter nur mittags geöffnet
Sehr preiswertes Grillrestaurant im Park. €

L'Osteria – Refugio del Chianti
Località Badiaccia a Montemuro
✆ 05 77-73 80 36, Di geschl.
Einfaches Restaurant mit Garten, gute toskanische Küche, auch Panini zum Mitnehmen. €

Locanda Borgo Antico
Strecke Parco di Cavriglia–Greve, nicht auf die beschriebene *Strada bianca* abbiegen, sondern auf der Asphaltstraße etwa 1 km weiter
Località Lucolena, Via Case Sparse 115
✆ 05 58-5 10 24, Di geschl.
Rustikales Restaurant mit klassischer toskanischer Küche, gute Pasta, Spezialität: Schweinskarree mit Bohnen. €€

Pro Loco Greve in Chianti
Via Luca Cini 1
50022 Greve in Chianti
✆ 05 58-54 52 43

Da Padellina
Corso del Popolo 54
Greve in Chianti
✆ 05 58-5 83 88, Do geschl.
Echte Trattoria, gute toskanische Küche, Spezialität: *peposo alla fornacina*, Kalbsgulasch aus dem Ofen. €€

La Cantinetta di Rignana
Località Rignana, Greve in Chianti
✆ 05 58-5 26 01, Di geschl.
Uriges Restaurant mit Terrasse, toskanische Küche, Grillspezialitäten. €€

»La Cantinetta di Rignana« bei Greve

Antica Macelleria Falorni
Piazza Matteotti s/n, Greve in Chianti
Metzgerei mit sehr großer Auswahl an Wurst und Schinken, Wildschwein-Spezialitäten, auch Weinverkauf.

Albergaccio di Castellina
Via Fiorentina 63, Castellina in Chianti
✆ 05 77-74 10 42
So geschl.
Gemütliches Restaurant, phantasievolle toskanische Küche, Spezialität: Täubchen in Marsala-Soße. €€€

Il Pestello
Località San Antonio, 6 km westlich Castellina, an der SS 429
✆ 05 77-74 02 15
Mi geschl.
Rustikales, sehr beliebtes Restaurant, viele Grillgerichte, Spezialität: Wildschwein mit Steinpilzen. €€

La Castellina
Via Ferruccio 28, Castellina in Chianti
✆ 05 77-74 04 54
Große Auswahl an Chianti-Weinen, auch Versand.

D E R   O S T E N

1 Zu Mönchen und Malern

Nach Cortona und Arezzo

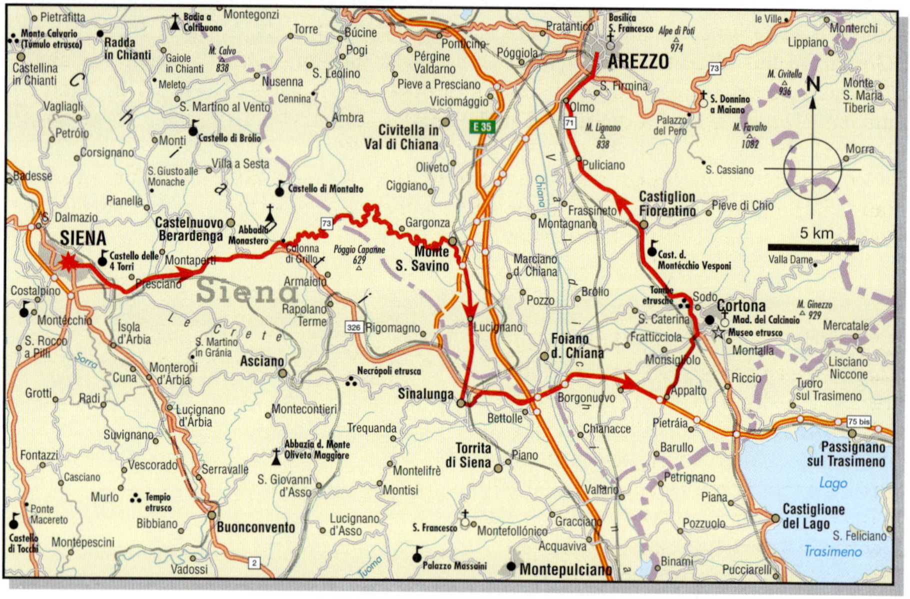

1. Route: Siena – Cortona – Arezzo (ca. 110 km)

Vormittag — Von **Siena** auf der SS 326 nach Osten, nach etwa 20 km – ab Stadtmitte gerechnet – auf die SS 73 und durch eine schöne Landschaft über **Monte San Savino** und **Lucignano** nach **Sinalunga** (wahlweise ohne Umweg über die SS 326). Auf der SS 326 weiter bis Appalto und dort Abzweig nach Cortona, Überquerung des Arno-Tals und hoch in das terrassenartig gebaute **Cortona**: ausgiebiger Stadtbummel.

Nachmittag — Von Cortona auf der SS 71 über **Castiglion Fiorentino** nach **Arezzo** mit Stadttour, vor allem Besichtigung der »Kreuzeslegende« von Piero della Francesca in der Kirche San Francesco.

Alternative: Auf der Superstrada Sinalunga–Perugia geradeaus weiter, vorbei am Abzweig nach Cortona, erreicht man schnell den **Lago Trasimeno**. Im Norden des Sees, in Tuoro, beginnt eine sehenswerte Rundtour zum Schlachtfeld des Hannibal, der hier 217 v. Chr. das römische Heer vernichtend geschlagen hat (vgl. »Hannibals Zug durch die Toskana«, S. 210). Tuoro ist seit dem Mittelalter auch wegen seiner Sandsteine berühmt. Zur Erinnerung wurde aus diesem Material entlang dem Ufer bei der Punta Navaccia der »Campo del Sole« verwirklicht, 27 Säulen verschiedener Künstler aus aller Welt, deren Werke – halb Landschaftsarchitektur, halb Skulptur – sich um ein Sonnensymbol gruppieren.

Wer einen wildromantischen Weg nach Cortona sucht, also nicht die stark befahrene SS 71 fahren möchte, wählt die nach Norden führende 416 zum Pass Valico Gosparini mit Blick auf den Trasimeno-See und der empfehlenswerten Bar und Trattoria **Lo Scoiattolo** (Eichhörnchen), die preiswerte, gute lokale Küche bietet und wo einheimische Produkte und auch Panini verkauft werden (Lisciano Niccone, Località Gosparini, ✆ 075-84 41 19).

Weiter geht es in das grüne Val di Pierle mit der immer wieder nach Kurven auftauchenden, die Neugier erregenden Rocca di Pierle aus dem 11. Jh. Die SP 35 kommt dann von Osten in Cortona an.

Es warten zwei wichtige Städte, die etwas Zeit fordern – Cortona und Arezzo –, deshalb ist es gut, unterwegs nicht zu lange zu bummeln. Trotzdem gibt es zwischendurch ein paar lohnenswerte Stopps. Von Siena zunächst bis Monte San Savino, von dort auf kleinen, abwechslungsreichen Strecken mit viel Landwirtschaft südwärts über Lucignano nach Sinalunga. Wer ohne Umwege fahren will, bleibt auf der SS 326, die hinter Sinalunga zur Schnellstraße wird und die Abfahrt nach Cortona anzeigt. Nach dem Spaziergang durch Cortona geht es über Castiglion Fiorentino hoch nach Arezzo. Die Besichtigung der Stadt füllt den restlichen Tag und vielleicht noch einen Teil des nächsten Vormittags.

Östlich von Siena begleiten ausgedehnte Wälder, Hügel und Senken mit Getreideäckern die Route, und dort wo das Tal der Chiana beginnt, stehen die berühmten weißen Rinder auf den Weiden. Das aus einem Kastell entstandene

Cortona: Piazza della Repubblica

Städtchen **Monte San Savino** in 331 Metern Höhe eignet sich ebenso gut für den Einkauf von Wurst und Schinken wie für einen Blick in die Antiquitätengeschäfte. Deren Nachschub scheint nie auszugehen, denn immer wieder wird ein Landgut aufgelöst ...

Auf engen Nebenstrecken Richtung Süden verdichten sich wieder die Weinberge, auf kleinen Äckern wächst Gemüse, glitzernde Olivenbäume schmiegen sich an die Hänge von **Lucignano**, 400 Meter über der Valdichiana. Ein kleiner Spaziergang durch die elliptisch verlaufenden Gassen in den Burgmauern des kleinen Festungsorts bietet viele Motive für Hobbyfotografen. Auch das folgende **Sinalunga** liegt auf einem Hügel, die Stadt wurde durch Rinderzucht reich, mit der BSE-Krise hat der Umsatz jedoch etwas nachgelassen. Jedenfalls bis sich die Toskaner daran gewöhnt haben, dass ihre begehrte *bistecca fiorentina* – eine Art T-Bone-Steak – auch ohne Knochen gut schmeckt.

Sobald die Schnellstraße bei der Ausfahrt **Cortona** verlassen wird, sieht man, wie sich die Stadt, eine der ältesten der Toskana, in Terrassen an den Hang des Monte Sant' Egidio schmiegt (494–650 Meter). Die Etrusker, deren massive Stadtmauerfundamente heute noch zu sehen sind, wussten, wie sie den Eroberern das Leben schwer machen konnten. Auch die Besucher haben es nicht leicht, denn sie müssen das Fahrzeug vor den Toren parken, brauchen feste Schuhe mit rutschfesten Gummisohlen und etwas Training, um über Treppen und unebene Gassen nach oben ins Herz der Stadt zu gelangen. Bei Hitze erweisen sich die hohen Stadtpaläste, die wenig Sonnenlicht auf das Pflaster fallen lassen, von Vorteil.

Alle Anstrengungen sind auf der **Piazza della Repubblica** vergessen, sobald der hohe Rathausturm des Palazzo Comunale (13. Jahrhundert) zwingt, den Kopf in den Nacken zu legen. Auf der ausladenden Freitreppe ruhen sich Einheimische und Besucher aus, am Abend gehört sie der Jugend. Hinter dem Rathaus verlangt der Palazzo Casali mit dem **Museo dell' Accademia Etrusca** Aufmerksamkeit. Zu den wichtigsten Schätzen der Sammlung gehö-

Von einer Mauer und verschließbaren Stadttoren umgeben: Castiglion Fiorentino

ren ein außergewöhnlicher etruskischer Kronleuchter mit Reliefs von Musikanten, 57 Kilogramm schwer (5. Jahrhundert v. Chr.), das Holzmodell einer Totenbarke, Teil der ägyptischen Sammlung (2000 v. Chr.), sowie die Gemäldegalerie u.a. mit der »Geburt Christi« von Luca Signorelli (ca. 1450–1523).

Nördlich der Piazza della Repubblica ist das zweite wichtige Ensemble zu finden: der **Duomo Santa Maria** und das **Museo Diocesano**. Einige der Höhepunkte, die dort nicht versäumt werden dürfen sind Fra Angelicos »Verkündigung« (1428–30), Luca Signorellis (1441–1523) »Beweinung« und Pietro Lorenzettis (um 1387–1455) »Kreuzigung«. Draußen auf der Piazza del Duomo liegt die Landschaft des Chiana-Tals wie ein Gemälde zu Füßen der Betrach-

Arezzo, Blick von der Piazza Grande auf die Pieve di Santa Maria

ter. Vom Domplatz spaziert man am besten über die **Via Janelli** zur zentralen Via Roma zurück, denn die mittelalterlichen Häuser der Gasse mit den vorkragenden, auf Holzpfeiler gestützen Obergeschossen gehören zu den ältesten Italiens. Die Via Roma geht über in die Via Nazionale, die bis hin zur Piazza Garibaldi mit allerlei Geschäften, Boutiquen und Antiquitäten, Bars, Bäckereien und Metzgereien gespickt ist. Von der **Piazza Garibaldi** aus begeistert der Blick auf die etwa eine Viertelstunde entfernte Renaissancekirche Santa Maria delle Grazie al Calcinaio.

Wer noch Muße hat, sollte bei der Weiterfahrt nach Arezzo im Vorort Sodo auf die Hinweise zum frei zugänglichen Etruskergrab **Tanella di Pitagora** achten. Erstens ist es ein gutes Beispiel eines etruskischen Tumulusgrabes, zweitens unterlag das Grab des Pythagoras bei der Namengebung einem Irrtum: Man verwechselte den Namen Cortona mit Crotone, dem Geburtsort des Gelehrten.

Wenn auf dem Weg zum knapp 30 Kilometer nördlich liegenden Arezzo noch ein kleiner Stopp in die Planung passt, lohnt er sich am **Castello Montecchio Vesponi**, einem trutzigen, hoch über das Land ragenden Bollwerk östlich der Straße (Führung nur samstags 10, 11 und 12 Uhr). Etwa drei Kilometer sind es dann nach **Castiglion Fiorentino,** einem Städtchen mit imposanter Mauer, mittelalterlichen Türmen, zwei noch heute verschließbaren Stadttoren und sauberen Gassen mit preiswerten Lebensmittelgeschäften. Oben an der Piazza San Francesco hat man von einer Loggia aus einen weiten Blick über das Chiana-Tal, hier befindet sich eine Pinakothek mit einer erstaunlich wertvollen Gemäldesammlung.

In **Arezzo** wird wieder vor den Toren der historischen Stadt geparkt, am besten zwischen dem Bahnhof und dem Römischen Theater, einer Zone, die man aus Richtung Cortona automatisch erreicht. Die Piazza della Repubblica mit der Touristeninformation empfängt die Gäste gleich mit einem Hinweis auf ihre etruskische Herkunft: Zwei furchterregende **Bronze-Chimären** (380 v. Chr.), Fabelwesen aus Löwe, Ziege und Schlange (Kopien, Original im Archäologischen Museum Florenz), sitzen auf ihren kühlenden Springbrunnen.

Von dort aus gäbe es viele Möglichkeiten, über Rundwege alle Sehenswürdigkeiten der früheren Etruskerstadt zu erfassen. So lockt gleich schräg gegenüber das vollendet eingerichtete **Museo Archeologico** im ehemaligen Benediktinerkloster, das seinerseits wieder teilweise auf Grundmauern des römischen Amphitheaters steht. Außer Fundstücken aus etruskischer und römischer Zeit sind zahlreiche aretinische Vasen in Korallenkeramik ausgestellt, zarte rötliche Gefäße – vor und nach der neuen Zeitrechnung Arezzos bedeutendste Handelsware.

Meistens wird aber zuerst das größte Werk des begnadeten Künstlers Piero della Francesca (ca. 1420–1492) aufgesucht: der Freskenzyklus der Leggenda della Croce, der »Kreuzeslegende« (1452–66) in der **Kirche San Francesco** (13. Jahrhundert), der nach vielen Jahren der Restaurierung endlich wieder vollständig zu besichtigen ist (vgl. Infos S 189).

Bei der Betrachtung des **Freskenzyklus**, der den ganzen Chor einnimmt, müssen einige Stationen erklärt werden, um die Geschichte vom Kreuz zu begreifen.

– Lünette auf der rechten Seite: Adams Sohn Seth pflanzt seinem sterbenden Vater einen Zweig in den Mund, aus dem ein mächtiger Baum wird. Salomon lässt diesen Baum für den Bau eines Tempels schlagen. Den Zimmerleuten gelingt es nicht, ihn so zuzuschneiden, wie sie ihn brauchen, mal ist er zu kurz, mal zu lang. Die Zimmerer werfen den Balken als Steg über den Fluss.

– Rechte Seite Mitte: Die Königin von Saba (Jemen) besucht den jüdischen König Salomon. Sie kniet vor einem Steg, den sie als Holz des künftigen Kreuzes erkennt und prophezeit, an

Palazzo Comunale in Arezzo

diesem Kreuz werde einer hängen, der Salomons Reich zerstöre.
– Zentrales Motiv: gemaltes Kruzifix (13. Jahrhundert) mit dem heiligen Franziskus, dem Schutzpatron der Kirche, der die Füße Christi küsst. Da das Kruzifix bereits in der Kirche hing, ließ Francesca das Kreuzigungsthema aus.
– Rechts vom Kruzifix, oberes Bild: Vergraben des Kreuzes Jesu und der Kreuze der zusammen mit ihm gestorbenen Schächer.
– Links vom Kruzifix, oberes Bild: Judas verrät das Versteck der Kreuzes.
– Linke Seite Mitte: Kaiserin Helena schaut zu, wie das Kreuz ausgegraben

Acht Reiter kämpfen beim Giostra del Saracino in Arezzo gegen die hölzernen Sarazenen

wird. Das symbolisierte Stadtbild Jerusalems links oben ist als Arezzo zu erkennen, zu sehen sind die Stadtmauer, der Dom, der Campanile. Die Gebäude auf der rechten Hälfte dieses Freskos zeigen Häuser und Türme aus Sansepolcro, wo Piero um 1420 geboren wurde.

– Lünette auf der linken Seite: Rückkehr des Kreuzes nach Jerusalem.
Gegenüber der Kirche kann man im traditionellen »Caffè dei Costanti« oder am Corso Italia in der weithin nach Süßem duftenden »Bar Bostoli«, früher eine Apotheke, eine Rast einlegen. Am Corso weiter oben liegt die romanische **Pieve di Santa Maria** (ab 1008) mit dem durchlöcherten Campanile, der Torre degli Cento Bucchi (»Turm der hundert Löcher«), es sind genau 40 Biforien, also 80 Klangöffnungen.

Vor der Kirche führt eine kleine Gasse hoch zur **Piazza Grande**, einem wunderschönen, unregelmäßigen Platz, umrahmt von repräsentativen Bauwerken. Am meisten fällt die **Loggia del Vasari** auf, der Arkadengang des Architekten Vasari (1511–1574), eines bedeutenden Sohns der Stadt. Das Multitalent gilt heute als Begründer der Kunstgeschichte, der wie kein anderer mit seinen Künstlerbiographien zum Verständnis der Toskana beigetragen hat (vgl. »Toskanische Künstler und ihre Legenden«, S. 200 ff.).

Hinter dem Vasari-Gang gelangt man über die Via dei Pileati hoch zum **Dom San Donato**, der vor allem wegen der brillanten Glasfenster (16. Jahrhundert) besucht wird. Sie zeigen recht eindrucksvolle Szenen aus dem Leben Jesu. Wer Fan von Piero della Francesca geworden ist, findet links vom Hochalter, neben dem Grabmal des Aretiner Fürstbischofs Guido Tarlati ein besonderes Juwel. Das ausdrucksstarke Fresko (1459) zeigt »Maria Magdalena«, die bekehrte Sünderin mit Schmollmund und wallendem blonden Haar. Am nächsten Tag steht eine weitere Begegnung mit dem begnadeten Künstler, der seinen Namen von der Aretiner Kirche San Francesco erhielt, auf dem Programm.

1 **Infos:** Cortona, Castiglion Fiorentino, Arezzo

APT Cortona
Via Nazionale 42, 52044 Cortona
www.cortonaweb.net
✆ 05 75-63 03 52, Fax 05 75-63 06 56

Museo dell' Accademia Etrusca
Palazzo Casali, Piazza Signorelli 9
Cortona, ✆ 05 75-63 04 15
Di–So 10–13 und 15–17 Uhr
Etruskischer Kronleuchter, Modell einer ägyptischen Totenbarke, wertvolle Gemäldegalerie.

Museo Diocesano
Piazza del Duomo 1, Cortona
✆ 05 75-628 30
Di–So 9–13 und 15–17 Uhr
Gemälde von Fra Angelico, Luca Signorelli und Pietro Lorenzetti.

Il Falconiere
Località San Martino, 3 km nördlich Cortona
✆ 05 75-61 28 79, Mo geschl.
Eine der besten Adressen, feine toskanische Küche, mit Hotel. €€€€

Osteria del Teatro
Via Maffei 5, Cortona
✆ 05 75-63 05 56, Mi geschl.
Gemütliches, kleines Restaurant mit lokaler Küche, Spezialitäten: gefüllte Pasta, *straccetti* mit Chianti (eine Art Gulasch), Schweinefilet mit Äpfeln. €€

Il Cacciatore
Via Roma 11, Cortona
✆ 05 75-63 05 52, Mi geschl.
Einfaches Restaurant mit guter toskanischer Küche. €€

La Grotta
Piazza Baldelli 3, Cortona
✆ 05 75-63 02 71, Di geschl.
Rustikales, preisgünstiges Restaurant, lokale Küche. €€

Antica Drogheria
Via Nazionale 3, Cortona
Schönes Geschäft mit reichem Sortiment an Weinen und Grappe sowie landwirtschaftlichen Produkten.

Wichtiges Fest in Cortona
14. und 15. August: Bei der *Sagra della Bistecca* werden auf einem 14 Quadratmeter großen Grill einige tausend *Bistecce fiorentine* gebrutzelt.

Pinacoteca Comunale
Piazza del Municipio s/n
52043 Castiglion Fiorentino
Mo–Sa 8–14 Uhr
Sehenswerte Gemäldesammlung.

Da Muzzicone
Piazza San Francesco 7
Castiglion Fiorentino
✆ 05 75-65 84 03, Di geschl.
Beliebtes Restaurant mit guter toskanischer Küche. €€

ATP Arezzo
Piazza della Repubblica 28
52100 Arezzo
✆ 05 75-37 76 78, Fax 05 75-280 42
www.comune.arezzo.it

Etrusco Palace Hotel
Via Fleming 39, 1 km nördlich der Stadt
52100 Arezzo
✆ 05 75-98 40 66, Fax 05 75-38 21 31
www.etruscohotel.it
Gepflegtes Mittelklassehotel. €€

Minerva
Via Fiorentina 4, 52100 Arezzo
✆ 05 75-37 03 90, Fax 05 75-30 24 15
www.hotel-minerva.it
Modernes Mittelklassehotel am Stadtrand. €€

Continentale
Piazza Guido Monaco 7, 52100 Arezzo
✆ 05 75-202 51, Fax 05 75-35 04 85
www.hotelcontinentale.com
Einfaches, modernes, zentral gelegenes Hotel, kein Restaurant. €

1 Infos: Arezzo

Europa
Via Spinello 43
52100 Arezzo
✆ 05 75-35 77 01, Fax 05 75-35 77 03
Einfaches, sauberes Hotel in Bahnhofsnähe. €

Casa Volpi
Via Simone Martini s/n
52100 Arezzo, ✆ 05 75-35 43 64
Mi und Sa Mittag geschl.
Hotelrestaurant in einer Villa mit Park, einfach und sauber. Gute toskanische Küche. €€

Museo Archeologico
Via Margaritone 10, Arezzo
✆ 05 75-208 82
Di–Sa 9–14, So 9–13 Uhr
Etruskische und römische Fundstücke sowie aretinische Vasen.

Chiesa San Francesco
Piazza San Francesco s/n, Arezzo
Tägl. 8.30–12 und 14.30–18.30 Uhr
Arezzos bedeutendste Kirche mit den renovierten Chorfresken Piero della Francescas, der »Kreuzeslegende«.

Dom San Donato
Piazza Duomo, Arezzo
Tägl. 7–12.30 und 15–18.30 Uhr
Wunderschöne Glasfenster mit Szenen aus dem Leben Jesu; beeindruckendes Fresko »Maria Magdalena« von Piero della Francesca.

La Torre di Gnicche
Piaggia San Martino 8, Arezzo
✆ 05 75-35 20 35, Mi geschl.
Enoteca und Restaurant in den Gewölben eines Palazzos, kleine Imbisse und toskanische Gerichte. €

Antica Osteria l' Agania
Via Mazzini 10, Arezzo
✆ 05 75-29 53 81, Mo geschl.
Trattoria mit guter toskanischer Küche. €€

Le Tastevin
Via de' Cenci 9, Arezzo
✆ 05 75-283 04, So geschl.
Gutes Restaurant mit Pianobar; toskanische Küche, großes Vorspeisenbuffet. €€

Logge Vasari
Piazza Grande/Via Vasari 19, Arezzo
✆ 05 75-29 58 94
Restaurant und Pizzeria, im Sommer unter den Arkaden. €

Carraturo/Bostoli
Corso Italia 61/Via Mazzini 1, Arezzo
✆ 05 75-35 57 57
Gute toskanische Küche, preiswert. €

Il Gelato
Via Madonna del Prato 45 a, Arezzo
Das beste Eis der Toskana, große Auswahl.

Wichtiges Fest in Arezzo
1. So im September: *Giostra del Saracino*, Wettkampf kostümierter Ritter der vier Stadtteile, die einen hölzernen Sarazenen stürmen, dessen Schild mit der Lanze treffen und gleichzeitig einer dreischwänzigen Katze ausweichen müssen.

Alte, aus Holz geschnitzte Weinpresse

② Auf den Spuren von Piero und Michelangelo und durch das Casentino

Monterchi, Sansepolcro und zurück nach Florenz

2. Route: Arezzo – Monterchi – Anghiari – Sansepolcro – La Verna – Bibbiena – Poppi – Florenz (ca. 160 km)

Vormittag	Von **Arezzo** beim Bahnhof über den Viale Michelangelo Richtung Südost auf die SS 73, nach ca. 20 km im Weiler Le Ville zweigt eine Nebenstraße ostwärts nach **Monterchi** ab, dort Besuch der Madonna del Parto. Stopp im mittelalterlichen **Anghiari**, über den Tiber nach **Sansepolcro**, den Geburtsort von Piero della Francesca, Besuch des Museo Civico und Shopping-Bummel.
Nachmittag	Von Sansepolcro auf der Straße 3 bis nach Pieve Santo Stefano und dort westwärts in das grüne **Casentino** und Besuch des Klosters und Wallfahrtsziels **La Verna**. Über die SS 208 nach **Bibbiena** und **Poppi**. Weiterfahrt auf der SS 70 über **Pontassieve** nach Florenz, wahlweise Übernachtung schon in Poppi oder in der Weingegend um Pontassieve oder Rufina.

Extratouren:
– Kurz nach der Strecke Pieve Santo Stefano–La Verna oder auch später in Chiusi della Verna führen Sträßchen südwärts Richtung **Caprese Michelangelo**, das den Zusatz in seinen Ortsnamen genommen hat, weil hier am 6. März 1475 Michelangelo Buonarroti im alten Rathaus geboren wurde. Der Vater war Gouverneur des Stadtstaats Florenz. Im Palazzo del Podestà in der Via Capoluogo 1 wurde das **Museo Michelangelo** untergebracht. Es zeigt Gipsabdrücke der bekanntesten Werke des Genies, umrahmt von Arbeiten zeitgenössischer Künstler (Di–Fr 10–17, Sa/So/Fei 10–18 Uhr).
– Eine landschaftlich wie auch kunsthistorisch reichhaltige Strecke geht von **Poppi** aus nach Norden: Etwa 15 km sind es nach **Camaldoli**, etwa 5 km weiter in den Hügeln zur gleichnamigen Einsiedelei, dann 17 km nach Westen bis Pratovecchio und 10 km zurück nach Poppi (gesamter Umweg rund 45 km). Das von den Camaldoleser Benediktinermönchen bewirtschaftete **Kloster** mit Kreuzgang und Kirche verfügt auch über eine Herberge und eine alte Apotheke (1543), in der Klosterliköre und Kosmetika, hergestellt nach alten Rezepten, angeboten werden. In einem Nationalpark, der aus einem in Italien seltenen Mischwald mit vorwiegend Buchen und Kastanien besteht, etwa 300 m höher, liegt das **Eremo**, die Einsiedelei (1012). Die Zellen dürfen von Frauen nicht betreten werden.

Die Strecke nach **Pratovecchio** ist sehr pittoresk, der Ort selbst bietet einige Sehenswürdigkeiten: Auf einem Hügel oberhalb des Dorfes das **Castello di Romena** (1000 n. Chr.), eine Guidi-Burg, wo sich Dante ebenfalls als Gast der Fürsten Guidi aufgehalten hat, nachdem er Anfang des 14. Jahrhundert aus Florenz verbannt wurde. In diesem Exil ließ er sich zu Gesängen für »Die Göttliche Komödie« inspirieren (Mitte Mai–Mitte Okt. tägl. 15–18 Uhr, sonst beim Kustoden anmelden über ✆ 05 75-58 13 53). Die zweite Besonderheit in Pratovecchio ist die **Pieve di San Pietro a Romena** (1152), eines der bedeutendsten romanischen Bauwerke der Toskana, auf Resten eines etruskischen und römischen Tempels erbaut. Beachtenswert sind die Kapitelle mit den vier Evangelisten sowie die elegante Apsis (gegenüber der Kirche nach Signora Cipriani, der Schlüsselbewahrerin, fragen oder vorher anrufen, ✆ 05 75-587 25).

Von Arezzo geht es auf einer landschaftlich abwechslungsreichen Nebenstrecke Richtung Süd- und dann Nordosten nach Monterchi und anschließend nach Anghiari. Falls es Mittag ist, sollte man sich noch vor Anghiari nach der Locanda al Castello di Sorci erkundigen (vgl. Infos S. 197). Eine schnurgerade Landstraße führt in den Geburtsort von Piero della Francesca Sansepolcro. Bei Pieve Santo Stefano gelangt man in die wald- und hügelreiche Landschaft des Casentino zur Franziskus-Station La Verna am Monte Penna (1 283 Meter), weiter über Bibbiena und Poppi mit seiner geschichtsträchtigen Umgebung und vorbei an der Weingegend um Pontassieve nach Florenz.

Wer den großen Maler Piero della Francesca ins Herz geschlossen hat, wird seine Wirkungsstätte Arezzo ver-

lassen, um ohne Halt **Monterchi** zu erreichen. In diesem befestigten Dorf befindet sich eine Besonderheit aus der Hand Pieros: die »Madonna del Parto«, die schwangere Jungfrau Maria, zum ersten Mal in der abendländischen Malerei in diesem Zustand dargestellt. Mit verinnerlichtem Blick hält sie ihre Hand an das am Bauch leicht geöffnete Gewand. Es ist eine Frau aus dem Volk. Man sagt, Piero habe das Gesicht seiner Mutter als Modell gewählt. Das Gemälde hing lange Zeit in der Kapelle des Friedhofs, auf dem die Mutter beerdigt wurde. Nach der Restaurierung kam es in die frühere Volksschule des Ortes und erhielt dort einen würdigen, sanft ausgeleuchteten Raum. Wer noch Zeit findet, sollte in der Gasse über der alten Schule das **Museo di Bilanci e Pesi**, eine hochinteressante Sammlung mit Waagen aller Art besuchen.

Piero erlebte in seiner Jugendzeit auch die dramatische Auseinandersetzung zwischen den rivalisierenden Stadtstaaten. 1440 fand bei Anghiari, das man schon von weitem aus 429 Metern Höhe herabschauen sieht, die Entscheidungsschlacht zwischen Florenz und Arezzo statt, die Florenz gewann. Von Anghiari aus kann man das historische Schlachtfeld im Tiber-Tal übersehen; die kurvenlose Straße nach Sansepolcro hatte strategische Bedeutung für die schnelle Truppenbewegung. In **Anghiari** setzt sich im Stradone, der Meile für den abendlichen Spaziergang, die stringente Planung fort. Im Altstadtbereich wird es enger. Gassen, Paläste und kleine Plätze strahlen Gemütlichkeit. Kunstbeflissene machen einen kurzen Besuch im **Museo dell' Alta Valle del Tevere** und in der Kirche **Santa Maria delle Grazie**

◁ *»Locanda al Castello di Sorci« bei Anghiari*

(18. Jahrhundert) mit dem Gemälde »Madonna mit Kind« (15. Jahrhundert) von Matteo di Giovanni.

Unten in der Val Tiberina liegt hinter dem Tiber das blitzblanke Städtchen **Sansepolcro**, der Geburtsort von Piero della Francesca (um 1415–20). Seit dessen 500. Todestag (1992) hat der Ort noch mehr aus sich gemacht, wurden die Renaissancepaläste frisch verputzt und die alten Wohnhäuser hergerichtet. Es macht Spaß, durch die Gassen zu bummeln und den traditionell arbeitenden Handwerker in Geschäften und Schaufenstern zuzuschauen. Und noch immer werden Stickereien aller Art ebenso wie feiner Goldschmuck und sogar Armbrüste gefertigt. Letztere kommen beispielsweise am zweiten Septembersonntag zum Einsatz, wenn die Schützen aus Gubbio (Umbrien) kommen, um sich mit Sansepolcro im Wettkampf zu messen.

Die größte Leistung der Stadt, in der Piero auch lange Zeit als Ratsherr diente, ist der Ausbau des **Museo Civico** mit der **Pinacoteca Comunale** mit hochkarätigen Werken aus der Schaffenszeit ihres verehrten Meisters. (Vorsicht bei der Tagesplanung: Das sehenswerte Museum macht zwischen 13 und 14.30 Uhr Mittagspause.)

Zwei Werke Piero della Francescas verdienen eine längere Betrachtung: das Polyptychon »Madonna della Misericordia« (Schutzmantelmadonna) und die »Auferstehung«. Ebenso mütterlich ergreifend wie die Schwangere Madonna von Monterchi wirkt vor goldenem Hintergrund die rot gekleidete Madonna, die ihren dunklen Mantel schützend über acht vor ihr kniende, um Hilfe bittende Gläubige, Vertreter verschiedener Stände, breitet.

Auf dem anderen Werk setzt der wieder auferstandene Christus einen Fuß

Castel Sorci: jeden Tag frische Pasta

siegesbewusst auf die Brüstung des Grabes. Mit einem zartrosa Gewand über der linken Schulter schaut er majestätisch über die vier schlafenden Wächter hinweg, deren derbe Gesichter – wie auch auf anderen Gemälden – Pieros Vorliebe für Modelle aus seiner ländlichen Umgebung beweisen. Ein Tipp: Wenn die Zeitplanung nicht optimal funktioniert hat und die Museumswärter schon bei ihrer Pasta al dente sitzen, kann man wenigstens einen Blick auf die »Auferstehung« werfen. Vor der Museumsfront stehend geht man um die linke Ecke, durch das Tor und die Treppe des Palastes nach oben. Dort ist das Portal durchgehend geöffnet und erlaubt einen Blick durch Panzerglas in den Ratsherrensaal mit dem berühmten Gemälde Pieros.

Nördlich von Sansepolcro zweigt vor dem Ort Pieve Santo Stefano eine Nebenstraße nach La Verna ab, mitten in das grüne **Casentino**, mit Gebirgsbächen, die den hier beginnenden Arno speisen, mit Wasserfällen und mit Wäldern, die nach Pilzen duften – ein ideales Wandergebiet. Hier im oberen Arno-Tal reifen beste Käsesorten und Schinken, ernten fleißige Bienen aromatischen Honig, hier beginnt das Land der Burgen, romanischen Kirchen und der Della-Robbia-Terrakotten, das Land, wo

Tabakernte im Casentino

Franz von Assisi zwischen Felsen die Stigmata empfing (September 1224). Dazu hatte er den Monte Penna bei **La Verna** ausgewählt.

Hier entstand das **Santuario della Verna** inmitten von Birken- und Kiefernwäldern. Man muss an diesem Wallfahrtsort tolerant oder sehr gläubig sein, denn der Rummel ist groß und die Wartezeiten vor verehrungswürdigen Punkten sind lang. Anhänger des Künstlers Andrea della Robbia kommen auf jeden Fall auf ihre Kosten. Zahlreiche Terrakotten hängen im Santuario della Robbia und ein Altarbild »der Gekreuzigte« in der Capella delle Stimmate.

Auch wer das Leben und Leiden des heiligen Franz nachempfinden möchte, findet im **Sasso Spicco**, in der Felsenhöhle, in der er meditierte, die Gelegenheit dazu. Es ist eng und niedrig in der Grotte, denn Franz war nur 1,60 Meter groß. Sein Bett, einen Gitterrost, haben Souvenirjäger zerfleddert. Jetzt sind die Wächter aufmerksamer und lotsen die drängelnden Besucher in großen Gruppen in das Felsenloch, wo sich Franz 50 Tage lang allein aufgehalten hat. Außer-

Das historsiche Anghiari über dem Tiber-Tal

halb der Anlage führen enge und steile Wege durch eine romantische Landschaft mit bewaldeten Felsen, Grotten und kleinen Kapellen dazwischen – die Plätze erinnern an den Mann, der mit den Tieren sprach.

Im Westen, durch eine kurvenreiche Strecke mit La Verna verbunden, liegt **Bibbiena**, im Mittelalter Streitobjekt zwischen Florenz und Arezzo, heute wirtschaftliches Zentrum des Casentino. Bei einem Stadtspaziergang durch das restaurierte historische Zentrum fallen die Adelspaläste auf. Darunter ist auch der edle Palazzo Dovizi (16. Jahrhundert) in der gleichnamigen Via, der einst Sitz des Kardinals und Sekretärs von Papst Leo X. war.

Mindestens zwei der zahlreichen Kirchen sind einen kurzen Besuch wert: die **Pieve dei Santi Ippolito e Donato** (13. Jahrhundert) mit einem meisterhaften Altarbild (Triptychon) von Bicci di Lorenzo (1373–1452), und die **Kirche San Lorenzo** mit zwei sehr wertvollen, ausdrucksstarken Terrakotten von Andrea della Robbia, der »Kreuzabnahme« und der »Anbetung der Hirten«. Zum Abschluss sei in der Terrassenstadt der Blick von der höchsten Etage ins Casentino empfohlen, sogar Poppi, das nächste Ziel, ist zu sehen. Dort oben gibt es auch einen Parkplatz.

Nur fünf Kilometer sind es bis **Poppi**. Vom Parkplatz am Stadtrand gelangt man über die Via Cavour an Arkaden und Palästen vorbei zur **Kirche San Fedele**. Der Höhepunkt dort sind sechs Renaissancealtäre mit teils farbenfohen Gemälden im Hauptschiff. Am dritten Altar rechts ein interessantes Tafelbild: »Madonna mit Kind« (Maestro della Maddalena, Ende 13. Jahrhundert), die Madonna im roten langen Kleid mit freigelegten Knien – ein Versuch, Perspektive zu schaffen.

Poppi: Dante war Gast im Castello dei Guidi

An der höchsten Stelle des Ortes zeigt sich trutzig das mit Zinnen bewehrte **Castello dei Conti Guidi** oder Palazzo Pretorio (12. Jahrhundert), eines der besterhaltenen mittelalterlichen Baudenkmäler der Toskana. Davor ein neuer Park mit einer Dante-Büste. Der große Geist war Gast der mächtigen Feudalherren der Guidi, die es schafften, in ihrem durch Berge geschützten Hochtal bis 1440 von Florenz unabhängig zu bleiben. Vom Vorplatz bietet sich ein umfassender Blick in das Quellgebiet des Arno, den Machtbereich der Guidi, und nach Bibbiena. Neben kostbar ausgestatteten Wohnräumen sind in der Burgkapelle wunderbare Fresken zu sehen, darunter die mystische Darstellung der »Auferstehung der Drusiana« von Taddeo Gaddi, 14. Jahrhundert. Weitere wertvolle Gemälde wie das zarte, anrührende Bild »Madonna mit Kind zwischen zwei Heiligen« vom Anfang des 16. Jahrhunderts finden sich in der Sala delle Feste. Schließlich gibt es noch die reiche Bibliothek, mit über 20 000 Folianten und Handschriften vom 10.–15. Jahrhundert. Sie sind der Stolz der Einwohner von Poppi.

Das Casentino rund um Poppi bietet noch viele andere Sehenswürdigkeiten (vgl. Extratouren S. 191), doch der Tag neigt sich dem Ende zu. Es wird Zeit, das Ziel anzusteuern, knapp 60 Kilometer sind es bis Florenz. Alternativ kann die Tour im Casentino enden, um am nächsten Tag das grüne Land weiter zu genießen. Eine andere Möglichkeit wäre, vor den Toren von Florenz das obere Sieve-Tal, die Weingegend (Chianti Rufina) um **Pontassieve** und **Rufina** (vgl. Florenz, 4. Route, S. 58 f.) als Übernachtungsziel anzusteuern. Unter den Infos S. 199 finden Sie einige Vorschläge für Hotels und Restaurants rund um diese drei Städtchen.

2 **Infos:** Monterchi, Anghiari, Sansepolcro

Museo Madonna del Parto
Via Reglia 1
52035 Monterchi
✆ 055-707 13, Fax 700 92
Sommer Di–So 10–13 und 14–19, Winter bis 17 Uhr
Pieros »Madonna del Parto«.

Museo delle Bilance e dei Pesi
Via XX Settembre
52035 Monterchi
✆ 05 75-707 10, Fax 05 75-700 36
Sommer Di–So 10–13 und 14–19, Winter bis 17 Uhr
Alle Waagen (Kartoffeln, Käse, Babys, Feingold etc.) und Gewichte.

Pro Loco Anghiari
Im Rathaus, Corso G. Matteotti 103
52031 Anghiari
✆ 05 75-74 92 79, www.anghiari.it

Museo dell' Alta Valle del Tevere
Via Mameli 16, Anghiari
✆ 05 75-78 80 22
Tägl. im Sommer 9–18.30, im Winter 9–13 Uhr
Fresken aus Kirchen der oberen Valtiberina, Skulpturen und Haushaltsgegenstände.

Santa Maria delle Grazie
Via Matteo di Giovanni s/n, Anghiari
Tägl. im Sommer 9–18.30, im Winter 9–13 Uhr

Locanda al Castello di Sorci
Località San Lorenzo, außerhalb von Anghiari, gut ausgeschildert
✆ 05 75-78 90 66, Mo geschl.
Festes Menü mit 5 Gängen, hausgemachte Pasta, gute toskanische Küche, rustikales Ambiente; Cantina mit Weinverkauf. €

Ristorante Nena
Corso G. Matteotti 10/14, Anghiari
✆ 05 75-78 94 91
Beliebtes Restaurant, lokale Küche. €€

ATP Sansepolcro
Piazza Garibaldi 2
52037 Sansepolcro
✆ 05 75-74 05 36
www.snsepolcro.net

Museo Civico, Pinacoteca Comunale
Via Aggiunti 65
Sansepolcro
✆ 05 75-73 22 18
Juni–Sept. tägl. 9–13 und 14.30–19.30, Okt.–Mai 9.30–13 und 14.30–18 Uhr
Hommage an den Sohn der Stadt, Piero della Francesca. Seine wichtigsten, hier gezeigten Werke sind »Madonna della Misericordia« (Schutzmantelmadonna) und die »Auferstehung«.

La Balestra
Via Montefeltro 29, Sansepolcro
✆ 05 75-73 51 51
So abends und Mo geschl.
Gutes Hotelrestaurant mit lokaler Küche. €€

Fiorentino
Via Luca Pacioli 60, Sansepolcro
✆ 05 75-74 20 33, Mi geschl.
Geschmackvoll eingerichtetes Hotelrestaurant mit lokaler Küche. €€

Il Convivio
Via Traversari 1, nahe Museo Civico
Sansepolcro
✆ 05 75-73 65 43, Di geschl.
Restaurant in einem Renaissancepalast, vorzügliche Küche des Tiber-Tals, sehr gute Pasta. €€

Da Ventura
Via Aggiunti 30, Sansepolcro
✆ 05 75-74 25 60, Sa geschl.
Beliebte Trattoria, lokale Spezialitäten, alles hausgemacht; mit einfachen Fremdenzimmern. €€

Il Telaio
Via Matteotti 18, Sansepolcro
Traditionelle *merletti* (Spitzenarbeiten).

2 Infos: Sansepolcro, La Verna, Bibbiena, Poppi

Busatti
Via Piero della Francesca 48 a
Sansepolcro
Webstoffe für den gesamten Haushalt.

Wichtiges Fest in Sansepolcro
2. So im September: *Palio della Balestra*, historisches Armbrustschießen im Wettbewerb mit Gubbio/Umbrien, Umzug in prächtigen Renaissancekostümen.

Padre Guardiano
Santuario della Verna
52010 La Verna
✆ 05 75-53 42 11

Santuario della Verna
La Verna, ✆ 05 75-53 41
Tägl. 6.30–20.30 Uhr
Wallfahrtsort, touristischer Anziehungspunkt, Stationen des heiligen Franz von Assisi.

Refettorio del Pellegrino
Im Santuario della Verna, La Verna
✆ 05 75-53 42 48
Klosterspeisesaal, lokale Küche, mit Bar.
€€

APT Bibbiena
Via Berni 25
52011 Bibbiena
✆ und Fax 05 75-59 30 98

Pieve dei Santi Ippolito e Donato
Piazza Tarlati s/n, Bibbiena
Tägl. 7.30–13 und 15–19 Uhr

Il Bivio
Località Bivio di Banzena, Nr. 65
Bibbiena
✆ 05 75-59 32 42, Mo geschl.
Empfehlenswertes Restaurant, phantasievolle lokale Küche. €€

APT Poppi
Badia Prataglia, Via Nazionale 14 b s/n
52014 Poppi
✆ 05 75-55 90 54

Parc Hotel
Via Roma 214
52013 Ponte a Poppi
✆ 05 75-52 91 01, Fax 05 75-52 99 84
www.parchotel.it
Gutes Mittelklassehotel, Zimmer mit Airconditioning, mit Restaurant. €

La Torricella
Località Torricella 14
52013 Ponte a Poppi
✆ 05 75-52 70 45, Fax 05 75-52 70 46
www.torricella.com
Kleines gepflegtes und preiswertes Hotel. €

Campaldino
Via Roma 95
52013 Ponte a Poppi
✆ 05 75-52 90 08, Fax 05 75-52 90 32
campaldino@iol.it
Restaurant Mi geschl. (außer Aug.)
Gutes Restaurant mit lokaler Küche; angeschlossen ist ein kleines Hotel (€).
€€

Casentino
Piazza della Repubblica 6, Poppi
✆ 05 75-52 90 90
Gutes Restaurant mit Casentino-Küche im ehemaligen Pferdestall des Castello; angeschlossen ist ein kleines Hotel. €€

Kirche San Fedele
Via Cavour s/n, Poppi
Tägl. 9–13 und 15–19 Uhr
Sechs Renaissancealtäre mit farbenfrohen Gemälden, darunter eine »Madonna mit Kind« mit interessantem Perspektive-Versuch (Ende 13. Jh.).

Castello dei Conti Guidi
Im Palazzo Pretorio
Piazza del Castello, Poppi
✆ 05 75-52 99 64
Tägl. 9.30–12.30 und 15–18 Uhr
Trutzige, gut erhaltene Burg des Mittelalters, Fresken und Gemälde in der Burgkapelle und in der Sala delle Feste;

Infos: Pontassieve, Rufina

Bibliothek mit 20 000 Folianten und Handschriften.

Moderno
Via Londra 5
50065 Pontassieve
✆ 055-831 55 41, Fax 055-836 81 40
Ordentliches Mittelklassehotel. €

Il Trebbiolo
Via del Trebbiolo 8, Molino del Piano
50065 Pontassieve
✆ 055-830 00 98
Ordentliches Mittelklassehotel mit gutem Restaurant. €

Locanda Nova
Via F.lli Monzecchi 13
50065 Pontassieve
✆ 055-836 81 92
Einfaches, sauberes Hotel. €

La Casellina
Via Colognese 28, Località Montebello
50065 Pontassieve
✆ 055-839 75 80
Mo, im Winter Mo/Di geschl.
Sehr gute, phantasievolle toskanische Küche, hausgemachte Pasta, Spezialität: *stinco di maiale al forno* (krosse Schweinshaxe). €€

La Speranza
Via Piave 14
50064 Rufina
✆ 055-839 70 27
Ordentliches Mittelklassehotel mit beliebtem Restaurant. €

Da Marino
Via Forlivese 21
50064 Rufina
✆ 055-839 70 30
Einfaches Hotel mit Restaurant. €

Il Ritrovo
Piazza Umberto I, Rufina
✆ 055-839 62 19
Restaurant mit toskanischer Küche und Pizzeria. €

Mittelalterliches Baudenkmal: Castello dei Conti Guidi in Poppi

Toskanische Künstler und ihre Legenden

Dem in Arezzo geborenen Multitalent **Giorgio Vasari** (1511–74), Maler und Zeichner, Architekt und Schriftsteller, ist es zu verdanken, dass die Nachwelt viele Einzelheiten über die großen Künstler der Toskana erfuhr. Das etwas ungewöhnliche Angebot, im päpstlichen Auftrag »etwas Besonderes« zu schaffen, machte ihn zum Chronisten einer künstlerisch äußerst fruchtbaren Epoche. Vasari schrieb die Künstlerviten »Lebensgeschichten der berühmtesten Maler, Bildhauer und Architekten der Renaissance«.

Spannend sind die Legenden, vielleicht sind es auch Wahrheiten, um die Entdeckung mancher Künstler. Wie in einem Landschaftsbild der Renaissance kann man nachvollziehen, was Vasari beispielsweise über **Giotto** (1266–1337) schreibt: »Als er zehn Jahre alt war, gab ihm Bondone (sein Vater) einige Schafe zu hüten, die er auf dessen Grundbesitz da und dort weiden ließ, und weil ihm die Neigung seines Herzens zur Zeichenkunst trieb, vergnügte er sich dabei, auf Steine, Erde und Sand immer etwas nach der Natur, oder was ihm sonst in den Sinn kam, zu zeichnen. Da ging eines Tages **Cimabue** (Giovanni, um 1240 bis nach 1302) eines Geschäftes halber von Florenz nach Vespignano (vgl. Florenz, 4. Route, S. 61) und fand Giotto, der während seine Schafe weideten auf einer ebenen Steinplatte mit einem etwas zugespitzten Steine ein Schaf nach dem Leben zeichnete, was ihn niemand gelehrt, sondern was er nur von der Natur gelernt hatte. Cimabue blieb stehen, verwunderte sich sehr und fragte ihn, ob er mit ihm kommen und bei ihm bleiben wolle, worauf der Knabe antwortete: Wenn sein Vater damit zufrieden sei, so würde er es gern tun. Cimabue verlangte ihn demnach von Bondone, und dieser willigte gern darein, dass er ihn mit sich nach Florenz führe, woselbst der Knabe, von Cimabue unterrichtet und von der Natur unterstützt, nach kurzer Zeit nicht nur die Manier seines Meisters erlernte, sondern auch die Natur so treu nachahmte, dass er die plumpe griechische Methode ganz verbannte und die neue und richtigere Weise der Malerei hervorrief, indem er die Bahn brach, lebende Personen gut nach der Natur zu zeichnen, was mehr als zweihundert Jahre nicht geschehen war ...«

Zum Verständnis, wie gut das Verhältnis zwischen Meister und Schüler war, gehört die Anekdote mit der Fliege: Während Cimabue einmal länger Pause machte, malte Giotto eine Fliege auf die Nase einer von Cimabues Figuren. Der Meister kam zurück und versuchte mehrmals, das Insekt mit der Hand fortzuscheuchen. – Man kann fast das schallende Lachen hören, das die Werkstatt nach diesem genialen Streich erfüllte. Aufschlussreich ist die Geschichte, wie **Luca della Robbia** (1399–1482), Begründer der Della-Robbia-Künstlerdynastie, seine leuchtenden, glasierten Terrakotten erfand. Luca war ein begnadeter Bildhauer, der Tag und Nacht mit Meißel und Zeichenstift arbeitete, und »wenn ihm des Nachts die Füße steif wurden, er sie oft, um nicht von der Arbeit zu gehen, zur Erwärmung in einen Korb mit Sägespänen steck-

Luca della Robbia: glasierte Terrakotta

te«. Doch bald erkannte der Künstler, dass das Preis-Leistungs-Verhältnis seiner Auftragsarbeiten nicht in Ordnung war.

Er überlegte, es sei einfacher und weniger anstrengend, mit Tonerde zu arbeiten, nur müsse er ein Mittel finden, das »dieser Art von Werken Dauer zu geben vermöchte, wie man sie gegen Zerstörung der Zeit schützen könne«. Nach vielen Versuchen gelang es ihm, einen glasierten Überzug aus Zinn, Antimonium und anderen Mineralien zu mischen, die im Schmelzofen zu einer Glasur von fast ewiger Dauer wurden.

Der Karmelitermönch **Fra Filippo Lippi** (um 1406–69) war schon mit zwei Jahren Vollwaise. Die Schwester des verstorbenen Vaters zog ihn bis zum achten Jahr mühevoll auf und brachte ihn dann in das Kloster del Carmine in Florenz, damit er Mönch werde. Statt zu studieren, »ließ er nicht ab, auf seine und der anderen Bücher Fratzen und Figuren zu zeichnen, und der Prior beschloss endlich, ihm auf alle Weise behilflich zu sein, dass er das Malen erlerne«.

Masaccio (1401–28), der als Begründer der italienischen Frührenaissance-Malerei gilt, war sein Lehrmeister, und bald ähnelten die Bilder des Schülers dem seines Vorbilds. Mit 17 Jahren trat Fra Filippo Lippi aus dem geistlichen Orden aus. Bei einem Aufenthalt in Ancona (Marken) wurde er mit seinen Freunden von einem maurischen Kaperschiff gefangen und in die Berberei gebracht. 18 Monate schmachtete er als Sklave in Ketten, dann kam ihm der Gedanke, seinen Herrn mit Kohle vom Feuer auf eine weiße Wand zu malen. Die Aufseher sprachen von einem Wunder und Filippo musste seinem Herrn einige farbige Bilder malen, danach wurde er nach Neapel zurückgebracht.

Bei Auftragsarbeiten in Prato weilte er im Kloster Santa Margherita, um die Tafel für den Hauptaltar zu malen. Während der Arbeit geschah es dann: »... dort erblickte er eines Tages die Tochter des Florentiners Francesco Buti, welche in jenem Kloster entweder unter Aufsicht stand oder Nonne werden sollte. Fra Filippo betrachtete Lucrezia, und da sie schön und anmutig war, wusste er die Nonnen dahin zu bewegen, dass er sie zeichnen und dieses Porträt für die Mutter Gottes in dem Altarbilde verwenden durfte«.

Es kam wie es kommen musste: Filippo verliebte sich immer mehr in das Mädchen, und es gelang ihm, Lucrezia zu entführen, ausgerechnet an Pratos heiligstem Tag, an dem alle Nonnen ausgehen durften, um den Gürtel der Heiligen Jungfrau zu bewundern (vgl. Nordwesten, 1. Route S. 68). Lucrezia blieb bei Filippo, sie gebar ihm einen Sohn, der später als Filippino (1457–1504) in die Fußstapfen seines Vaters treten sollte.

Domenico Ghirlandaio (1449–94), dessen Kunstfertigkeit zum Beispiel in Florenz in der Kirche Santa Maria Novella zu bewundern ist (vgl. Florenz, 3. Programm S. 54), hatte auch mit den Niederungen des täglichen Lebens zu kämpfen. Um einen Auftrag in der Abtei von Passignano auszuführen, schickte er seinen Bruder David und Bastiano da San Gimignano voraus, um die Arbeit vorzubereiten. Beide wurden dort wie Handlanger behandelt und bekamen schlechtes Essen. Auch Beschwerden beim Abt brachten keine Besserung. Das blieb auch so, als Domenico kam. Dann aber ergriff David der Zorn, wie Vasari schildert: »Sie setzten sich am Abend zum Essen und nach gewohnter Art kam der Gastmeister mit einem Brett, worauf Suppe und die allerabscheulichsten Pastetchen standen. Voll heftigen Zorns stieß David dem Mönch die Suppe um und behandelte ihn so schlimm, dass er halb tot nach der Zelle gebracht wurde. Dadurch entstand, wie sich denken lässt, ein arger Lärm; der Abt, der schon zu Bette lag, glaubte, das Kloster stürze ein, sprang auf und fand den Mönch sehr übel zugerichtet.

Er fing an, mit David zu zanken, doch jener rief in Wut: ›Gehe mir aus den Augen, Domenicos Geschicklichkeit ist mehr wert als alle Schweine von Äbten deiner Art,

Niki de Saint-Phalle: Königin der »Nanas« im Giardino dei Tarocchi bei Garavicchio (vgl. S.111)

die je in diesem Kloster gewesen sind!‹ – Der Abt fühlte sich getroffen und trachtete von Stund' an, sie als ehrenvolle Männer zu behandeln, wie sie waren.«

Andrea del Verrocchio (1435–1488) hatte ebenfalls seine Grundsätze und erlebte manchen Stress, wie Vasari recherchiert hatte. Er arbeitete als Maler und Bildhauer zunächst in Florenz, wo er beispielsweise den »Knaben mit Delphin« schuf. Sein guter Ruf war bis zu den Veneziern gedrungen, die ihrem Feldhauptmann Bartolomeo aus Bergamo ein Denkmal setzen wollten. Verrocchio hatte gerade das Modell des Pferdes vollendet, als er die Nachricht erhielt, einige Edelherren hätten beschlossen, Vellano aus Padua solle die Figur, Verrocchio nur das Pferd gestalten.

Vasaris Bericht: »Kaum war dieser hiervon unterrichtet, so zerbrach er Kopf und Füße seines Modells und kehrte ganz erbittert und ohne ein Wort zu sagen nach Florenz zurück. Hierauf ließ die Signoria von Venedig ihm kund tun, er solle nie mehr wagen, nach ihrer Stadt zu kommen, wenn er nicht seines Kopfes verlustig gehen wolle. Auf diese Drohung entgegnete Andrea in einem Briefe, er werde sich wohl davor hüten, denn es stehe nicht in ihrer Macht, den Menschen für abgeschnittene Köpfe neue aufzusetzen, nicht einmal seinem Pferd, dem er einen schöneren statt des zerbrochenen hätte wiedergeben können.« Der Brief gefiel den Herren in Venedig, sie riefen Verrocchio zurück, die Arbeit bei doppeltem Gehalt zu vollenden. Die Tragik der Geschichte: Beim Gießen der Statue erkältete sich Andrea so sehr, dass er nach wenigen Tagen in Venedig starb.

Domenico Ghirlandaio: Detail des Freskos »Geburt Mariens« (1486–90) in der Kirche Santa Maria Novella in Florenz

Ser Piero da Vinci hatte früh die Talente seines Sohnes Leonardo erkannt. Er schickte den Knaben zu Andrea del Verrocchio, der das Genie **Leonardo da Vinci** (1452–1519) förderte, obwohl er sich durch dessen Begabung als minderwertig empfand. Eines Tages brachte Ser Piero seinem Sohn das aus einem Feigenbaum gefertigte Schild eines befreundeten Bauern, der es mit einem Wappen versehen haben wollte. Dieser nahm das krumme und plump gearbeitete Schild, bog es am Feuer zurecht und ließ ihm durch einen Drechsler eine gleichmäßige Form geben. Dann überlegte Leonardo, welch erschreckendes Bild er als Wappen nehmen könne. Vasari in seiner blumigen Sprache: »Zu diesem Zweck brachte er nach einem Zimmer Eidechsen, Grillen, Schlangen, Schmetterlinge, Heuschrecken, Fledermäuse und andere seltsame Tiere dieser Art und erbaute aus diesem wunderlichen Haufen durch verschiedenartige Zusammenstellung ein gräßliches und erschreckliches Untier, gab ihm einen vergifteten Atem und einen feurigen Dunstkreis und ließ es aus einem dunklen zerborstenen Felsen hervorkommen, Gift aus dem offenen Rachen, Feuer aus den Augen und Rauch aus den Nüstern sprühen, so wunderbar, dass es fürwahr ungeheuerlich und schrecklich erschien; auch wandte er bei der Arbeit so viel Mühe auf, dass er aus übergroßem Eifer für die Kunst gar nicht merkte, welchen unerträglichen Geruch die gestorbenen Tiere im Zimmer verbreiteten.«

Leonardo da Vinci: Anna Selbdritt (1508–10)

Einige Tage später kam der Vater, um das Werk abzuholen. Er erschrak vor dem Anblick des Untiers, in dem er das Schild nicht wiedererkannte. Leonardo überzeugte seinen Vater, dass ein wahres Kunstwerk solche Wirkung erzeugen müsse. Ser Piero wagte es trotzdem nicht, dem Bauern das Schreckbild zu überreichen. Er kaufte ein Schild mit einem vom Pfeil durchbohrten Herzen, über das sich der Nachbar sein Leben lang freute. Leonardos Schild aber verkaufte er für 100 Dukaten an Kaufleute in Florenz, die es für 300 Dukaten dem Herzog von Mailand weitergaben.

Chianti-Wein
Rund um den Schwarzen Hahn

Überall an den Straßenrändern des Chianti kräht der Schwarze Hahn, der *Gallo Nero* und gibt jenen Rätsel auf, die zum ersten Mal die Toskana besuchen. Der Gockel macht Werbung für den Chianti Classico und hat eine lange Geschichte, die mit den blutigen Kämpfen zwischen den rivalisierenden Städten Florenz und Siena begann. Im Jahre 1208 hatten beide Parteien wieder einmal genug vom Gemetzel und dem ständigen Streit um Grenzziehungen. So suchten sie nach einem Weg des Friedens in fairem Wettkampf. Sie beschlossen, dass beim ersten Hahnenschrei ein Reiter vom jeweiligen Stadttor lospre-

schen und dem anderen entgegenreiten solle. Der Treffpunkt der beiden würde dann die Grenze sein.

Die trickreichen Florentiner wollten aber doch nicht übertrieben fair sein, sie ließen ihren Hahn tagelang hungern, so dass dieser sich am Morgen des Wettkampfes schon sehr früh mit lauter Stimme meldete. Daran gab es keinen Zweifel, denn in beiden

Castello di Brolio: Zentrum des Chianti-Weinanbaus

Städten achteten Schiedsrichter der Konkurrenz auf die Einhaltung der Vorschriften. So konnte der florentinische Reiter einen gewaltigen Vorsprung herausholen und traf seinen Gegner in Fonterutoli, kurz vor den Toren Sienas. Somit gehörten die Gemeinden Gaiole, Radda und Castellina zu Florenz. Erst nach Festlegung neuer Provinzen im letzten Jahrhundert wurden die Chianti-Gemeinden wieder Siena zugeschlagen. Übrigens: Die Idee mit Hahn und Reitern hat nicht viel gebracht, die beiden Streithähne bekriegten sich weitere rund 350 Jahre, bis anno 1555.

Die drei Gemeinden waren mit der Lösung zufrieden und bildeten 1270 unter dem Schutz von Florenz eine Allianz gegen Siena und Pisa. Führer der Lega war der Bürgermeister von Radda, der sich als Familienwappen den historischen Hahn ausgesucht hatte. Mit Ende der kriegerischen Zeiten verlagerte sich der Zwist allmählich auf die Frage, wer den besseren Wein liefert, der schon seit den Zeiten der Etrusker in der Toskana angebaut wird. Um sich gegen »billige Konkurrenz« zu schützen, wurde 1924 das *Consorzio del Vino Chianti Classico* gegründet, das gleichbleibende Qualität signalisieren sollte. Schutzzeichen wurde der *Gallo Nero*. Unter seinen Fittichen scharten sich die Gemeinden der Lega, außerdem kam noch Greve hinzu. Die Garantie: Strenge Einhaltung der Richtlinien nach Baron Bettino Ricasoli (19. Jahrhundert, Castello di Brolio), das bedeutet eine Mischung aus zwei roten Trauben (50–80 Prozent Sangiovese, 5–10 Prozent Canaiolo) und zwei ergiebigeren weißen (Malvasia und Trebbiano), Mindestgehalt an Alkohol und Mindestlagerzeit. Erst dann gab es die Banderole mit dem schwarzen Qualitätsgockel.

Chianti-Konkurrenz: der Brunello di Montalcino

In der Zwischenzeit produzierten auch die Winzer außerhalb des klassischen Chianti-Gebiets ihre eigenen Chianti-Weine, so dass 1932 eine gültige Aufteilung vorgenommen werden musste, die den Weintrinker noch mehr verunsicherte: Das oben genannte Gebiet des »Chianti Classico« mit dem Hahn, dazu sechs Anbauzonen, die seitdem einen Putto als Markenzeichen tragen. »Chianti Putto« gibt es in den Colli Fiorentini südlich von Florenz, Colli Senesi rund um Siena, Colline Pisane in der Gegend von Pisa, Montalbano westlich von Florenz und südlich von Montecatini, Aretino rund um Arezzo und Rufina nordöstlich von Florenz – für viele in guten Jahren ein ganz besonderer Geheimtipp.

In den 1970er Jahren ging es mit dem Ansehen des Chianti bergab, er wurde zum Massenprodukt ohne großen Anspruch. Die ursprüngliche Absicht, durch Hinzufügen von Weißwein den trockenen Rotwein süffiger zu machen, musste einem neuen Geschmack weichen. Die wachsende Gemeinde der Weinfreunde verlangte allmählich einen länger lagernden Rotwein, dem genügend Zeit gegeben wird, seinen Geschmack nach Brombeeren zu entwickeln. Viele Winzer hatten schon längst inoffiziell reagiert, bis dann 1995 die offizielle Erlaubnis kam, Chianti Classico auch nur aus der Sangiovese-Traube zu keltern. Gleichzeitig setzte sich die Erkenntnis durch, dass Qualität vor Quantität gesetzt werden muss.

Eine Zeit lang meinte der Verbraucher, die von der EU zur Unterscheidung von schlichteren Tafelweinen verlangten Qualitätsauszeichnungen D.O.C. (seit 1967, *Denominazione di Origine Controllata* = kontrollierte Herkunft) und D.O.C.G. (seit 1984, G = *garantita* für garantiert) also nicht nur kontrolliertem sondern auch garantiertem Ursprung, seien das wahre Siegel für Qualität. Dem widersprechen immer mehr Winzer, die sich nicht nach Vorschriften richten und auch nicht kontrollieren lassen wollen. Sie füllen manchen *vino da tavola* (Tafelwein) ab, der jeden Vergleich mit einem D.O.C.G.-Wein aushält und diesen sogar übertrifft. Sie experimentieren phantasievoll mit ihren Reben, setzen der Sangiovese-Traube die höherwertige Sangioveto-Beere hinzu oder die in der Toskana immer beliebter werdende französische Sorte Cabernet-Sauvignon. Weinkenner schauen kaum mehr auf die Qualitäts-Symbole, sie verlassen sich ausschießlich auf Zunge und Gaumen.

Auch wenn der Begriff Chianti nicht auf den Etiketten steht, glänzen Weinkennern die Augen. So beim Brunello aus Montalcino südlich von Siena. Der tiefrote, rassige »Brunello di Montalcino« muss mindestens vier Jahre reifen, zwei Jahre davon in Eichenfässern. Der jüngere, spritzigere »Rosso di Montalcino« hat ebenfalls viele Anhänger, und das nicht nur weil er preiswerter ist. Weiter östlich wächst die aus der Sangiovese geklonte Prugnolo-Traube, Basis für den fruchtigen »Nobile di Montepulciano«, den Weinkenner zwischen einem guten »Chianti« und dem »Brunello« ansiedeln. Weniger bekannt und ein Tipp unter Kennern ist der herbe, tiefrote »Morellino di Scansano«. Der Maremma-Tropfen wird mindestens fünf Jahre gelagert, Erzeuger sind im Bereich Scansano-Pitigliano zu finden.

Weißweine haben in der Toskana weniger Tradition, die Qualität ist sehr unterschiedlich. Am bekanntesten wurde der »Vernaccia di San Gimignano«, den schon Michelangelo gekostet haben soll. Aber auch bei diesem süffigen, vollmundigen Tropfen ist die Weinprobe wichtig. Nachdem Vernaccia zum Modewein wurde, konnte das klassische Anbaugebiet um San Gimignano den Bedarf kaum mehr decken. Viele Toskaner legen an diesem Punkt den Zeigefinger ans rechte Auge und ziehen das Unterlid langsam nach unten (Holzauge sei wachsam!).

Weniger gefährdet durch modische Strömungen ist der leichte und trockene »Galestro«, der auf dem schiefrigem Boden des Chianti wächst. Zwei kleine Lagen haben ihre treuen Anhänger gefunden, die auf Süffigkeit und Geschmack schwören: der »Bianco di Pitigliano«, der in von Etruskern gegrabenen Kellern reift (vgl. Süden, 1. Route S. 123), und der fruchtige »Montecarlo« aus einem kleinen Ort zwischen Pistoia und Lucca.

Hannibals Zug durch die Toskana

Die Schlacht am Trasimenischen See

Römer und Karthager kämpfen im 3. Jahrhundert v. Chr. um die Macht im Mittelmeerraum. Nach vielen Schlachten einigen sie sich, den Ebro in Spanien als Grenze zu respektieren. Doch im Jahr 218 v. Chr. bricht der karthagische Feldherr Hannibal (246–183 v. Chr.) die Abmachung und überschreitet den Fluss. Der 2. Punische Krieg (218–201) beginnt. Im Frühling dieses historischen Jahres zieht Hannibal mit 50 000 Soldaten, 9 000 Kavalleristen und 37 Kriegselefanten über die Pyrenäen, durch Südfrankreich und über die Alpen. In den verschneiten Bergen erfriert die Hälfte der afrikanischen Elefanten. Trotzdem reichen die Überraschung dieses kühnen Unternehmens und der Anblick der gewaltigen Tiere aus, die Römer am Ticinus (Tessin) in die Flucht zu schlagen. Mitte Oktober erreicht Hannibal die Poebene und siegt wieder gegen römische Legionäre an der Trebbia südlich von Piacenza. Dem ursprünglich aus Numidern, Libyern, Mauren, Iberern, Galliern und Steinschleuderern aus Asturien und von den Balearen zusammengesetzten Heer hatten sich beim Marsch über die Alpen Kelten angeschlossen, später auch gegen Rom rebellierende Stämme aus Norditalien, vor allem Ligurer und Lombarden.

Beschwerlich ist die Überquerung des Apennin; und in den Serchio-Sümpfen bei Lucca sowie später in den Arno-Sümpfen bei Arezzo bricht eine Epidemie aus, die Malaria grassiert, der Feldherr verliert ein Auge. Das Heer ist auf 40 000 geschrumpft, alle Elefanten sind verloren. Weiter südlich, im Valdichiana westlich von Castiglion Fiorentino und Cortona steht das Heer der Römer unter Führung des Konsuls Gaius Flaminius um Hannibal den Weg abzuschneiden. Er befehligt 25 000 Mann, erhofft aber Verstärkung durch die Truppen des Konsuls Servilio, die bei Rimini lagern. Doch Hannibal schickt seine Späher voraus, und weiß bald, wie das Heer der Römer zu umgehen ist.

Südlich von Cortona nutzt Hannibal das natürliche Amphitheater zwischen dem Bergzug des Monte Gualandro und dem Montigeto im Tal von Tuoro als Ausgangspunkt für seine List und versteckt seine Soldaten auf dem Kamm. Er rechnet damit, dass die 25 000 römischen Soldaten, wollten sie ihm folgen, einen Engpass zwischen den Hügeln von Tuoro und dem Lago Trasimeno passieren müssen.

In der Nacht des 21. Juni lässt Hannibal auf den Hügeln Fackeln entzünden, damit die Römer glauben, der Feind sei weit entfernt. Und der militärisch wenig geschickte Flaminius wähnt, Hannibals Vorsprung betrage mindestens einen Tag. So befielt er unbeschwert seinen 25 000 Mann in langen, auseinander gezogenen Ketten durch die enge Passage zwischen Hügeln und See zu marschieren. Doch Hannibals leichte Kavallerie hat sich in den unteren Rängen des Amphitheaters, in den Hügeln versteckt, um den eventuellen Rückzug der Römer zu blockieren. Ein Teil der Fußtruppen lagert in der Nähe der Hügel von Montige, um eine Flucht über die Pässe zu verhindern.

Hannibal-Schlachtfeld bei Tuoro, Lago di Trasimeno

Zur zwangsweise dünnen Marschordnung zur Überwindung des Engpasses kommt dichter Nebel hinzu, der die Sicht behindert. Für Flaminius völlig unerwartet, gibt Hannibal den Befehl zum Angriff, die Karthager stürmen von den Hügeln. Gaius Flaminius versucht seine Truppen zu sammeln, doch der Lombarde Ducario ersticht ihn mit seiner Lanze. Die Leiche wird nie gefunden. Nur drei Stunden dauert der Kampf. Die Römer wehren sich in zerstreuten Gruppen und werden erbarmungslos in Richtung See getrieben, verfolgt und niedergemacht. 15 000 römische Legionäre kommen um, die Karthager verlieren 1 000 Mann. Der das Tal durchquerende Fluss soll drei Tage lang vom Blut der Gefallenen rot gefärbt gewesen sein und heißt seitdem Sanguineto (*sangue* = Blut).

Die dramatischen Stationen der großen Schlacht sind auf einer Tour rund um den Ort **Tuoro sul Trasimeno**, jenseits der toskanischen Grenze in Umbrien, gekennzeichnet und beschrieben, so dass man das Aufeinanderprallen beider Heere nachvollziehen kann. Gut erhalten sind noch die *ustrini*, kegelförmige, gemauerte Brennlöcher, die bei Erdarbeiten gefunden und ausgegraben wurden. Nach Meinung der Fachleute sollen hier auf Befehl Hannibals zahlreiche Leichen verbrannt worden sein, um bei der großen Hitze einer Epidemie vorzubeugen. Jedenfalls konnten menschliche Überreste und Ausrüstungsteile von Soldaten gefunden werden.

Hannibal hatte guten Grund, sich um die Gesundheit der Bevölkerung zu kümmern, wollte er doch das Land beherrschen und Rom besiegen. 14 Jahre lang macht er den römischen Legionen noch zu schaffen, doch allmählich nimmt die Übermacht der Römer zu. Auch die Hilfe aus Karthago kommt nicht an. Die von seinem Bruder Hasdrubal (auch beider Vater hieß Hasdrubal) herbeigeführten Truppen werden am Fluss Metaurus bei Fano/Adria, zwischen Rimini und Ancona, geschlagen und total vernichtet. 203 v. Chr. kehrt Hannibal nach Karthago zurück.

Die Folgen des 2. Punischen Krieges sind für die Bevölkerung eine Katastrophe. Während der Kämpfe können die verwüsteten Felder nicht bestellt werden, viele suchen ihr Heil durch die Flucht in die Städte. Kleine Grundbesitzer finden nach der Rückkehr aus dem Krieg nur ihre zerstörten Felder und Häuser vor und müssen ihren Besitz zu Schleuderpreisen veräußern. Auch der Mittelstand ist ausgelaugt. So kommen einige vermögende Familien zum Zuge, die das Land aufkaufen. Damit beginnt der Aufstieg der Großgrundbesitzer.

Informationen zum *Percorso Storico Archeologico della Battaglia* und Pläne zum Besuch des Hannibal-Schlachtfelds gibt es bei der Pro Loco, Tuoro sul Trasimeno, Via Ritorta 1, ✆ und Fax 075-82 52 20.

Service von A–Z

An- und Einreise

Die meisten Toskana-Urlauber fahren mit dem **Auto** an ihr Ziel. Die schnellsten Wege ab Deutschland sind für die östliche Landeshälfte: Über Österreich (Innsbruck, Brenner) nach Verona. Wer die östliche Toskana besuchen will, fährt über Bologna nach Florenz, dort auf der A1 Richtung Rom weiter bis Arezzo. Wer in den Westen, z.B. an die toskanische Küste will, fährt ab Verona nach Brescia und Parma, dann über die A 15 Richtung La Spezia.

Reisende aus dem Westen Deutschlands wählen besser den Transit über die Schweiz (St. Gotthard), dann Richtung Mailand und Parma, von dort südöstlich nach Florenz oder südwärts nach La Spezia und Carrara. Weitere Informationen für Autofahrer vgl. Autofahren/Verkehr.

Die **Flughäfen** Florenz oder Pisa werden täglich von Frankfurt und München aus angeflogen.

Gute **Bahnverbindungen** gibt es täglich, z.B. München–Florenz, auch mit Schlaf- und Liegewagen. Eine andere Verbindung führt über die Schweiz nach Mailand, Genua, La Spezia und weiter an die toskanische Küste mit Stopp in Viareggio, Pisa, Livorno und Grosseto.

Reisende aus Deutschland, Österreich und der Schweiz benötigen lediglich den gültigen Personalausweis, wenn sie nicht länger als drei Monate im Land bleiben möchten.

Die Kontrolle an den Grenzen ist seit dem Inkrafttreten des Schengener Abkommen eingestellt. Für den PKW ist der nationale Führerschein ausreichend, die Grüne Versicherungskarte ist nicht vorgeschrieben, aber trotzdem empfehlenswert.

Ärztliche Versorgung

Die ärztliche Versorgung in der Toskana entspricht mitteleuropäischem Standard. An der Hotelrezeption und bei den Touristenämtern erfährt man die Adressen deutschsprachiger Ärzte, die es vor allem in den Kurorten gibt. In den italienischen Gesundheitszentren USL *(Unità Sanitaria Locale)* werden Bürger aus EU-Staaten kostenlos behandelt, auch an zuständige Fachärzte überwiesen.

Deutsche Urlauber müssen sich bei der Krankenkasse das Formular E 111 besorgen und es im Krankheitsfall vorlegen, Privatpatienten müssen den Arztbesuch zahlen und mit ihrer Kasse abrechnen. Auch bei Privatärzten muss das Honorar erst einmal vorgestreckt werden. Für die Dauer des Urlaubs ist Kassenpatienten auf jeden Fall der Abschluss einer Auslandskrankenversicherung zu empfehlen, sie enthält auch die Deckung der Kosten für einen eventuell notwendigen Rücktransport.

Apotheken heißen auf Italienisch *farmacia*, die nächstliegende erfährt man an der Rezeption des Hotels oder Campingplatzes. Die Medikamentenauswahl entspricht internationalem Standard.

Übersetzer und Hilfe bei medizinischen Fragen gibt es bei der

Associazione Volontari Ospedalieri
in Florenz unter
✆ 055-234 45 67
in Siena unter
✆ 05 77-58 63 62.

Englisch und Französisch sprechende Ärzte sind in Florenz beschäftigt beim
Tourist Medical Center
Via Lorenzo il Magnifico 59
✆ 055-47 54 11.

Auskunft

In Deutschland:
Staatliches Italienisches Fremdenverkehrsamtes ENIT
Kostenlose Nummer für Prospektbestellung: ✆ 0-800-00 48 25 42, für Informationen außerdem:

– Kaiserstr. 65, 60329 Frankfurt/Main
✆ (069) 23 74 34, Fax (069) 23 28 94
enit.ffm.@t-online.de

– Goethestr. 20, 80336 München
✆ (089) 53 13 17, Fax (089) 53 45 27
enit.muenchen@t-online.de

– Friedrichstr. 187, 10117 Berlin
✆ (030) 247 83 97-8, Fax (030) 247 83 99
enit.berlin@t-online.de

Weitere Auskünfte im Internet:
www.enit.it
sedecentrale.enit@interbusiness.it

In Österreich:
Kärntnerring 4, 1010 Wien
✆ (01) 65 43 74, Fax (01) 505 02 48

In der Schweiz:
Uraniastr. 32, 8001 Zürich
✆ (01) 211 36 33, Fax (01) 211 38 85

In der Toskana:
In größeren Städten geben die APT-Büros Auskunft, in kleineren Orten die Pro-Loco-Infostellen.
Auskunft für die Toskana allgemein:

Regione Toscana Turismo e Comercio
I-50100 Firenze
Via di Novoli 26
✆ 00 39-055-438 21 11, Fax 00 39-055-438 30 64
www.turismo.toscana.it

Autofahren/Verkehr

Verkehrsbestimmungen: Gurtpflicht, Promillegrenze bei 0,8; Höchstgeschwindigkeit in Ortschaften 50 km/h, auf Landstraßen 90 km/h auf Autobahnen 110 (Brenner-Autobahn) und 130 km/h.

Autobahngebühren: Die meisten Autobahnen in Italien sind kostenpflichtig, dafür kann man sich auf gut ausgebaute Fahrwege verlassen, z.B. A 15 Parma–La Spezia–Carrara–Pisa–Livorno, A 11 Viareggio–Lucca–Florenz (Firenze–Mare), A 1 Bologna–Florenz–Montepulciano–Chiusi, A 12 Viareggio–Lucca.

Wer viel herumfährt, sollte sich den Kauf einer Viacard, überlegen. Damit kann man eine spezielle Autobahnausfahrt benutzen, spart also Zeit und die Suche nach dem passenden Geld. Die Viacard ist an den Grenzübergängen, bei den Automobilclubs sowie bei einigen Banken erhältlich.

Kostenfreie Autostraßen: Die *Superstrade*, autobahnähnliche, vierspurige Straßen, sind gebührenfrei. Beispiele: Florenz–Siena, Florenz–Pisa südlich der Autobahn Firenze–Mare mit Anbindung an Livorno, Livorno–Grosseto Richtung Latium, Arezzo–Sinalunga–Lago Trasimeno–Perugia, die Via Aurelia entlang der Versilia sowie von Grosseto nach Rom.

Automobilclubs: Mitglieder ausländischer Automobilclubs erhalten kostenlose Hilfe beim italienischen Automobilclub ACI, dessen Straßendienst unter ✆ 116 zu erreichen ist. Der einzige deutschsprachige Notruf des ADAC sitzt in Mailand, erreichbar unter ✆ 02-66 10 11 06, oder per Handy unter ✆ 800-11 68 00.

Die meisten **Tankstellen** haben für deutsche Autofahrer ungewohnte Öffnungszeiten: Geschlossen wird mittags zwischen 12.30/13 und 15.30/16 und abends ab 19/20 Uhr. An Sonn- und Feiertagen sind viele Stationen den ganzen Tag zu. Auch während der allgemein üblichen Pausen ist oft der Hinweis »Aperto« zu sehen, also: geöffnet. Dieser 24-Stunden-Service bezieht sich aber nur auf Automaten, die mit Geldscheinen in Betrieb gesetzt werden.

Oft lehnt der Automat die Scheine ab und gibt sie wieder zurück. Komplizierter wird es, wenn der Automat nicht funktioniert, nur das Geld schluckt und keinen Sprit spuckt. Die Rückerstattung ist möglich aber umständlich und zeitraubend. Deshalb: morgens den Tank füllen, egal wie viel Sprit fehlt. Das gilt zwingend, wenn die Tagestour in weniger frequentierte Gegenden führt, wo das Tankstellennetz recht dünn ist, etwa in den Monti del Chianti, der Garfagnana oder den Colline Metallifere.

Automiete

In allen größeren Städten werden Autos vermietet. Preise für Mittelklassewagen betragen pro Tag 75–100 € inklusive Versicherungen bei unbegrenzter Kilometerzahl. Bei längerer Miete, z.B. für eine Woche, reduziert sich der Tagespreis. Auch Reiseveranstalter bieten inzwischen recht günstige Tarife an. In der Hochsaison gibt es Engpässe, Mietautos sollten deshalb rechtzeitig von Deutschland aus organisiert werden.

Camping

Die Toskana ist reich an Campingplätzen aller Kategorien, sei es im Landesinneren oder an der Küste. Unter den Infos zu den einzelnen Routen finden Sie familienfreundliche Plätze, alle mit Einrichtungen für Kinder, mit Pools bzw. an der Küste in Strandnähe.

Diebstahl

Bei allem Frieden, den die Toskana ausstrahlt, vor Diebstahl ist niemand sicher, vor allem nicht während der Urlaubssaison und speziell in Städten und am Strand. Entsprechende Warntafeln an Badeanstalten und Parkplätzen sprechen eine deutliche Sprache. Gerade im Sommerurlaub, wenn alle Gäste sich mehr um Sehenswürdigkeiten und Freizeitspaß kümmern, werden Diebe aus aller Herren Länder aktiv, ganz speziell dort, wo Gedränge zu erwarten ist. Also Handtasche und Brieftasche nicht leichtsinnig umhängen oder einstecken, vor allem der von Männern bevorzugten Gesäßtasche gilt der erste Griff.

Grundsätzlich nur das Notwendigste mitnehmen, wichtige Papiere und nicht benötigtes Geld im Hotelsafe lassen und für alle Eventualitäten eine Kopie des Ausweises oder Passes bei sich tragen.

In keinem Fall sollte man wertvolle Gegenstände im Auto lassen, auch ein verdeckter Kofferraum bietet keine Sicherheit. Wählt man bewachte Garagen, müssen diese versichert sein, sonst gibt es keine Haftung. Die Garagen in Hotels sind am sichersten, kein Hotelier möchte seine Gäste verärgern, trifft also entsprechende Vorsorge.

Diplomatische Vertretungen

Honorarkonsulat der Bundesrepublik Deutschland
Lungarno Vespucci 30
50123 Firenze
✆ 055-29 47 22, Fax 055-28 17 89

Konsulat der Republik Österreich
Via de' Servi 9
Firenze
✆ 055-21 53 52

Konsulat der Schweiz
Piazzale Galileo 5
Firenze
✆ 055-22 24 34 (via Parkhotel)

Einkaufen/Märkte

Das Kunsthandwerk hat in der Toskana noch hohen Stellenwert. Manche Gegenden oder Städte bieten traditionell spezielle Artikel an. Einige Hinweise sind bei den Informationen zu den einzelnen Städten zu finden. Ein paar besondere Tipps für
Carrara und Pietrasanta: Gegenstände aus Marmor wie Schalen, Vasen, Briefbeschwerer, Eier und Pyramiden sowie Reproduktionen von klassischen Skulpturen;
Volterra: Allerlei aus Alabaster wie Vasen, Lampenfüße, Aschenbecher, Skulpturen etc.;
San Gimignano: Kunstkeramik und handgewebte Stoffe;
Lucca: Handgewebtes sowie Seiden und Stickereien.

Eine große Auswahl bieten toskanische Märkte, vor allem Lederwaren: Jacken, Handtaschen, Gürtel, Geldbeutel, Schuhe. Vorsicht: Qualität prüfen, unbedingt auf die Verarbeitung achten. Auch viel Keramik gibt es auf den Wochenmärkten, Gegenstände aus Schmiedeeisen wie Kamingeschirr, Schuhabstreifer, Zeitungsständer, Aschenbecher, Kerzenhalter, Türklopfer und vieles mehr.

Beliebt sind die **Antiquitätenmärkte** der Toskana, hier die wichtigsten:
Florenz, vgl. Infos Florenz, S. 43. In anderen Orten wird meistens einer der Hauptplätze gewählt, also auf Plakate achten oder Auskunft bei der Information einholen.
Arezzo, 1. Sa und So im Monat,
Cortona, 3. Sa und So im Monat,
Carmignano, 1. So im Monat,
Lucca, rund um den Dom, 3. Sa und So im Monat,
Montelupo, 3. So im Monat,
Pisa, 2. Sa und So im Monat,
Pistoia, 2. Sa und So im Monat, außer Juli/Aug.,
Poggio a Caiano (nordwestlich Florenz), 4. So im Monat, außer Juli/Aug.,
Quarrata (zwischen Florenz und Pistoia), 3. So im Monat,
Siena, Piazza del Mercato, 3. So im Monat,
Viareggio, Piazza Manzoni, letzter So im Monat.

Toskanischer Wein gehört zu den üblichsten Mitbringseln. Die Auswahl ist groß und verwirrend, Empfehlungen sind fast immer Geschmacksache. Überall lockt der Hinweis *venditta diretta* – man sollte den Versuch wagen aber keinesfalls ohne Verkostung.

Ähnliches gilt für das toskanische **Olivenöl**. Es soll *extra vergine* sein, also kalt gepresst, es hat höchstens 1 % Säuregehalt. Steht nur *vergine* auf dem Etikett, hat das Öl 2 % Säure, ist also minderwertiger. Für Fischgerichte ist junges, noch bitteres Öl nicht geeignet, auch das grüne, kräftig schmeckende Öl vom Lehmboden der Maremma überdeckt den zarten Fischgeschmack. Diese Sorten eignen sich jedoch sehr gut für Fleisch und Gemüse. Olivenöl aus Lucca ist fruchtig und dünnflüssig, das aus dem Chianti unaufdringlich würzig, beide sind vielseitig geeignet.

Geschmacksache ist der Einkauf von **Pecorino**, dem würzigen Schafskäse. Auch hier gilt: vor dem Kauf unbedingt probieren. Geschäfte mit Qualitätsware haben immer Käsestückchen bereit und auch ein paar Würfel Weißbrot, das zwischen zwei Versuchen zur Neutralisierung der Geschmacksknospen gegessen werden sollte.

Feiertage/Feste

Gesetzliche Feiertage:
1. Januar: Neujahr
6. Januar: Dreikönigsfest *(Epifania)*
Karwoche: Prozessionen in vielen Orten am Karfreitag
Ostersonntag/Ostermontag wird in ganz Italien groß gefeiert
25. April: Tag der Befreiung/Nationalfeiertag
1. Mai: Tag der Arbeit
1. So im Juni: Proklamation der Republik/ Nationalfeiertag
3. So im Juli: Erlöserfest
15. August: Mariä Himmelfahrt/*Ferragosto*, Ferienbeginn in ganz Italien
November: Allerheiligen
1. So im November: Tag der Nationaleinheit
8. Dezember: Mariä Empfängnis
25. Dezember: Weihnachten
26. Dezember: Heiliger Stephan

Wie Toskaner Feste feiern
Allgemein gelten Toskaner als zurückhaltend und wortkarg. Doch bei ihren Festen sind sie kaum wiederzuerkennen. Die reiche Geschichte der Toskana prägt bis heute den Festkalender, Erinnerungen an Kreuzzüge, Schlachten gegen die räuberische Sarazenen und an mittelalterliche Ritterturniere. Der andere Hintergrund für oft tagelange Feste sind Wettkämpfe – meistens Stadtteil gegen Stadtteil – zu Ehren der Schutzheiligen.

Man muss wissen, dass nicht allein die Veranstaltungen interessant sind. Besucher sollten sich rechtzeitig erkundigen, wann und wo etwa die Zusammenstellung der zu jeder Feier gehörenden Festzüge stattfindet. Dies ist eine gute Gelegenheit, die Menschen ungezwungen zu beobachten. Nachher, beim Umzug, meistens in Renaissancekostümen, mit Fahnenschwingern und vom Trommelrhythmus unterlegten Musikkapellen, sind alle ernst und würdig.

Festkalender:
Februar/März
Karneval in Viareggio

März/April
Karfreitag: Grassina bei Florenz, Passionsspiel unter Mitwirkung aller Einwohner in Renaissancekostümen; **Ostersonntag:** *Scoppio del Carro* in Florenz, ein von weißen Ochsen gezogener, vergoldeter Karren, mit Feuerwerkskörpern gefüllt, wird vor dem Dom entzündet; **So nach Ostern:** San Miniato (zwischen Florenz und Livorno) feiert die *Festa degli Aquiloni*, das Drachenfest mit Kunstflugdrachen.

Mai
Den ganzen Monat in Florenz der *Maggio Musicale*, ein Musikfestival; **20. Mai:** *Balestra del Girifalco*, Falkenwettkampf mit Armbrüsten in Massa Marittima; **Sonntag nach Himmelfahrt:** *Festa del Grillo* in Florenz im Park Le Cascine, Grillen in Käfigen werden verkauft und dann freigelassen; **letzter So:** Beginn des *Calcio in Costume* auf der Piazza Santa Croce in Florenz (vgl. auch 24. Juni).

Juni
17. Juni: *Regata di San Raniero* in Pisa auf dem Arno; **24. Juni:** Fortsetzung des *Calcio in Costume* in Florenz mit Festzug, *Calcio* heißt Fußball, hier ist es aber ein Wettkampf im Rugby-Stil; **letzter So:** *Gioco del Ponte* auf dem Ponte del Mezzo in Pisa – starke Männer beider Stadtteile versuchen einen Karren auf Schienen auf die andere Seite der Brücke zu drücken; **Mitte Juni bis Ende Aug.:** *Estate Fiesolana* in Fiesole mit Musikdarbietungen, Theateraufführungen und Tanz.

Juli
2. Juli: *Palio delle Contrade* (vgl. auch 16. Aug.), Reiterwettkampf ohne Sattel rund um

den Campo in Siena; **letzte Juliwoche:** *Settimana Musicale Senese* in Siena, Konzerte in verschiedenen Palazzi.

August
Den ganzen Monat: in Torre del Lago Puccini Opern des Meisters am Lago di Massaciuccoli, in Albarese Rodeo-Spiele der Cowboys aus der Maremma; **1. Monatshälfte:** *Cantiere Internazionale dell'Arte* in Montepulciano (nach Hans Werner Henze);

2. So: Wiederholung der *Balestra del Girifalco* in Massa Marittima (vgl. Mai); **16. August:** zweiter Teil des *Palio delle Contrade* in Siena (vgl. 2. Juli); **14.–16. Aug.** *Bruscello*, historisches Bänkelsänger-Fest in Montepulciano; **letzter So im Aug.:** *Bravio delle Botti*, Weinfässer-Wettkampf der 16 Stadtgebiete Montepulcianos.

September
1. So: *Giostra del Saracino* in Arezzo, kostümierte Ritter mit langen Lanzen kämpfen gegen einen hölzernen Sarazenen; **2. So:** *Palio della Balestra* in Sansepolcro, Armbrustschützen wetteifern mit den Schützen aus dem umbrischen Gubbio; **13. Sept.:** *Luminara di Santa Croce* in Lucca, das *Volto Santo*, ein Kruzifix, wird durch die Stadt getragen; **2. Woche:** die *Rassegna del Chianti Classico*, Weinfest in Greve in Chianti.

Oktober
Letzter So: *Sagra del Tordo*, das Drosselfest in Montalcino, Wettkampf der Contrade mit Pfeil und Bogen, die Zuschauer trinken Brunello und essen gegrillte Drosseln.

November/Dezember
1. Nov.: in allen Orten Allerheiligen; **24. Dez.:** Heiligabend, eigentlich keine italienische Gepflogenheit, wird inzwischen gefeiert. *Fiaccole di Natale*, eine Fackelprozession, gibt es in der Abbadia di San Salvatore bei Arcidosso;

Silvester: Das neue Jahr, das *Capodanno*, wird überall mit Ballerei und Feuerwerkskörpern gefeiert, Jäger vertreiben mit ihren Flinten die bösen Geister.

Fundbüro

Zuständig ist die Gemeindepolizei im Rathaus, dem *municipio*. Auch die Carabinieri helfen in solchen Fällen.

Geld/Kreditkarten

Seit dem 1. Januar 2002 haben es Deutsche und Österreicher leichter, sie bezahlen mit dem auch in Italien eingeführten Euro.

Bei Verlust der Kreditkarte sollte man die folgenden Telefonnummern zur Sperrung wählen:
EC: ✆ (018 05) 02 10 21
AMEX Blue: ✆ (069) 97 97 77 77
AMEX Perso: ✆ (069) 97 97 10 00
AMEX Gold: ✆ (069) 97 97 20 00
Mastercard: ✆ (069) 79 33 19 10
Visa: Telefonnummer des Kartenherausgebers
Diners Club: ✆ (059 21) 86 12 34

Hotels, Restaurants sowie die meisten Tankstellen und Geschäfte nehmen Kreditkarten an. Mit der Eurochequekarte und gängigen Kreditkarten kann man nach Eingabe der persönlichen Geheimnummer an den meisten Geldautomaten Geld abheben.

Öffnungszeiten der Banken finden Sie unter Öffnungszeiten.

Klima/Kleidung/Reisezeit

Im Sommer ist das **Hügelland** angenehm warm, im Winter kann je nach Höhe Schnee fallen. Der Monte Amiata und der tosko-emilianische Apennin bei Abetone sind sogar Wintersportgebiete. Die **Tallandschaften** sind im Sommer heiß und schwül, angenehm im Herbst und Frühjahr. Wegen der ständigen Brise ist das Klima an der **Küste** auch im Sommer angenehm. Doch Vorsicht! Durch den Wind spürt man die starke Sonneneinstrahlung nicht, unbedingt Sonnenschutzmittel auftragen.

Die meisten Regenfälle vermerkt die Statistik zwischen Oktober und März. Aber auch in der Toskana ist in den letzten Jahren ein Klimawechsel zu verzeichnen, es regnet auch von April bis Juli immer wieder.

Klimatabelle

Monat	Luft (°C)	Wasser (°C)	Sonnenstd.	Regentage
Dez.–Feb.	9–10	12–14	4–5	7–10
März–Mai	15–23	13–16	5–7	8–9
Juni–Aug.	28–30	20–24	9–10	3–6
Sept.	26–28	22–23	7	6
Okt.–Nov.	13–20	14–15	4–5	9–11

Kinder

Die Toskana entwickelt sich erst Zug um Zug zum Reiseland für die ganze Familie. Zahlreiche Campingplätze und einige Hotelanlagen haben sich auf die Ansprüche von Kindern eingestellt. Vor allem die Küste ist mit ihren Bagni und Naturstränden für Familien mit Kindern gut geeignet, ausreichend Animation ist vorhanden. Wer endlich Zeit für die Kleinen haben und das Programm selbst gestalten will, ist klimatisch und wegen des Ambiente in einem Ferienhaus auf dem Lande gut untergebracht.

Landkarten

Die ENIT-Büros und die Informationsstellen der einzelnen Städte und Provinzen bieten kostenloses, meist ausreichendes Kartenmaterial an. Gute Straßenkarten für Autofahrer, die viel unterwegs sind und auch Nebenstrecken einfach finden wollen, sind:
Eurocart Toscana–Emilia Romagna–Marken–Umbrien–Lazio, RV Verlag, 1 : 300 000 und Toscana, Kümmerly + Frey, 1 : 200 000 sowie Toscana, Touring Club Italien TCI, 1 : 200 000.

Literatur

Aigner, Gottfried: Familien-Reiseführer Toskana. Hamburg 2001.

Gröteke, Friedhelm: Etruskerland. Geschichte, Kultur, Kunst. Studienführer zu den Grabungsstätten und Museen. Stuttgart 1973.

Osterie d' Italia. Italiens schönste Gasthäuser. München, jährlich aktuell.

Zimmermanns, Klaus: Toscana. Das Hügelland und die historischen Stadtzentren. Köln 2000.

Notrufe

Medizinische Notfälle, Krankenwagen ✆ 118
Rettungsdienst (bei Katastrophen) ✆ 113
Polizei ✆ 112
Feuerwehr ✆ 115

Weitere Hilfen vgl. Ärztliche Versorgung.

Öffentliche Verkehrsmittel

Die preisgünstige italienische **Bahn** verbindet mit einem dichten Fahrplan die wichtigsten Städte der Toskana:
Florenz–Siena, Florenz–Arezzo, Florenz–Prato–Pistoia–Lucca–Pisa–Livorno–Grosseto, Abzweigung von Lucca nach Viareggio–Massa Carrara.

Da der Bahnhof meistens in der Stadt liegt, ist für den Besuch der großen Städte unbedingt die Bahnfahrt anzuraten.

Günstige **Busverbindungen** gibt es auf den Strecken Florenz–Lucca–Pisa, Lucca–Livorno, Lucca–Viareggio–Massa Carrara, Florenz–Arezzo–Cortona, Florenz–Siena.

Taxis: Die Preise sind mit jenen in Deutschland vergleichbar, die Tarife offiziell vorgeschrieben. Hotels vermitteln den Service, Adressen mit Telefonnummer gibt es in den Tourismusbüros.

Öffnungszeiten

Banken: Mo–Fr 8.30–13.20 und 14.45–15.30 Uhr. In Urlaubszentren öffnen manche Banken auch länger und samstags.
Postämter: Mo–Fr 8.25–14, Sa–12 Uhr.

Geschäfte und Apotheken: Mo–Fr 8.30/9–12.30/13.30 und 15.30/16–19/20 Uhr.

In touristischen Gebieten gelten die Öffnungszeiten auch für samstags, dafür sind viele Geschäfte montags geschlossen.

Presse/Radio/TV

Deutsche Tageszeitungen und Illustrierte sind in der Saison in allen größeren Ferienorten zu finden, die Auslandsausgaben der Tageszeitungen gibt es bereits am frühen Morgen.

Große Hotels verfügen über Satellitenempfang, welche deutschen Sender zu sehen sind, ist recht unterschiedlich. Wer Wert auf abendliches TV-Programm legt, sollte sich vorher nach der Auswahl der Sender erkundigen.

Sport/Urlaubsaktivitäten

Angeln: Im Meer ohne Genehmigung, in Flüssen, Bächen und Seen mit Erlaubnis der zuständigen Verwaltung, Auskunft beim Fremdenverkehrsbüro und bei der

Federazione Italiana della Pesca Sportiva
Rom
Viale Tiziano 70
✆ 00 39-06-36 85 85 22
Fax 00 39-06-36 85 81 09

Golf: Etwa 20 Golfplätze gibt es in der Toskana. Die acht beliebtesten 18-Loch-Plätze:

Tenuta Castelfalfi
Località Castelfalfi
50050 Montaione
✆ 05 71-69 80 94, Fax 05 71-69 80 98

Cosmopolitan Golf & Country Club
Viale Pisorno 60
56018 Tirrenia
✆ 050-336 63, Fax 050-38 47 07

Montecatini Golf Club
Via dei Brogi, Località Pievaccia
51015 Monsummano Terme
✆ 05 72-622 18, Fax 05 72-61 74 35

Le Pavoniere Golf Club
Via della Fattoria 6/29
50047 Prato
✆ 05 74-62 08 55, Fax 05 74-62 45 58
lepavoniere@ntt.it

Poggio dei Medici Golf & Country Club
Via San Gavino 27
50038 Scarperia
✆ 055-843 04 36, Fax 055-843 04 39
www.poggiodeimedici.com

Golf Club Punta Ala
Via del Golf 1
58040 Punta Ala
✆ 05 64-92 21 21, Fax 05 64-92 01 82
www.puntaala.net/golf

Golf dell' Ugolino
Strada Chiantigiana 3
50015 Grassina
✆ 055-230 10 09, Fax 055-230 11 41
www.golfugolino.it

Versilia Golf Club
Via della Sipe 100
55045 Pietrasanta
✆ 05 84-88 15 74, Fax 05 84-75 27 30
www.versiliagolf.com

Jagen: Sehr aufwendig mit Jagdschein vom Konsulat des Wohnortes, Abstempeln von der Grenzpolizei und Genehmigung durch die entsprechende Provinzverwaltung.

Motorboote: Zentren für diesen Sport sind Marina di Carrara, Marina di Massa, Viareggio, Punta Ala und Elba.

Radfahren/Mountainbiking: Kostenlose Broschüre mit Adressen und Empfehlungen »Die Toscana mit dem Fahrrad entdecken« über ENIT erhältlich.

Ein paar ausgewählte Radverleih-Stationen in verschiedenen Städten:
Florenz, Alinari, Via Guelfa 85, ✆ und Fax 055-28 05 00,
Lucca, Casermetta San Donata, Piazzale Verdi s/n, ✆ 05 83-51 50 64,

Forte dei Marmi, Bike Shop Coppa, am Lungomare, ✆ 0584-835 28,
Siena, Centro Bici, Viale Toselli 110, ✆ und Fax 05 77-28 25 50,
Montepulciano, Rental Bike, Via Matteotti 45, ✆ und Fax 05 78-71 63 92.

Reiten: Ländliche Betriebe *(agriturismo)* bieten viele Möglichkeiten, Zentren des Reitsports sind Follonica, Livorno, Marina di Massa, Orbetello, Pisa und Viareggio. Einige Reiterhöfe haben sich zusammengeschlossen und geben eine Gratis-Broschüre heraus:
Consorcio Vacanze Attive Toscana
Via dei Platani 3
58022 Follonica
✆ und Fax 05 66-583 33

Empfehlenswert sind:
Centro Equitazione Vecchio Texas
Località San Michele a Pavelli
50063 Figline Valdarno
✆ und Fax 055-95 91 26
Großer Reitpark mit 53 Pferden, 25 zum Reiten.

Reitzentrum Belvedere
Località Filetta km 4,5
Pitigliano
✆ und Fax 05 64-61 54 65
www.cavalloweb.it/belvedere.htm
belvederecavalli@tiscalinet.it
9 Pferde, auch mehrtägige Ausritte.

Centro Turismo Equestre Rialto
Via del Ceretale 68
58010 Alberese
✆ 05 64-40 71 02

Azienda Agricola Regionale di Alberese
58010 Alberese
Località Spergolaia
✆ 05 64-40 71 80, www.albarese.com
Ausflüge mit den Cowboys *(butteri)* der Maremma.

Garfagnana Vacanze
Piazza delle Erbe 1
Castelnuovo Garfagnana
✆ und Fax 05 83-651 69
Auch geführte Wanderungen und Mountainbike-Touren im Naturpark Apuanische Alpen.

Reiterhotels:
Montebelli Agriturismo
Località Molinetto
58020 Caldana
✆ 05 66-88 71 00, Fax 05 66-814 39
aziendamontebelli@libero.it
Übernachtung in gut eingerichteten Zimmern, Pool und Tennis, auch Trekking-Touren und Mountainbiking.

Centro Ippico e Agrituristico Violino
Località Gricignano 99
52037 Sansepolcro
✆ und Fax 05 75-72 01 74
poderevioli no@tin.it
Übernachtung in komfortablen Zimmern.

Rifugio Prategiano
Località Prategiano 45
58026 Montieri
✆ 05 66-99 77 00, Fax 05 66-99 78 91
proberto@ouverture.it
Einsam liegendes Reiterhotel, deutsche Leitung, einfache Zimmer, Pool, auch Trekking-Touren möglich.

Antico Casale di Scansano
Località Morellino di Scansano
58054 Scansano
✆ 05 64-50 72 19, Fax 05 64-50 78 05
www.cavalloweb.it/scansano.htm
Weingut, Übernachtung in einfachen Zimmern.

Segelfliegen: Gute Thermik herrscht rund um Lucca, Siena und Borgo San Lorenzo. Auskünfte: **Centro Nazionale di Volo a Vela dell' Aereo**
Club d' Italia
Via Rosatelli 111
Rieti/Latium
✆ 07 46-20 21 38

Segeln: Gute Reviere, auch Schulen gibt es entlang der toskanischen Küste, vor allem an der Versilia, der Riviera degli Etruschi und auf Elba.

Tauchen: Schulen bieten Kurse in Livorno, Castiglioncello, Piombino und in Rio Marina/ Elba an.

Tennis: Gute Plätze gibt es in jeder größeren Stadt und in allen größeren Hotelanlagen. Clubs nehmen gerne Gäste auf.

Wandern: Trekking setzt sich in der Toskana immer mehr durch. Relativ gut gekennzeichnet sind Wanderwege in der Garfagnana, im Chianti-Gebiet und in der Gegend rund um den Monte Amiata. Auskünfte geben die Fremdenverkehrsämter oder der **Club Alpino Italiano** (CAI), Via dello Studio 5, Florenz, ✆ 055-239 85 80, oder Via San Giorgio 31, 50047 Prato, ✆ 05 74-247 60.

Intensiv dem Trekking widmet sich auch die **Cominità Montana della Garfagnana**, Via Vittorio Emanuele, Castelnuovo di Garfagnana, ✆ 05 83-651 69.

Gute Wanderkarten gibt es in der Buchhandlung **Il Viaggio**, Borgo degli Albizi 41, in Florenz.

Wintersport: Relativ schneesicher sind die Skigebiete Abetone in der Garfagnana, Cutigliano und Maresca im Pistoieser Apennin (50 km Piste, mehr als 30 Skilifte), Campo Cecina in den Apuanischen Alpen und rund um den Monte Amiata (10 Lifte, Skischulen).

Für die Skigebiete in der **Garfagnana** gibt es Informationen beim **APT Abetone-Pistoia-Montagna Pistoiese**, Via G. Marconi 28, 51028 San Marcello Pistoiese, ✆ 05 73-63 01 45, Fax 05 73-62 21 20; für das Skigebiet um den **Monte Amiata** das APT, Via Adua 25, 53021 Abbadia San Salvatore, ✆ 05 77-77 58 11, Fax 05 77-77 58 77.

Sprache

In größeren Hotels, auf Campingplätzen oder in Geschäften touristischer Zentren wird meistens Deutsch gesprochen. Wer jedoch viele Touren durch das Land macht, sollte etwas Italienisch sprechen oder einen Sprachführer dabei haben. Etwas Hilfe bietet unser Sprachführer S. 223 ff.

Übrigens: Wenn Sie Toskaner nicht gleich verstehen, liegt es an deren Eigenart, das K nicht auszusprechen, sie sagen für *casa* (Haus) *hasa*, für *carne* (Fleisch) *harne* und die Toskana ist für sie die *Toshana*.

Strom

Die Stromspannung beträgt normalerweise 220 Volt. Deutsche Schukostecker passen selten in italienische Steckdosen. Zwischenstecker gibt es in Elektro- oder Haushaltswarengeschäften, auch die Hotelrezeption hilft gerne aus.

Telefon/Post

In größeren Städten und in Urlaubsorten wurden zahlreiche Telefonzellen eingerichtet. Wegen Diebstahlgefahr sind sie meistens nur mit Telefonkarten zu bedienen. Telefonkarten gibt es bei der Telecom, an Automaten, in den Hotels sowie an Zeitungskiosken und in Tabakläden. Beachten Sie das aufgedruckte Verfallsdatum!

In Italien gehört die Ortsvorwahl inklusive der Null zum festen Bestandteil jeder Teilnehmernummer, gleichgültig ob man vom Ausland anruft, von einem italienischen Ort oder innerhalb des Ortes. Als Beispiel die Nummer der Informationsstelle in Florenz: ✆ 00 39-055-233 20. Bei Anruf auf ein italienisches Handy entfällt die Null. Die **Vorwahl** von Italien nach Deutschland lautet ✆ 00 49, nach Österreich ✆ 00 43, in die Schweiz ✆ 00 41, gefolgt von der Ortsvorwahl ohne die erste Null und der Teilnehmernummer.

Tiere

Hunde und Katzen, die mit in den Italienurlaub dürfen, müssen gegen Tollwut geimpft sein.

Bei Hunden soll die letzte Tollwutspritze mindestens 20 Tage aber höchstens 11 Monate alt sein. Bei Katzen soll sie mindestens 20 Tage aber nicht älter als 6 Monate alt sein. Außerdem wird ein tierärztliches Gesundheitszeugnis (nicht älter als 30 Tage) benötigt. In Unterkünften sind Hunde und Katzen selten erlaubt, unbedingt vorher erkundigen.

Trinkgeld

Obwohl in den Restaurants der Service meistens im Preis enthalten ist, wird bei guter Bedienung ein zusätzliches Trinkgeld erwartet. Je nach Zufriedenheit gibt man 10–15 %. Im Hotel sollte das Zimmermädchen etwa 5 € je Woche und Person erhalten, ähnlich der Kellner. Der Gepäckträger bekommt für ein nicht allzu großes Gepäckstück 1 €, in Luxusherbergen mehr. An der Bar freut sich jeder, wenn Trinkgeld liegen gelassen wird. Taxifahrer werden nach dem Taxameter entlohnt, man rundet die Summe auf; beim Friseur gibt man üblicherweise rund 10 % Trinkgeld.

Unterkunft/Restaurants

In größeren Städten und touristischen Zentren finden sich Hotels aller Kategorien, der Standard ist üblicherweise hoch, aber auch die Preise sind es. Ziemlich günstige Angebote gibt es bei den Reiseveranstaltern mit Pauschalangeboten.

Wer die Buchung selbst organisiert, findet bei unseren Routenvorschlägen jeweils im Anhang einige Unterkünfte verschiedener Preiskategorien, die Angaben beziehen sich auf ein Doppelzimmer:

€ – unter 90 Euro
€€ – 90 bis 150 Euro
€€€ – 150 bis 225 Euro
€€€€ – über 225 Euro

Ferienhäuser/Agriturismo: Ferienwohnungen in Villen oder Schlössern und Apartments in alten toskanischen Landgütern werden immer häufiger angeboten. Die Beliebtheit ist derart gewachsen, dass häufig ein Jahr im Voraus gebucht werden muss (Prospekte und Buchung in Reisebüros).

Informationen über Agriturismo gibt es im Internet unter www.agriturismo.regione.toscana.it und außerdem bei drei Organisationen:

Agriturist Toscana
Piazza San Firenze 3
50122 Firenze
✆ und Fax 055-28 78 38
agritosc@confagricoltura.it

Turismo Verde Toscana
Via Verdi 5
50122 Firenze
✆ 055-234 49 25, Fax 055-234 50 39
cia-toscana@interbusiness.it

Terranostra Toscana
Via Magazzini 2
50122 Firenze
✆ 055-28 05 39, Fax 055-29 21 61
terranostra.toscana@coldiretti.it

Restaurants
In den meisten Restaurants, ob mit Sternen geschmückt oder ländlich einfach, hat sich die toskanische Küche durchgesetzt. Durch die BSE-Krise mussten sich allerdings viele Köche umstellen. So darf die berühmte *bistecca fiorentina*, ein zartes Rindersteak, das ca. 500 g wiegen soll, nicht mehr mit Knochen serviert werden, was viele Toskaner zu heftigen Protesten veranlasste.

Auch das *ossobuco*, die Kalbsbeinscheibe, bleibt vorerst weg vom Tisch, ebenso die *trippa*, das sind gekochte Kutteln; und der Aufstrich auf den *crostini*, dünnen, gerösteten Brotscheiben, darf nicht mehr aus Leber und Milz hergestellt werden. Trotz dieser Einschränkungen ist der Speisezettel immer noch reichhaltig.

Das Preisniveau einer Osteria oder Trattoria lässt sich schon am Preis für das *coperto*, für das Gedeck ablesen. Gleichgültig wieviel bestellt wird, das *coperto,* also Tischdecke, Serviette und Brot, muss bezahlt werden. Teurere Restaurants bieten mit dem *coperto* verschiedene Brotsorten, selbstgemachte Aufstriche etc.

Die in diesem Buch bei den jeweiligen Routen-Infos empfohlenen Restaurants wurden in vier Preisklassen eingeteilt, die Preise beziehen sich auf ein Menü ohne Getränke:

€	– unter 20 Euro
€€	– 20 bis 30 Euro
€€€	– 30 bis 40 Euro
€€€€	– über 40 Euro

Sprachführer

Alltag/Umgangsformen

Buon giorno! Wer kennt diese Begrüßung nicht? Sie wird in Italien bis 12 Uhr mittags verwendet, danach sagt man schon *buona sera.* Beides sind sehr höfliche Ausdrücke, sie werden überall da benutzt, wo gesiezt wird. *Ciao* ist Begrüßung ebenso wie Verabschiedung, wird aber nur verwendet, wenn man sich nahe steht.

Wenn Sie ein öffentliches Lokal oder Büro verlassen, sagen Sie besser *arrivederci* oder *buon giorno* bzw. *buona sera. Buona notte* sagt man dann, wenn man sich verabschiedet, um ins Bett zu gehen.

Die Italiener sind in der Regel sehr hilfsbereit, freuen sich über ausländische Besucher und fragen neugierig nach deren Herkunft und dem Grund des Besuches.

Keine Panik, wenn Sie befürchten, zwar eine Frage stellen zu können, die Antwort aber nicht verstehen – Italiener haben eine sehr ausgeprägte Körpersprache. Im Übrigen wissen Sie ja: *Si* heißt ja, *no* nein. Und vergessen Sie nicht, sich zu bedanken – *grazie!*

Buon giorno!	Guten Tag!
Buona sera!	Guten Abend!
Buona notte!	Gute Nacht!
Ciao!	Hallo!
Come stai?	Wie geht es dir?
Come sta?	Wie geht es Ihnen?
Arrivederci!	Auf Wiedersehen!
Buon viaggio!	Gute Reise!
Ciao!	Tschüss!
A presto!	Bis bald!
A domani!	Bis morgen!
Molto piacere di averti conosciuto.	Schön, Dich kennen gelernt zu haben.
sì/no/forse	ja/nein/vielleicht
Mi chiamo …	Ich heiße …
Come ti chiami?	Wie heißt du?
Come si chiama?	Wie heißen Sie?
Scusi!	Entschuldigen Sie!
Grazie mille!	Vielen Dank!
Prego!	Bitte schön/Keine Ursache!

Übrigens: In Italien gibt es zwei Ausdrücke für »bitte«: *per favore* und *prego.* Bitten Sie jemanden um eine Gefälligkeit, verwenden Sie *per favore*. Ansonsten heißt es *prego*.

Falls Sie nicht alles verstehen (zugegeben: die Italiener sprechen ganz schön schnell), können Sie sagen: *Non ho capito. Per favore, parli più lentamente.* Wenn auch das nichts hilft, bleibt noch die Möglichkeit, sich das Gesagte aufschreiben zu lassen: *Me lo scriva, per favore.*

Autofahren

Sollten Sie mit dem Auto unterwegs sein, können Sie die folgenden Vokabeln sicher gut gebrauchen, an jeder Tankstelle und im alltäglichen Straßenverkehr. Und falls Sie mal eine Werkstatt nötig haben …

Was auf Straßenschildern steht

lavori in corso	Bauarbeiten
deviazione	Umleitung
pedaggio autostradale	Autobahngebühr
strada senza uscita	Sackgasse
senso unico	Einbahnstraße
il divieto di parcheggio	Parkverbot
zona disco	Parken mit Parkscheibe
attenzione uscita veicoli	Vorsicht Ausfahrt
tornante	Kurve

Rund ums Auto

La mia macchina è stata forzata.	Mein Auto ist aufgebrochen worden.
Mi hanno rubato …	Man hat mir … gestohlen
Mi dia il Suo nome e il Suo indirizzo/ il nome della Sua assicurazione, per favore.	Geben Sie mir bitte Ihren Namen und Ihre Anschrift/Ihre Versicherung an.
Mi occorre una copia della denuncia per la mia assicurazione.	Ich brauche eine Kopie der Anzeige für meine Versicherung.
Non è colpa mia.	Es ist nicht meine Schuld.
Lei andava troppo forte.	Sie sind zu schnell gefahren.
la patente	Führerschein
I Suoi documenti, per favore.	Ihre Papiere, bitte.
Lei non ha rispettato la precedenza.	Sie haben die Vorfahrt nicht beachtet.
Lei non ha mante nuto la distanza di sicurezza.	Sie sind zu dicht aufgefahren.
Andavo a … chilometri all'ora.	Ich bin.... km/h gefahren.
l'autostrada	Autobahn
l'incrocio	Kreuzung
il semaforo	Ampel
il parcheggio	Parkplatz
il parchimetro	Parkuhr
il distributore automatico di biglietti per il parcheggio	Parkscheinautomat
Posso parcheggiare qui?	Kann ich hier parken?
C'è un garage/parcheggio qui vicino?	Ist das Parkhaus/ der Parkplatz bewacht?
la cintura di sicurezza	Sicherheitsgurt
il distributore	Tankstelle
la benzina	Benzin
senza piombo	bleifrei
il gasolio	Diesel
Il pieno, per favore.	Volltanken, bitte.
Per favore, controlli la pressione delle gomme.	Prüfen Sie bitte den Reifendruck.
andare	fahren
sorpassare	überholen
voltare	wenden
a destra/a sinistra/ sempre diritto	rechts/links/geradeaus
attraversare	überqueren
l'ammenda	Bußgeld
la pianta della città	Stadtplan
la sicurezza	Sicherheit
l'ingorgo	Stau

Sprachführer

In officina	**In der Werkstatt**
Ho avuto un incidente.	Ich habe einen Unfall gehabt.
Ho un guasto.	Ich habe eine Panne.
Ho una gomma a terra.	Ich habe einen Platten.
La macchina non parte.	Mein Wagen springt nicht an.
La batteria è scarica.	Die Batterie ist leer.
I freni non sono a posto.	Die Bremsen funktionieren nicht.
l'officina	Werkstatt
l'olio del motore	Motoröl
il cambio dell'olio	Ölwechsel
il motore	Motor
il cambio	Getriebe
la candela	Zündkerze
il parafango	Kotflügel
il carburatore	Vergaser
la freccia	Blinker
la ruota	Reifen
il motorino d'avviamento	Anlasser
il tergicristallo	Scheibenwischer
il parabrezza	Windschutzscheibe
il faro	Scheinwerfer
il radiatore	Kühler

Einkaufen

Quanto costa?	Wieviel kostet das?
i soldi	Geld
la cassa	Kasse
spendere	ausgeben
pagare	bezahlen
l'offerta speciale	Sonderangebot
vendere	verkaufen
la vetrina	Schaufenster
Un po' di meno, per favore.	Etwas weniger, bitte.
Un po' di più, per favore.	Etwas mehr, bitte.
più piccolo/più grande	kleiner/größer
Dove posso trovare ...?	Wo bekomme ich ...?
Vorrei ...	Ich hätte gerne ...
Per favore, mi dia	Geben Sie mir bitte
un pacco di ...	eine Packung ...
Per favore, mi faccia vedere ...	Zeigen Sie mir bitte ...
Dica, prego!	Bitte schön! (Sie wünschen?)
Posso aiutar La?	Kann ich Ihnen helfen?
Lo posso provare?	Kann ich das anprobieren?
Accetta carte di credito?	Nehmen Sie Kreditkarten?
Vorrei qualcosa di meno caro.	Ich hätte gerne etwas Billigeres.
troppo caro	zu teuer
Ha anche la taglia ...?	Haben Sie das auch in Größe ...?
Che taglia porta?	Welche Größe haben Sie?
Ho la taglia ...	Ich habe Größe ...
È troppo grande/piccolo.	Das ist zu groß/klein.
la svendita	Ausverkauf
la camicia	Hemd
i pantaloni	Hose
il cappotto	Mantel
la gonna	Rock
il vestito	Kleid
il collant	Strumpfhose
le calze	Strümpfe
il blazer	Blazer
la giacca	Jacke

Colori	**Farben**
scuro	dunkel
chiaro	hell
blu	blau
marrone	braun
giallo	gelb
rosso	rot
verde	grün
nero	schwarz
bianco	weiß
grigio	grau

Essen und Trinken

Wo bekommt man's

la panetteria	Bäckerei
la pasticceria	Konditorei

la macelleria	Fleischerei
il negozio	Geschäft
il mercato	Markt
il negozio di generi alimentari	Lebensmittelgeschäft
il supermercato	Supermarkt

Al ristorante	**Im Restaurant**
Scusi, c'è un buon ristorante?	Wo gibt es hier ein gutes Restaurant?
Un tavolo per … persone, per favore.	Einen Tisch für … Personen, bitte.
Può riservarci per stasera un tavolo per quattro persone.	Reservieren Sie uns bitte für heute abend einen Tisch für 4 Personen.
È libero questo tavolo?	Ist dieser Tisch noch frei?
Mi può dire dov'è la toilette, per favore?	Wo sind bitte die Toiletten?
Per di qui, prego.	Hier entlang, bitte.
Cameriere, il menu, per favore.	Herr Ober/Bedienung, die Speisekarte, bitte.
la lista delle bevande	Getränkekarte
la lista dei vini	Weinkarte
Che cosa mi consiglia?	Was können Sie mir empfehlen?
Avete pietanze vegetariane?	Haben Sie vegetarische Kost?
Prendo …	Ich nehme …
Per antipasto/dessert/secondo prendo …	Als Vorspeise/Nachtisch/Hauptgericht nehme ich …
Per favore, un bicchiere di …	Bitte ein Glas …
Buon appetito!	Guten Appetit!
Alla salute!	Zum Wohl!
Vorrei una tazza di caffè.	Ich möchte eine Tasse Kaffee.
Ci porti, per favore…	Bringen Sie uns bitte …
Il conto, per favore.	Die Rechnung, bitte.
Conti separati, per favore.	Wir möchten getrennt bezahlen.
Tutto un conto, per favore.	Alles zusammen, bitte.
Vorrei la ricevuta.	Ich möchte bitte eine Quittung.
È stato di Vostro gradimento?	Hat es Ihnen geschmeckt?
Grazie, era davvero molto buono.	Danke, sehr gut.
La riporti indietro, per favore.	Bitte nehmen Sie es zurück.
mangiare	essen
bere	trinken
l'acqua minerale naturale	Mineralwasser ohne Kohlensäure
l'acqua minerale gassata	Mineralwasser mit Kohlensäure
la birra	Bier
il bicchiere	Glas
la bottiglia	Flasche

Pesce	**Fisch**
frutti di mare	Meeresfrüchte
cozze	Miesmuscheln
gamberetti	Garnelen
granchio	Krabbe
calamari	Tintenfische
carpa	Karpfen
sogliola	Seezunge
salmone	Lachs
tonno	Thunfisch
trota	Forelle

Carni	**Fleisch**
gallina	Huhn
pollo	Hähnchen
anatra	Ente
scaloppine	kleine Schnitzel
saltimbocca	Kalbsschnitzel
tacchino	Truthahn
fagiano	Fasan
frattaglie	Innereien
polpette	Fleischklößchen

bistecca	Steak
braciola	Rumpsteak
fegato	Leber
montone	Hammel
vitello	Kalbfleisch
agnello	Lammfleisch

Pasta	**Nudelgerichte**
Pasta al burro	mit Butter
Pasta al pomodoro	mit Tomatensoße
Pasta al sugo	mit Fleischsoße
Pasta all'arrabbiata	mit Tomatensoße und Chili
Pasta alla carbonara	mit Ei und Bauchspeck
Pasta alla panna	mit Sahne
Pasta al pesto	mit Basilikum, Pinienkernen und Käse
Pasta alla vongole	mit Venusmuscheln
penne	kurze Nudeln
tagliatelle	Bandnudeln
vermicelli	Fadennudeln
lasagne	Teigblätter mit Fleischsauce, überbacken

Verdura	**Gemüse**
gli sparagi	Spargel
gli spinaci	Spinat
le carote	Karotten
i fagioli	Bohnen
i piselli	Erbsen
le patate	Kartoffeln
l'insalata	Salat
il pomodoro	Tomate
il cetriolo	Gurke
gli zucchini	Zucchini
il cavolfiore	Blumenkohl
la cipolla	Zwiebel
le verdure crude	Rohkost

Frutta	**Obst**
la mela	Apfel
la pera	Birne
le fragole	Erdbeeren
i lamponi	Himbeeren
le ciliege	Kirschen
il melone	Melone
la pesca	Pfirsich
l'albicocca	Aprikose
il pompelmo	Pampelmuse
la banana	Banane
le prugne	Pflaumen
il limone	Zitrone
l'arancia	Apfelsine
l'uva	Weintrauben

Modi di cottura	**Zubereitungsarten**
a vapore	gedämpft
arrosto	gebraten
al forno	gebacken
fritto	fritiert
al cartoccio	in der Folie gebacken
alla brace	gegrillt
gratinato	überbacken

Un mucchio di altre cose	**Was es sonst noch gibt**
il latte	Milch
la panna	Sahne
il formaggio	Käse
lo yogurt	Joghurt
le uova	Eier
il burro	Butter
le spezie	Gewürze
l'aglio	Knoblauch
il sale	Salz
il pepe	Pfeffer
lo zucchero	Zucker
l'aceto	Essig
l'olio	Öl
il miele	Honig
il ghiaccio	Eis

Dal panettiere	**Beim Bäcker**
il pane	Brot
il pane misto di segale e frumento	Graubrot
il pane nero	Schwarzbrot
il pane bianco	Weißbrot
i biscotti	Gebäck
la torta	Torte

Kosmetik/Presse/Geld/ Öffentliche Verkehrsmittel

Was Sie zur Körperpflege brauchen

lo spazzolino da denti	Zahnbürste

il dentifricio	Zahnpasta
il cotone idrofilo	Watte
la crema da barba	Rasiercreme
le lamette	Rasierklingen
i fazzoletti	Taschentücher
il pettine	Kamm
il rossetto	Lippenstift
la saponetta	Seife
l'asciugacapelli	Haartrockner
l'asciugamano	Handtuch
lo shampoo	Haarwaschmittel

All'edicola	**Im Zeitschriftenladen**
il giornale	Zeitung
la rivista	Zeitschrift
Vorrei un giornale tedesco.	Ich hätte gerne eine deutsche Zeitung.
Si possono comprare anche i francobolli qui?	Kann ich bei Ihnen auch Briefmarken bekommen?
il francobollo	Briefmarke
la carta da lettere	Briefpapier
la busta	Briefumschlag
la carta	Papier
la penna a sfera	Kugelschreiber

Mezzi di trasporto	**Öffentliche Verkehrsmittel**
il treno	Zug
la stazione	Bahnhof
l'autobus	Bus
l'aereo	Flugzeug
l'aeroporto	Flughafen
la nave	Schiff
il porto	Hafen
il traghetto	Fähre
il biglietto	Fahrkarte

Assistenza medica	**Medizinische Versorgung**

Dal medico	**Beim Arzt**
il medico	Arzt
il dentista	Zahnarzt
pronto soccorso	Erste-Hilfe-Station
guardia medica	Notarzt
Ho mal di gola.	Ich habe Halsschmerzen.
Non mi sento bene.	Ich fühle mich nicht wohl.
Mio marito/mia moglie sta male.	Mein Mann/meine Frau ist krank.
Ho fatto un' indigestione.	Ich habe mir den Magen verdorben.
Sono molto raffreddato/a.	Ich bin stark erkältet.
Sono al … mese di gravidanza.	Ich bin im … Monat schwanger.
Ho la pressione alta/bassa.	Ich habe einen hohen/niedrigen Blutdruck.
Ho dei dolori qui.	Hier habe ich Schmerzen.
Non sopporto bene questo clima.	Ich vertrage dieses Klima nicht.
Mi sono ferito/a.	Ich habe mich verletzt.

il braccio	Arm
il malleolo	Knöchel
il cuore	Herz
il dente	Zahn
il ginocchio	Knie
la gamba	Bein
la mano	Hand
il naso	Nase
l'occhio	Auge
l'orecchio	Ohr
la pelle	Haut
il piede	Fuß
la testa	Kopf

la diarrea	Durchfall
il vomito	Erbrechen
la nausea	Brechreiz
la tosse	Husten
il mal di testa	Kopfschmerzen
i disturbi circolatori	Kreislaufstörungen
la lombaggine	Hexenschuss
la scottatura	Sonnenbrand
le vertigini	Schwindel
la pomata	Salbe
la compressa	Tablette
il sonnifero	Schlaftabletten
le gocce	Tropfen
l'analgesico	Schmerzmittel
le bende	Verbandszeug

Sprachführer

Wo? Wie? Was? – Orientierung

Scusi, dov'è ...?	Entschuldigung, wo ist ...?
Come si arriva a ...?	Wie komme ich nach ...?
Come si arriva nel modo più veloce alla stazione?	Wie komme ich am schnellsten zum Bahnhof?
Sempre diritto.	Geradeaus.
A destra.	Nach rechts.
A sinistra.	Nach links.
È questa la strada per ...?	Ist das die Straße nach ...?

Welche Sehenswürdigkeiten gibt es in der Stadt

il ponte	Brücke
il castello	Schloss
l'anfiteatro	Amphitheater
la fontana	Brunnen
il monumento	Denkmal
il fiume	Fluss
la chiesa	Kirche
il museo	Museum
il municipio	Rathaus
le rovine	Ruine
la cappella	Kapelle
il parco	Park
il palazzo	Palast

Telefonare	**Telefonieren**
Dov'è che si può telefonare qui?	Wo kann ich hier telefonieren?
Mi saprebbe dire per favore dov'è una cabina telefonica?	Können Sie mir bitte sagen, wo hier eine Telefonzelle ist?
Dove posso comprare una carta telefonica?	Wo bekomme ich eine Telefonkarte?
Qual è il prefisso di ...?	Wie ist die Vorwahl von ...?
Non risponde nessuno.	Es meldet sich niemand.
Provi ancora una volta.	Versuchen Sie es noch einmal.

La camera	**Unterkunft**
Mi saprebbe dire dove posso trovare una camera?	Wissen Sie, wo ich hier ein Zimmmer finden kann?
Cerco un alloggio.	Ich suche eine Unterkunft.
Quanto costa?	Wieviel kostet es?
Mi può fare una prenotazione?	Können Sie für mich dort reservieren?
È lontano da qui?	Ist es weit von hier?
Come ci si arriva?	Wie kommt man dorthin?
Avete una camera doppia/singola libera?	Haben Sie ein Doppelzimmer/Einzelzimmer frei?
Posso vedere la camera?	Kann ich mir das Zimmer ansehen?
Si può aggiungere un lettino per bambini?	Können Sie ein Kinderbett aufstellen?
il lavandino	Waschbecken
con doccia e WC	mit Dusche und WC
Partiamo domattina.	Wir reisen morgen früh ab.
Prepari il conto, per favore.	Machen Sie bitte die Rechnung fertig.
Mi chiama un taxi, per favore?	Können Sie mir bitte ein Taxi rufen?
il campeggio	Campingplatz
la tenda	Zelt

Il tempo	**Wetter**
Che tempo farà oggi?	Wie wird das Wetter heute?
Ha già sentito le previsioni del tempo?	Haben Sie schon den Wetterbericht gehört?
Fa/Farà caldo.	Es ist/wird warm.
molto caldo	heiß
freddo/fresco	kalt/kühl
C'è afa/tempesta.	Es ist schwül/stürmisch.
Quanti gradi ci sono?	Wieviel Grad haben wir?
la nuvolosità	Bewölkung
il temporale	Gewitter
il caldo/la pioggia /il sole/il vento/ la nuvola	Hitze/Regen/Sonne Wind/Wolke

Sprachführer

I numeri	**Zahlen**	***L'ora/Il calendario***	**Zeitangaben/Kalender**
uno	eins	*Che ore sono?*	Wie spät ist es?
due	zwei	*Sono le ...*	Es ist ...
tre	drei	*adesso*	im Moment
quattro	vier	*oggi*	heute
cinque	fünf	*ieri/l'altro ieri*	gestern/vorgestern
sei	sechs	*domani/*	morgen/übermorgen
sette	sieben	*dopodomani*	
otto	acht	*di mattina/*	
nove	neun	*di pomeriggio/*	vormittags/nachmit-
dieci	zehn	*di sera*	tags/abends
undici	elf	*giorno*	Tag
dodici	zwölf	*settimana*	Woche
tredici	dreizehn	*mese*	Monat
quattordici	vierzehn	*anno*	Jahr
quindici	fünfzehn	*lunedì*	Montag
sedici	sechzehn	*martedì*	Dienstag
diciassette	siebzehn	*mercoledì*	Mittwoch
diciotto	achtzehn	*giovedì*	Donnerstag
diciannove	neunzehn	*venerdì*	Freitag
venti	zwanzig	*sabato*	Samstag
trenta	dreißig	*domenica*	Sonntag
quaranta	vierzig	*gennaio*	Januar
cinquanta	fünfzig	*febbraio*	Februar
sessanta	sechzig	*marzo*	März
settanta	siebzig	*aprile*	April
ottanta	achtzig	*maggio*	Mai
novanta	neunzig	*giugno*	Juni
cento	hundert	*luglio*	Juli
centouno	hunderteins	*agosto*	August
duecento	zweihundert	*settembre*	September
mille	tausend	*ottobre*	Oktober
duemila	zweitausend	*novembre*	November
diecimila	zehntausend	*dicembre*	Dezember

Orts- und Sachregister

Die *kursiv* gesetzten Begriffe bzw. Seitenzahlen beziehen sich auf Angaben im Service-Kapitel am Ende des Buches, **fette** Hervorhebungen verweisen auf ausführliche Erwähnungen, unterstrichene Seitenzahlen auf Abbildungen.

Namenregister

VISTA POINT Reiseführer-Sonderausgaben

ISBN 3-88973-347-6
272 Seiten mit 122 Farbabb.
und 24 Karten.
Format: 15 x 21 cm, kart.

ISBN 3-88973-346-8
248 Seiten mit 125 Farbabb.
und 12 Karten.
Format: 15 x 21 cm, kart.

ISBN 3-88973-351-4
224 Seiten mit 139 Farbabb.
und 20 Karten.
Format: 15 x 21 cm, kart.

ISBN 3-88973-344-1
240 Seiten mit 120 Farbabb.
und 24 Karten.
Format: 15 x 21 cm, kart.

ISBN 3-88973-348-4
232 Seiten mit 162 Farbabb.
und 18 Karten.
Format: 15 x 21 cm, kart.

ISBN 3-88973-349-2
264 Seiten mit 126 Farbabb.
und 23 Karten.
Format: 15 x 21 cm, kart.

ISBN 3-88973-354-9
240 Seiten mit 190 Farbabb.
und 24 Karten.
Format: 15 x 21 cm, kart.

ISBN 3-88973-353-0
256 Seiten mit 116 Farbabb.
und 14 Karten.
Format: 15 x 21 cm, kart.

- **Hervorragendes Preis-Leistungs-Verhältnis**
- **Optimal zur Reiseplanung**
- **Hintergrundinfos plus Routenvorschläge**
- **Kartenausschnitte mit den eingezeichneten Routenvorschlägen**
- **Service von Anreise bis Zoll plus Register**
- **Übersichtliche Gliederung**
- **Farbig abgesetzte Service-Informationen**
- **Mit ausgezeichneten Farbfotos**

Gottfried Aigner, München: Titelbild, S. 11, 13 o., u., 62, 77, 80, 81, 85, 96, 97, 104/105, 106, 130, 130/ 131, 132, 135, 137, 139, 144, 145, 146, 154/155, 158, 161 u., 164, 165, 166, 168, 173, 174, 175, 176, 178, 179, 181, 182/183, 189, 192, 193, 194, 194/195, 196, 199, 201, 202/203, 206, 206/207, 208, 209
Anne Conway, Florenz: S. 32/33
Herbert Hartmann, München: S. 9, 37, 41, 45, 46, 48, 49, 52, 103, 108, 153, 169, 176/177
Horst Herzig, Groß-Gerau: S. 35
Volkmar E. Janicke, München: S. 112
Axel M. Mosler, Dortmund: S. 53, 61
José F. Poblete, Oberursel: S. 7, 19, 28/29, 31, 34, 56, 67, 68, 69, 70, 71, 72, 73, 75, 83, 88, 90, 91, 94/95, 98, 113, 114, 115, 116, 121 o., u., 122, 123, 125, 128, 129, 136 o., u., 140, 143, 148, 151, 157, 160, 161 o., 163, 166/167, 184, 185, 186/187 (Umschlagrückseite)
Paul Stepan-Vierow, Köln: Haupttitel (S. 2/3), S. 19
Archiv Vista Point Verlag: S. 1, 43, 54/55, 59, 204, 205

Titelbild: Typisches Chianti-Bauernhaus mit Taubenturm. Foto: Gottfried Aigner, München
Vordere Umschlaginnenseite: Übersichtskarte der Toskana mit den eingezeichneten Routenvorschlägen
Schmutztitel (S. 1): Der Schwarze Hahn, der »Gallo Nero«, steht seit 1924 für die Qualität des Chianti Classico
Haupttitel (S. 2/3): Typisches toskanisches Haus in den Crete. Foto: Paul Stepan-Vierow, Köln
Umschlagrückseite: Beim Giostra del Saracino wird gegen die hölzernen Sarazenen gekämpft. Foto: José F. Poblete, Oberursel

Reihenkonzeption: Horst Schmidt-Brümmer, Andreas Schulz
Lektorat: Kristina Linke
Lektoratsassistenz: Eszter Kalmár
Layout und Herstellung: Sandra Penno-Vesper, Andreas Schulz
Reproduktionen: Berger Grafikpartner, Köln; Litho Köcher, Köln
Kartographie: Berndtson & Berndtson Verlag/Publishing, Fürstenfeldbruck; DTP grafik Puttins, Korschenbroich (Ausschnittbearbeitung)
Gedruckt auf chlorfrei gebleichtem Papier

Printed in Spain

ISBN 3-88973-344-1

VISTA POINT VERLAG
Händelstr. 25–29 · 50674 Köln · Postfach 27 05 72 · 50511 Köln
Telefon: 02 21/92 16 13-0 · Telefax: 02 21/92 16 13 14
E-Mail: info@vistapoint.de · Internet: **www.vistapoint.de**